AtV

Dieses Büchlein ist für all die Kleinen,
wenn sie groß geworden sind
und
besonders auch für

____

Nirgendwo liegen Schmerz und Glück, bange Erwartung und selige Erfüllung so dicht beieinander wie dort, wo wir alle unseren ersten Schrei getan haben: im Kindbett. Die Geburt, medizinisch durchrationalisiert oder einfach und naturnah – sie bleibt das Mysterium, das sie immer gewesen ist. Fast als hätten sie eine gewisse Scheu, sich diesem Geheimnis literarisch zu nähern, haben sich relativ wenig Autoren an Geschichten über die Geburt gewagt. Einige der schönsten sind hier versammelt: Hemingway erzählt von der Indianerin oben in Kanada und Maxim Gorki von der Russin am Schwarzen Meer; Erich Loest und Irmtraud Morgner berichten vom Geborenwerden; Janusz Korczak gibt gute Ratschläge für den Umgang mit Neugeborenen; Michail Bulgakow, Arzt und Dichter, erzählt aus seiner Praxis; John Updike erinnert sich an die Zeit, als alle schwanger waren, und Christine Nöstlinger erzählt uns die Geschichte aus der Sicht des Babys. – Geschichten vom Kinderkriegen sind ernst und manchmal traurig, meistens aber fröhlich, wie das ganze schöne Leben selbst. Und sie machen Mut.

Neues vom Storch

Geschichten zum Kinderkriegen

Aufbau Taschenbuch Verlag

ISBN 3-7466-1336-1

3. Auflage 2001

Umschlaggestaltung Torsten Lemme unter Verwendung
eines Fotos von Tony Stone Bilderwelten
Satz LVD GmbH, Berlin
Druck Elsnerdruck GmbH, Berlin
Printed in Germany

www.aufbau-taschenbuch.de

Inhalt

Sind wir nicht alle
in dieser Welt der Zärtlichkeit,
der Wunder und der Gewalt,
welcher Hautfarbe und Sprache
auch immer
aus der gleichen Erde gemacht?

Eduardo Galeano

Georg Maurer

Mein Kind

Du bist von den Blumen gekommen,
Zwei Tropfen von der Quelle
hast du mitgenommen.
Wer weiß von welcher Stelle.

Du kamst durch das Gras.
Ja, du bemühst dich zu sprechen
wie in den Bächen
das quirlende Naß.

Du sollst es nicht vergessen,
wie die Eichhörnchen Nüsse essen:
denn davon wird man groß. –
Man sagt: du kamst aus der Mutter Schoß

Roman Brandstaetter

Jesus von Nazareth

(Auszug)

Bethlehem

Als sie am späten Nachmittag in Bethlehem eintrafen, das auf zwei Hügeln lag, deren Gestalt an ein zweihöckriges Kamel erinnerte, blickte Josef voller Rührung auf die Weinberge, die ihm noch von seiner Kindheit her in Erinnerung geblieben waren, auf die Gärten und Olivenhaine, ergötzte sich am Anblick der Lehmkate, der Zeugen seiner kindlichen Spiele und Abenteuer. In Wirklichkeit war Bethlehem nur ein unbedeutender kleiner Fleck, gelegen an der Grenze zwischen der Wüste und fetten Weiden, ein abgeschiedenes Provinznest, das nur noch von der Erinnerung an die Reichtümer Boas und die Ähren der Moabiterin Ruth, an den königlichen Hirten, der seine Ziegen und Schafherden hier weiden ließ, und vor allem von den immer wachen Gedanken an Rachel lebte, vor deren Grabstätte mit dem flachen kalkgetünchten Dach sie unterwegs verhielten. Sooft Jeschurun in seinen Träumen und Gedanken zu den künftigen Tagen des Messias eilten, verband er zwar dank der Weissagung der Propheten Sein Kommen und Seine Gestalt mit dem kleinen Städtchen Bethlehem. Doch wenn irgend jemand aus dem Volke Israels gefragt worden wäre, wie er sich die Ankunft des Gesalbten Gottes inmitten schmutziger Lehmkaten, in all dem Unrat und dem Gestank nach ranzigem Schafskäse, den sich die ungeschlachten Hirten bereiteten, vorstelle, hätte dieser gewiß keine klare Antwort darauf geben können. Er wäre eher geneigt gewesen, mit Hilfe einer kunstvollen und geschickten Beweisführung das irdische Bethlehem in ein künftiges, himmlisches umzudeuten, das noch in den Sternen lag, statt ehrlich zu bekennen, daß dieses häßliche, verwahrloste Provinznest die Wiege des

Gesalbten sein werde. Doch Josef, der die Stätte seiner Kindheit liebte, wollte wie jeder Verliebte das Häßliche daran nicht wahrnehmen oder sah es wirklich nicht, denn er wies Mirjam in heller Begeisterung auf die Schönheiten des Städtchens hin.

Mirjam teilte die übertriebene Bewunderung des Mannes nicht. Um ihm die Freude nicht zu verderben, schwieg sie und lächelte nur von Zeit zu Zeit. Es war nicht auszumachen, ob dieses Lächeln eine Antwort auf den Enthusiasmus des Zimmermannes war oder auch ein Abglanz des Friedens, den sie empfand, als sie demütig vor der Grabstätte Rachels lag, um die Gnade einer glücklichen Niederkunft bat und der sorgenden Obhut ihrer Urmutter die Frucht ihres Leibes empfahl, die jeden Tag, ja jede Stunde das Licht der menschlichen Welt erblicken konnte. Sie erhob sich verweint und staubbedeckt vom Erdboden und fühlte, wie eine nebelhafte, aber tiefe Verbundenheit mit Rachel sie erfüllte. Doch als sie die Ursache jener Verbundenheit zu ergründen suchte und sich bemühte, ihre unsichtbaren Wurzeln zu finden, verweilten ihre Gedanken nach längerem Meditieren über die Geschichte Jaakows bei jenem Josef, der von seinen frevelhaften Brüdern für zwanzig Silberlinge an ismaelische Händler verkauft worden war, seinen Brüdern aber nicht nur verzieh, sondern sie samt dem ganzen Stamme Jaakows um sich scharrte, sie vor Not und Hunger rettete und so das Böse, das sie ihm angetan hatten, mit Gutem vergalt. Die Erinnerung an den heimatlosen, leidenden Sohn Rachels, der in der Fremde umherirrte, verband sich hartnäckig in ihrer Vorstellung mit dem Sohn, den sie gebären würde. Dennoch war sie ruhig, da ihr in dem ein wenig verworrenen und vor allem ihr selbst unbegreiflichen Vergleich, gezogen in freudiger Wehmut zwischen dem längst vergangenen Leben des Patriarchen und dem künftigen Leben ihres Erstgeborenen, das weitere Schicksal Josefs, des Sklaven, ein Trost war, der nach vielen schmerzlichen Erfahrungen erhöht wurde vor dem Angesicht des Ewigen und ein hohes Alter in Glück und Frieden erreichte. Dieser Friede erfüllte Mirjam lange Zeit trotz des Lärmens, der Schreie, des Gedränges, das in dem Städtchen herrschte, welches eine ungezählte Menge Reisender aus allen Richtungen Israels beherbergte.

Josef hatte bald aufgehört, sich an der Schönheit der heimatlichen Gefilde zu begeistern, denn in einer plötzlichen Woge von Sorge um Gesundheit und Sicherheit Mirjams stellte er fest, daß es nicht so einfach sein würde, eine passende Unterkunft in einem Gasthof für sie zu finden. Mühsam, Schritt für Schritt nur kamen sie vorwärts. Mirjam saß auf einem Esel, und Josef ging an seiner Seite, ihn straff an den Zügeln haltend, doch das Tier – ob es nun von Natur aus bockig war oder auch nur verängstigt durch den ungewohnten Lärm und das Getümmel, vielleicht wußte auch Josef ganz einfach nicht, wie er mit ihm umgehen sollte, denn er hatte es ja nur von seinem Nachbarn in Nazareth ausgeliehen – blieb ständig stehen und trabte ganz unvermittelt davon, begleitet von den Flüchen und Schmähreden der Passanten, die es dabei rücksichtslos anrempelte. Es zerrte Josef hinter sich her, der vergeblich bemüht war, das widerborstige Tier zu zügeln und seinen Schritten Mäßigung aufzuzwingen. Schließlich blieb Mirjam nichts anderes übrig, als vom Esel zu steigen. An die Wand irgendeiner Lehmkate gelehnt, blickten sie beide ratlos auf das vorbeiziehende Gewühl. Ganze Scharen von Fußgängern, Eseln und Maultieren, beladen mit Menschen und Früchten, schlanke Kamele, die mit Wüstenwürde Kaufleute und deren Waren transportierten; überall Stände mit aufgetürmtem Gemüse, Bergen von Fischen, Käfigen mit dem verschiedenfarbigsten Geflügel. Die Schreie der Kameltreiber mischten sich mit dem Winseln der Bettler und dem scheltenden Gekeif der Stadtwächter, die bestrebt waren, Ordnung in das Chaos zu bringen, doch dank ihres Unvermögens das Durcheinander noch vergrößerten. An gewöhnlichen Markttagen mochten sie wohl schlecht und recht mit dem Zustrom von Menschen fertig werden, doch bei besonderen Anlässen, wie an diesem Tage, wo sich zu dem Markttreiben und dem üblichen tagtäglichen Durchzug der Reisenden nach der Karawanenstraße auch noch die Pilger der Volkszählung gesellten, legten sie eine erschreckende Hilflosigkeit an den Tag.

Josef und Mirjam, die sich langsam an der schützenden Wand vorwärtsschoben, die sie wenigstens von einer Seite vor dem Gedränge bewahrte, erreichten schließlich das verschlossene Tor irgendeines Hauses. Josef klopfte an. Hinter dem vergitterten Fenster tauchte ein Augenpaar auf, doch die schroffe Frage nach ihrem Begehr war nicht dazu angetan, ihren Mut zu heben. So schleppten sie sich von einem Tor zum anderen, baten immer wieder um ein Nachtlager, da man sie jedoch überall abschlägig beschied und der eine und andere unter den Herbergsbesitzern, ungehalten über die ständigen Fragen und Bitten der aufdringlichen Reisenden, auch ein paar grobe Schimpfworte hinzufügte, verlor Josef bald jegliche Hoffnung auf ein sicheres Dach über dem Kopf. Zwar hatte er in Bethlehem vertraute und gute Bekannte, die auf der anderen Seite des Städtchens wohnten, doch bis zu ihnen konnte er infolge des ständig zunehmenden Gedränges nicht vordringen, zumal die arme Mirjam, vom Weg ermattet, immer mehr von Kräften kam und sich kaum noch auf den Beinen halten konnte. Sie gaben es daher auf, noch weiter nach einem Nachtlager zu suchen, und überließen sich willenlos der wogenden Menge, die sie auf den breiten Platz vor einer unbekannten Ausfallstraße schwemmte. Es war schon völlig dunkel. Vor einer Herberge blieben sie stehen.

»Es hat keinen Zweck, hineinzugehen«, dachte Josef. »Sicher wird auch hier kein einziges freies Fleckchen zu finden sein.«

Inzwischen legten sich die Menschen bereits zur Ruhe, manche, wo sie gerade gingen und standen, auf den Plätzen, auf den Höfen, an den Wänden der Häuser, in Gärten und auf Wiesen. Der rechtschaffene Josef zauderte aus gutem

Grund, sein schwangeres Weib auf dem kalten, feuchten Erdboden im regnerischen Monat Marcheschwan schlafen zu lassen; im übrigen konnte plötzlich ihre Stunde kommen, und die Entbindung von der Frucht ihres Leibes durfte doch nicht vor den Augen der Gaffer, der Männer und Jugendlichen erfolgen.

»Gehen wir hinein«, sagte Josef verzweifelt.

Sie betraten das Wirtshaus. Auf dem Hof voller Esel, Maultiere und Kamele war es finster und stickig. Unter den das Viereck des Hofes umschließenden Arkaden schliefen die Menschen, in ihre Mäntel gehüllt, die Köpfe auf die Sättel gelegt, die sie als Kopfkissen benutzten. Ein schwerer Geruch von schweißfeuchten Mänteln und Tuniken hing im Raum. Die nächtliche Stille wurde nur durch das Schnarchen der Schlafenden unterbrochen. Mitunter redete auch einer im Schlaf oder wälzte sich unruhig von einer Seite auf die andere. Der Wind kam von Nordost. Unter den Arkaden löste sich aus der Dunkelheit eine Gestalt im langen Hirtenmantel. Sie kam mit einem Öllämpchen in der Hand auf die Neuankömmlinge zu.

»Friede deinem Haus«, flüsterte Josef.

»Und dem deinen«, erwiderte der vor ihm Stehende, während er die nur schwach flackernde Öllampe hochhob und die Ankömmlinge aufmerksam betrachtete, den Esel nicht ausgenommen, der verlegen den Kopf senkte und sich geduldig den prüfenden Blicken aussetzte.

»Woher kommst du?« fragte er.

»Aus Nazareth in Galiläa«, erwiderte Josef.

»Bist du gekommen, dich in das Bevölkerungsregister eintragen zu lassen?«

»Ja.«

»Und diese Frau?«

»Sie ist mein Eheweib.« Josef sah den Mann flehentlich an, und es entrangen sich ihm Worte, in denen sowohl Klage, Bitte als auch fester Glaube an die menschliche Güte lagen: »Und sie ist schwanger ...«

Nach dem unbeweglichen Gesicht des Fremden zu urteilen, konnte man glauben, jene Worte hätten keinerlei Eindruck auf ihn gemacht, doch die Geste, mit der er seine Öllampe löschte, zeugte von seinem Zartgefühl. Nachdem er gehört und gesehen, wollte er Josef nicht zeigen, daß er die Tränen auf seinen Wangen und die Schwangerschaft der Frau erblickt hatte.

»Ein guter Mensch«, dachte Josef bei der barmherzigen Bewegung der Finger des Fremden, die sich behutsam um den Docht der Öllampe schlossen.

»Hier, inmitten der Leute, kann sie nicht niederkommen«, stellte der Mann sachlich fest.

»Kann sie nicht«, bestätigte Josef flüsternd und breitete ratlos die Hände aus.

»Komm mit«, sagte der Mann.

Sie folgten ihm hinaus auf die Gasse. Er führte sie zunächst über ein Stoppelfeld, danach durch einen Feigenhain bis zu einer Felsengrotte. Dann holte er zwei Feuersteine aus seinem Beutel, schlug Funken, zündete ein Öllämpchen an und stellte es hinten auf die in die Felsenwand eingelassene steinerne Krippe.

»Hier ist Stroh, bereitet euch davon ein Lager. Und dort ist sogar etwas Gerste für den Esel. Und da« – er warf einen Blick auf den Krug in der Ecke –, »ist noch ein wenig Milch. Friede sei mit euch.«

Damit verließ er sie. Josef wollte hinter ihm herlaufen, ihm danken, doch der Unbekannte war bereits im Dunkeln verschwunden. Josef rief: »Wer bist du, Herr? Wie ist dein Name?«

»Ich bin ein Hirte«, antwortete der sich im Dunkeln Entfernende.

Josef kehrte zur Grotte zurück und öffnete schon den Mund, um die gute Tat des unbekannten Hirten zu loben, als er sah, wie Mirjam wankte und langsam zu Boden sank. Hastig, mit zitternden Händen raffte er Stroh zusammen, bettete die Frau darauf, legte seinen Mantel ab und deckte sie zu. Dann zog er sich in den Hintergrund der Grotte zurück und barg das Gesicht in die Hände. Der Gebärenden den Rücken zuwendend, wartete er zitternd vor Angst und Erregung. Als er das leise Wimmern des Kindes hörte, fiel er auf die Knie und rief: »Sei gepriesen, Herr, Gott Abrahams, Jishaaks und Jaakows, Gott Israels! Kodesch! Kodesch! Kodesch! Heiliger! Heiliger! Heiliger!«

Die Hirten

Die Nacht war kalt. Am Himmel glitzerte die Milchstraße. Die Hirten saßen, in ihre weiten Hirtenmäntel gehüllt, an den Feuerstellen, als einer von ihnen – er lag ausgestreckt auf der Erde, auf einem Schafbockfell, hatte eine hohe zerfurchte Stirn, eine vorspringende Nase, wulstige Lippen, eingefallene Wangen und einen struppigen Bart, der herausfordernd über dem adrigen Hals vorsprang – sich mit diesen Worten an seine Gefährten wandte: »In einigen Tagen werden wir ins Tal hinabsteigen und die Schafe in die warmen Ställe treiben, denn wir haben bereits die zweite Hälfte des Monats Marcheschwan. Sobald der Wind von Nordost auf West dreht, können wir mit den ersten gesegneten Regenfällen rechnen.«

Die Hirten nickten gleichgültig zum Zeichen ihres Einverständnisses, einer von ihnen kaute nachdenklich an einem Stück harten Käse, ein anderer befestigte mit geschickten Fingern ein Riemchen an seiner Sandale, der dritte, der neben ihm saß, bastelte an seiner Hirtenflöte, ein vierter, klein und untersetzt, mit tückischem, verschlossenem Gesicht, stand auf seinen Stab gestützt an der Einfriedung, hinter der dicht gedrängt die Schafe und Lämmer ruhten. Neben dem Feuer lagen zwei zottige Hunde, sie hatten die Schnauzen auf die ausgestreckten Pfoten gelegt und gaben vor zu schlafen, doch das Beben ihrer Nasen und die unruhigen Bewegungen der Ohrmuscheln verrieten ihre ständige und angespannte Wachsamkeit. Der Hirte mit dem struppigen Bart erhob sich, warf ein paar Zweige ins Feuer, murmelte ein Gebet und machte danach eine gebietende Handbewegung, die die Hirten sofort verstanden, denn sie unterbrachen ihr Tun – selbst der Kauende hörte auf, die Kinnbacken zu bewegen – und legten sich einer nach dem anderen, nachdem jeder den für ihn geeigneten Platz gefunden hatte, zur Ruhe nieder. Sie murmelten Gebete, in denen sie Elohim für den Tag in Frieden dankten und um eine sichere Nacht für sich, die Schafe und die Hunde baten. Der Hirte mit dem struppigen Bart hielt Wache, gestützt auf seinen knorrigen Hirtenstab mit dem eisernen Knauf. Als das Feuer von neuem zu verlöschen drohte, warf er noch ein paar trockene Zweige nach, die sofort knisternd zu brennen begannen, und rote Flammen schossen empor. Er hockte sich nieder und hielt die durchfrorenen Hände über das Feuer. Er vollführte diese Bewegung mit so viel Andacht, daß man glaubte, er segnete das Feuer, statt sich an ihm zu wärmen. Vielleicht wärmte er sich und segnete es zugleich, denn der Segnende überträgt nicht nur die Glut seines Herzens auf den zu Segnenden, sondern erwärmt sich selber an dem, den er segnet. In den Plänen des Herrn führt die Mannigfaltigkeit der Mittel zu einer Einheit der Ergebnisse. Der Struppige erhob sich und wollte seinen Rundgang antreten, als er im Dunkeln Schritte eines anderen vernahm und sah, wie die beiden zottigen Hunde, statt gewohnterweise mit wütendem Gebell in die Richtung zu stürzen, aus der die Schritte kamen, gutmütig ihm entgegentrotteten und ergeben ihre leuchtenden Augen in das dichte Dunkel richteten.

»Gebenedeit sei Elohim, der Herr der Heerscharen«, hörte der Struppige eine Stimme und erblickte neben sich die Gestalt eines Hirten, gleich ihm selbst gehüllt in einen langen Hirtenmantel mit Sandalen an den Füßen, einen knorrigen Stab in der Hand. Wäre nicht der seltsame Ausdruck seines durchgeistigten Gesichtes gewesen, der davon zeugte, daß er sich mit höheren Dingen beschäftigte als damit, Schakale zu verjagen und Schafskäse herzustellen, wäre er überzeugt gewesen, daß es sich um einen Hirten aus der näheren oder ferneren Umgebung handelte, der seine Schafe auf den benachbarten Weiden hütete. Der Schein des Feuers fiel auf das Gesicht des Fremden. Der Struppige hatte ihn noch nie gesehen, obwohl alle Hirten im Gebirge Judäa einander kannten. Er war schon geneigt, anzunehmen, der Fremde habe sich aus unerfindlichen Gründen als Hirte verkleidet – es war daher angebracht, Vorsicht walten zu lassen und ihm gegenüber eine abwartende Haltung einzunehmen – doch widersprach dieser vermeintlichen Maskerade das für einen Hirten so typische Verhalten des Fremden, seine ausladenden Gesten, seine langen Schritte, die seiner Gestalt angemessene Kleidung und besonders der scharfe Geruch von Schafwolle, der von ihn ausging. Das beruhigte den Struppigen völlig und überzeugte ihn von dem Hirtenberuf des Gastes.

»Der Herr sei mit dir«, entgegnete der Struppige mit Zurückhaltung, wobei er gleichzeitig verwundert gewahrte, daß die Hunde mit unverhohlener Zutraulichkeit und Hingabe um den Fremden herumstrichen.

»Woher kennst du unsere Hunde?«, fragte er gereizt, und da er entschlossen war, den Fremden rasch abzufertigen, fügte er hinzu: »Wie bist du hierhergekommen? Was suchst du hier?«

»Dich und deine Gefährten suche ich«, erwiderte der Fremde ruhig.

»Was willst du von uns?«

»Wecke deine Gefährten!« entgegnete der andere mit sanfter Bestimmtheit.

»Bist du mein Herr, daß du mir gebietest?«

»Wecke die Gefährten«, wiederholte der Fremde, diesmal in befehlendem Ton.

Der Struppige preßte die Hand kräftiger um den Knauf, doch bezähmte er seinen Zorn – das Gefühl der Gastlichkeit überwog – verzichtete auf weitere Fragen und begann die Hirten zu wecken. Sie rieben sich die Augen, gähnten, erhoben sich unwillig und blickten erstaunt bald auf den Fremden, bald auf den Struppigen, schon bereit, wegen der unliebsamen Störung derb zu fluchen. Plötzlich erklang aber eine so schöne und innige Melodie, wie sie sie nie zuvor in ihrem Leben gehört hatten. Obwohl sie selber auf der Hirtenflöte zu spielen und Psalmen zu singen verstanden, Elohim zu Ehren und zum Lobe des Hirtenlebens, dünkte ihnen, als käme die fromme Melodie aus ihrem Inneren, aus den Steinen und Bäumen, den Hunden und Schafen und erfülle mit ihrem Wohllaut die ganze Welt. Sie unterschieden mit ungewöhnlicher Genauigkeit jede Melodie im einzelnen, die Melodie der Steine, die Melodie der Bäume und der Schafe, der Hunde und die der Berge und vor allem die Melodie, die aus ihrem Inneren kam. Zwar verstanden sie ihren Sinn, ihren Zweck nicht ganz genau, doch fühlten sie, daß ihnen mit dieser Melodie Schafe verheißen wurden, deren Haare das Doppelte an Wolle, deren Milch das Dreifache an Käse spendete, zumal in der ansteigenden Melodiewoge ein Lobgesang Elohims im Himmel und des gesegneten Friedens auf Erden erklang. Und da sie, entgegen allem Schein und der öffentlichen Meinung, gottesfürchtig waren und sich für Menschen guten Willens hielten, glaubten sie, der von Gott verheißenen Wohltaten in vollem Umfang teilhaftig zu werden. Hätten sie aber mit eigenen Worten all das, was sie in jener Melodie gehört hatten, berichten sollen – denn sehr rasch gelangten sie zu der Überzeugung, daß sie den Menschen davon berichten mußten –, wäre ihnen das sehr schwergefallen, und sicher hätten sie das alles nicht in die passenden Worte kleiden können. Das hatte vielerlei Gründe. Sie waren ungebildete Leute, Söhne der Erde, Am haarez, einfache Männer. Doch war dies nicht die einzige Schwierigkeit. Selbst wenn sie den Sinn der vernommenen Musik hätten wiedergeben können, hätte ihr Zeugnis wenig Bedeutung gehabt, da die Mehrheit der Israeliten sie für Diebe hielt, für gewalttätige, ungehobelte, rauflustige und händelsüchtige Burschen. Diese Meinung, ob sie nun zu Unrecht bestand oder zutraf – heute ist das schwer festzustellen –, hatte seine Ursache in ihrer besonderen Lebensweise. Inmitten einer wilden Bergwelt, in unausgesetztem Kampf gegen Hyänen, Schakale, Wölfe und Wilderer härtete sich ihr Charakter und machte ihre Manieren nicht zu den sanftesten, förderte ihre Händelsucht und ihr Draufgängertum und ihr ungezügeltes Freiheitsbedürfnis. Die Leute fürchteten sich vor ihnen. Daher rieten einige Weise den ehrbaren Familienvätern, ihre Söhne nicht zu Hirten erziehen zu lassen, denn – so behaupteten sie – Hirten seien Banditen, auf deren Aussagen man sich vor Gericht nicht berufen dürfe, da sie zwischen Lüge und Wahrheit nicht zu unterscheiden vermögen, man sollte weder Wolle noch Milch von ihnen kaufen, da man nie genau wüßte, ob ihre Waren nicht gestohlen seien. Andererseits waren die Hirten in den heiligen Schriften ein Symbol für Edelmut; König David, der in seiner Kindheit das Vieh seines Vaters Jesse aus Bethlehem hütete, hatte einst einen glühenden Psalm zum Ruhme dieses Berufes gesungen und Elohim selbst in seinen Psalmen mit einem guten Hirten verglichen, der den gerechten Menschen auf die grünen Weiden und an ruhige Wasser führt. Wie waren diese beiden einander widersprechenden Vorstellungen vom Hirtenberuf zu vereinigen? Vielleicht war die Beschaulichkeit eine Brücke zwischen den beiden Widersprüchen, jene Beschaulichkeit, die so bezeichnend war für den Beruf des Hirten, jene unschätzbare Gabe, dank derer selbst in den wildesten und widerborstigsten Herzen im Angesicht Gottes, der Menschen, Berge und Täler ein vernünftiger Ausgleich zwischen Gewinn und Verlust erfolgte.

Als die Musik verstummte, warfen sich die Hirten gegenseitig fragende Blicke zu, denn laut zu fragen wagten sie nicht. Der Fremde aber war nicht mehr da. Der, der sie geweckt hatte, war verschwunden. Und er allein wäre in der Lage gewesen, ihnen zu erklären, was jene Musik zu bedeuten hatte, da sie jeder auf seine Weise gehört und verstanden hatte und sie daher um so mehr wünschten, ihre Eindrücke vor dem Erwecker darzustellen und seine maßgebende Meinung darüber zu hören. Auf ihren eigenen Verstand angewiesen, bemühten sie sich, den Sinn zu enträtseln. Nach langem Grübeln, das nicht frei war von Zweifeln, Zögern und Unsicherheit, begriffen sie, daß sie ihre Hunde und ihre Schafe dem Schicksal überlassen – was sie insgeheim für großen Leichtsinn hielten – und aufbrechen mußten. Wohin, das wußten sie nicht. Zwar schwebte ihnen nebelhaft die Vision der Stadt Davids vor Augen – woher rührte sie? Von einer hinweisenden Geste des Erweckers? Von seinem Blick? Vielleicht von der Musik? Doch Israel nannte sowohl Jeruschalajim Hakodesch als auch Bethlehem die Stadt Davids. Ratlos blickten sie sich im Kreise um, unschlüssig, welche Richtung sie einschlagen sollten, die nördliche oder die südliche. In Unsicherheit verfangen, ergaben sie sich vertrauensvoll ihrer Unwissenheit, und durch diese Unwissenheit gelenkt, hofften sie das Ziel zu erreichen. Da das Ziel einer Wanderung durch die wilden Berge Judäas immer eine sichere Höhle zu sein pflegt, hofften sie, am Ende ihres Umherirrens auch vor eine solche zu gelangen und in ihr den Ruhm Elohims zu erblicken, vielleicht auch in Gestalt eines Anfangs, eines Keims, eines hilflosen Wesens, das gerade erst Form anzunehmen begann und das das Ziel und das Ende ihrer Wanderung und ihres Nichtwissens sein würde. Sie fielen auf die Erde, hielten die Hände vor die Stirn, wiegten sich rhythmisch, chaotisch, sagten nacheinander den Hallel her, den Psalm der Freude, und priesen den Erwecker, der sie geweckt hatte, damit sie den Gesang Elohims hörten. Zwar hätten sie ihn ebenso deutlich auch im Schlaf vernehmen können, aber sicher hatte der Herr gewollt, daß sie ihn im Zustand des Wachseins hörten. Als Hüter von Herden waren sie keine Männer des Schlafes, sondern des Wachens, sie waren Wächter mit weit geöffneten Augen und hellhörigen Ohren, wachsame, lauernde

Männer, daher hatte der Erwecker sie gewaltsam aus dem Schlaf gerissen, auf daß sie mit wachen Ohren hörten, was wachsame Männer hören sollten.

Als der Struppige den Kopf hob und die übrigen Hirten seinem Beispiel folgten, herrschte ringsum wieder tiefe Stille. Sie aber waren wie verändert. Sie sorgten sich nicht mehr um die Schafe, die Erscheinung des Erweckers versetzte sie nicht in Staunen, auch wunderten sie sich nicht über sein plötzliches Verschwinden. Alles erschien ihnen klar, wirklich, selbstverständlich, so klar und wirklich, daß sie geneigt waren zu glauben, sie hätten von Anbeginn ihres Lebens auf diese nächtliche Stunde gewartet. Wortlos füllten sie ihre Krüge mit Milch und ihre Taschen mit Schafskäse und gingen in völligem Schweigen zu der Felsgrotte, die ihnen schon oftmals Schutz gegen Wind und Wetter gewährt hatte, sie gingen, gingen und dachten nicht mehr nach über die Herkunft dieser Zeichen, sondern nahmen sie so an, wie sie sich ihnen darboten, denn wenn das Erscheinen des Erweckers, das ungewöhnliche Verhalten der Hunde und die wundersame Musik Täuschungen, Hirngespinste, Trugbilder waren, waren es gesegnete, überaus wundersame und ungewöhnlich zielbewußte Trugbilder, Anlaß zu sicherem und tatkräftigem Handeln. Die Hirten liefen, liefen, liefen, während diese Bilder ihnen den Weg zur Felsgrotte wiesen. Doch Täuschungen, Hirngespinste und Trugbilder, die zur Wahrheit führen, sollte man nicht nur mit Achtung behandeln, sondern auch voller Vertrauen in ihren zweckgebundenen Sinn, ja man sollte sie so behandeln, als wären sie keine Täuschungen, sondern eine Art Wirklichkeit, eine höhere Wirklichkeit, oder auch eine Erscheinung, die nur die Aufgabe der Wirklichkeit erfüllt, wenn nicht gar eine andere Wirklichkeit, eine Wirklichkeit der Erleuchtung, über deren Herkunft und Wesen wir nach wie vor nur wenig wissen, selbst dann nicht, wenn uns alle wirksam gewordenen Antriebe bekannt sind.

Am Himmel begann es zu grauen. Josef hantierte gerade

in der Grotte, als die Hirten eintraten, sich vor dem Neugeborenen, vor Mirjam und Josef tief verneigten und die Krüge mit Milch und den Käse in der Ecke abstellten. Während Mirjam und Josef ihnen für die Gaben herzlich dankten, begann einer der Hirten auf seiner Flöte zu spielen, und seine Gefährten lächelten, denn es war jene Melodie, die sie gehört hatten, nachdem sie auf dem Felde aus ihrem Schlaf geweckt wurden. Und Josef sang mit ihnen, klatschte in die Hände und war gleichzeitig bekümmert, daß er den Gästen kein geflochtenes Brot anbieten konnte, keine Oliven und keinen Wein, da er nichts von alledem besaß.

Die Sonne stand bereits hoch am Himmel, als die Hirten sich von neuem vor dem Erstgeborenen, vor Mirjam und Josef tief verneigten und die Grotte verließen.

Auf ihrem Weg zurück in die Berge berichteten sie allen, denen sie begegneten, was sich in dieser Nacht zugetragen hatte, doch niemand wollte ihnen glauben, da die Hirten verrufen waren als Söhne der Wildnis, als ungehobelte Ungebildete, als Am haarez.

Maxim Gorki

Ein Mensch wird geboren

Es war im Hungerjahr 92, zwischen Suchum und Otschemtschiry, am Ufer des Flusses Kodor unweit des Meeres.

Durch das fröhliche Lärmen des hellen Gebirgswassers hindurch hört man deutlich das dumpfe Rauschen der Meereswogen. Es ist Herbst. Im weißen Schaum des Kodor wirbeln gelbe Lorbeerblätter, die wie behende kleine Salme blitzen. Ich sitze auf einem Felsen über dem Fluß und sage mir, daß vermutlich auch die Möwen und Kormorane die Blätter für Fische halten und darum wohl auch so enttäuscht schreien, dort rechts hinter den Bäumen, wo das Meer brandet.

Die Kastanien über mir prangen in Gold, zu meinen Füßen – Blätter, die wie abgehackte Hände aussehen. Die Hagebuchenzweige drüben am andern Ufer sind schon kahl und hängen wie ein zerrissenes Netz in der Luft; ein gelbroter Bergspecht springt wie ein Gefangener darin umher, hämmert mit seinem schwarzen Schnabel gegen die Baumrinde und scheucht die Insekten heraus, während findige Meisen und graue Spechtmeisen – Gäste aus dem fernen Norden – sie fressen.

Linker Hand hängen regendrohend schwere Schleierwolken über den Gipfeln; ihre Schatten kriechen über die grünen Hänge, auf denen der leblos starre Buchsbaum wächst und in den Baumhöhlen der alten Buchen und Linden ein Honig gefunden wird, der schon im Altertum den Soldaten des großen Pompejus durch seine berauschende Süße beinahe zum Verhängnis geworden wäre, als er eine ganze Legion eiserner Römer umwarf. Die Bienen gewinnen ihn aus den Blüten des Lorbeers und der Azalee, und »Vorübergehende« holen ihn aus den Baumhöhlen und essen ihn als

Aufstrich auf Lawasch, einem dünnen Gebäck aus Weizenmehl.

Das war es auch, womit ich mich beschäftigte, während ich, von einer wütenden Biene arg zerstochen, auf den Steinen unter den Kastanien saß – ich tauchte Brotstücke in ein mit Honig gefülltes Kochgeschirr und aß, wobei ich mich am trägen Geflimmer der müden Herbstsonne ergötzte.

Im Herbst ist es im Kaukasus wie in einer prächtigen Kathedrale, die von großen Weisen erbaut wurde. Große Weise sind immer zugleich auch große Sünder. Um die eigene Vergangenheit vor dem scharfen Auge des Gewissens zu verbergen, bauten sie diese gewaltige Kathedrale aus Gold, Türkisen, Smaragden, behängten die Berge mit den schönsten, bei den Turkmenen in Samarkand oder Schemacha geknüpften Seidenteppichen, plünderten die ganze Welt aus und trugen alles hier, vor der Sonne Angesicht, zusammen, als hätten sie zu ihr sagen wollen: »Es ist dein – von den Deinen – für dich.«

... Ich sehe, wie langbärtige graue Riesen mit großen heiteren Kinderaugen von den Bergen heruntersteigen und die Erde schmücken, überall ihre bunten Schätze ausstreuen, die Gipfel der Berge mit einer dicken Schicht Silber und die Hänge mit dem Gewirk vielgestaltiger Bäume bedecken; und dieses Stück gesegneter Erde verwandelt sich unter ihren Händen in verschwenderische Schönheit.

Es ist eine vorzügliche Beschäftigung – ein Mensch auf Erden zu sein: Wieviel Wunderbares sieht man, wie qualvoll süß klopft das Herz in stillem Entzücken über soviel Schönheit.

Nun ja, manchmal wird einem auch schwer zumute, die Brust erfüllt brennender Haß, und der Kummer saugt gierig das Herzblut. Doch das ist nicht immer so, und schließlich ist es auch für die Sonne oft traurig genug, auf die Menschen herunterzusehen: Was hat sie nicht alles für sie getan – und doch sind sie nicht recht gelungen ...

Gewiß, es gibt auch viele Gute unter ihnen, nur müßten sie alle einmal überholt oder besser, aufgearbeitet werden.

Links über den Büschen schaukeln dunkle Köpfe auf und nieder: Durch das Rauschen der Meereswellen und das Murmeln des Flusses klingen kaum hörbar menschliche Stimmen. Es sind »Hungernde«, die von Suchum, wo sie eine Chaussee gebaut haben, nach Otschemtschiry zur Arbeit gehen.

Ich kenne sie – es sind Leute aus dem Orjoler Gouvernement, wir haben zusammen gearbeitet und sind gestern zusammen ausgezahlt worden; ich bin vor ihnen in der Nacht aufgebrochen, um den Sonnenaufgang am Meer zu erwarten.

Es sind vier Bauern und ein junges Weib mit stark hervortretenden Backenknochen, schwanger, mit mächtigem, nach oben zu aufgeschwelltem Bauch und erschrocken aufgerissenen Augen von blaugrauer Farbe. Ich sehe ihren Kopf mit dem gelben Tuch über den Büschen, er wiegt sich wie eine Sonnenrose im Wind. In Suchum ist ihr der Mann gestorben, er hatte sich an Obst übergessen. Ich habe in der Baracke unter diesen Leuten gelebt: Nach guter russischer Gewohnheit besprachen sie ihre Leiden so ausgiebig und so laut, daß ihre Klagereden wahrscheinlich fünf Werst im Umkreis zu hören waren.

Es waren traurige, bedrückte Menschen, die nach einer Mißernte aus der erschöpften Heimaterde gerissen und wie trockenes Laub vom Winde hierher verweht worden waren, wo sie die Pracht einer unbekannten Natur in Staunen versetzte und blendete, während die schweren Arbeitsbedingungen sie endgültig niederdrückten. Sie betrachteten alles mit einem verwirrten Zwinkern ihrer farblosen traurigen Augen, lächelten einander wehmütig zu und sagten: »O-oh … ist das ein Boden …«

»Wie alles sprießt und drängt!«

»Ja-a … aber – die Steine …«

»Ein unbequemer Boden, muß man schon sagen.«

Und sie dachten zurück an Kobylij Loshok, an Suchoi Gon,

an Mokrenkoje – an all die heimatlichen Gefilde, wo jede Handbreit Erde Staub ihrer Ahnen und alles beziehungsvoll, vertraut und teuer, von ihrem Schweiß getränkt war.

Es war noch ein Weib bei ihnen gewesen – lang, gerade, flach wie ein Brett, mit einem Pferdegebiß und trübe blikkenden kohlschwarzen Schielaugen.

Abends pflegte sie zusammen mit der anderen, der Frau mit dem gelben Kopftuch, hinter die Baracke zu gehen und, auf einem Schotterhaufen sitzend, die Wange aufgestützt und den Kopf zur Seite geneigt, mit hoher und ärgerlicher Stimme zu singen:

»Hinterm Friedhof
In den dichten grünen Büschen,
Auf dem Sande
Breit ich aus mein weißes Tuch
Und erwarte
Meinen herzgeliebten Freund.
Kommt er zu mir,
Will ich mich vor ihm verneigen.«

Die Gelbe schwieg meist, neigte den Kopf vor und betrachtete ihren Bauch, fiel aber manchmal plötzlich und unerwartet, träge, mit satter männlicher, ein wenig heiserer Stimme die Worte herausschluchzend, ein:

»Ach mein Liebster,
Du mein herzgeliebter Freund,
Nimmer werd ich
Dich noch einmal wiedersehn!«

In der schwarzen schwülen Finsternis der südlichen Nacht erinnerten diese klagenden Stimmen an den Norden, an öde Schneeflächen, an das Pfeifen des Schneesturms und das ferne Geheul der Wölfe.

Später erkrankte die Schieläugige am Fieber und wurde

auf einer Bahre aus Zelttuch in die Stadt gebracht. Das Fieber schüttelte sie, während man sie forttrug, sie stöhnte und klagte, als sänge sie ihr Lied vom Friedhof und dem Fleckchen Sand weiter.

Auf und nieder tauchend, war der gelbe Kopf entschwunden.

Ich beendete mein Frühstück, deckte den Honig im Kochgeschirr mit Blättern zu, schnürte meinen Quersack und machte mich ohne Hast auf, den anderen zu folgen. wobei ich von Zeit zu Zeit meinen Kirschholzstock auf den festen Grund des Fußpfades stieß.

Endlich bin ich auf dem schmalen grauen Wegstreifen, rechts wogt das tiefblaue Meer. Es ist, als würde es von unsichtbaren Tischlern mit tausend Hobeln gehobelt – das weiße Gelock der Hobelspäne strebt knisternd und rauschend dem Ufer zu, vom Winde getrieben, der feucht, warm und würzig ist wie der Atem eines gesunden Weibes. Eine türkische Feluke gleitet nach Backbord übergeneigt auf Suchum zu, die Segel prall aufgeblasen wie die dicken Backen jenes vornehmen Suchumer Ingenieurs, eines höchst seriösen Mannes, der aus irgendeinem Grunde statt »ruhig« – »ruhisch« und statt »wenn« – »wann« zu sagen pflegte.

»Ruhisch! Wann du auch flink bist, ich übergebe dich ohne Federlesens der Polizei!«

Er liebte es, die Leute der Polizei zu übergeben, und es ist ein beruhigender Gedanke, daß er jetzt in seinem Grabe vermutlich schon längst von den Würmern bis auf die Knochen abgenagt ist.

Es geht sich leicht – als schwömme man durch die Luft. Angenehme Gedanken, Erinnerungen in buntem Gewande vereinigen sich im Gedächtnis zu einem stillen Reigen; dieser Reigen im Innern ist wie die weißen Schaumkämme auf dem Meer, sie sind oben, während es unten in der Tiefe ruhig ist und still die glänzenden und schwankenden Jugendhoffnungen umherschwimmen, wie in der Meerestiefe die Silberfische.

Das Meer zieht den Weg an, er kommt in vielen Windungen dem Streifen Sand näher, auf den die Wellen auflaufen. Auch die Büsche wollen der Welle ins Angesicht blicken, sie neigen sich über das Band des Weges, als nickten sie der weiten blauen Wasserwüste zu.

Der Wind bläst jetzt von den Bergen, das bedeutet Regen.

Ein schwaches Stöhnen im Busch, ein menschliches Stöhnen, wie es immer und immer wieder die fühlende Seele aufrüttelt.

Ich biege die Zweige auseinander und sehe, wie, mit dem Rücken gegen den Stamm eines Nußbaumes gelehnt, das Weib mir dem gelben Kopftuch sitzt, den Kopf auf die Schulter gesenkt, den Mund häßlich verzogen, mit wild hervortretenden irren Augen. Sie hält die Hände auf ihrem ungeheuren Bauch und atmet so unnatürlich und furchterregend, daß der ganze Bauch krampfhaft auf und nieder zuckt, während das Weib, die Hände gegen ihn pressend, dumpf stöhnt und ihre gelben Wolfszähne entblößt. »Was ist? Hat man dich geschlagen?« frage ich und beuge mich über sie – sie zappelt mit den nackten Beinen im aschgrauen Staub wie eine Fliege und röchelt, den schweren Kopf hin und her schlenkernd:

»Fort ... Schamloser ... geh!«

Ich begriff, worum es sich handelte – ich hatte das schon gesehen. Ich war natürlich erschrocken, prallte zurück, während das Weib in ein langgezogenes Geheul ausbrach und aus ihren Augen, die schier platzen wollten, trübe Tränen stürzten und über das angespannt aufgequollene rotviolette Gesicht rannen.

Das ließ mich zu ihr zurückkehren, ich warf den Ranzen, den Teekessel, das Kochgeschirr auf die Erde, legte sie auf den Rücken und wollte ihr die Beine in den Knien beugen – da stieß sie mich zurück, indem sie mir die Hände gegen Brust und Gesicht schlug, drehte sich um und kroch knurrend und krächzend wie eine Bärin auf allen vieren tiefer ins Gebüsch.

»Bandit! Satan!«

Die Arme versagten ihr, sie fiel hin, schlug mit dem Gesicht auf die Erde und begann wieder zu heulen, wobei sie krampfhaft die Beine von sich streckte.

In fieberhafter Erregung drehte ich sie, nachdem ich schnell alles rekapituliert hatte, was ich von der Sache wußte, auf den Rücken und beugte ihr die Beine – die Fruchtblase war bereits herausgetreten.

»Lieg still, es ist gleich soweit!«

Ich lief schnell zum Meer, krempelte mir die Ärmel hoch, wusch mir die Hände, kam zurück und – wurde Geburtshelfer.

Das Weib bog sich wie Birkenrinde im Feuer, klatschte mit den Händen auf die Erde, riß das fahle Gras aus und versuchte immerzu, es sich in den Mund zu stopfen; sie bewarf sich das furchtbare, nicht mehr menschenähnliche Gesicht mit den wilden blutunterlaufenen Augen mit Erde, während die Fruchtblase schon aufplatzte und das Köpfchen zum Vorschein kam. Ich mußte ihre krampfhaft zuckenden Beine festhalten, dem Kinde helfen und darauf achten, daß sie sich kein Gras in ihren entstellten stöhnenden Mund steckte.

Wir schimpften ein wenig aufeinander, sie mit zusammengebissenen Zähnen, ich ebenfalls nicht sehr laut, sie vor Schmerzen und auch wohl aus Scham, ich aus Verlegenheit und qualvollem Erbarmen mit ihr.

»Herrgott!« krächzt sie, die blauen Lippen zerbissen und schaumbedeckt, während aus ihren Augen, die plötzlich wie von der Sonne ausgezogen scheinen, haltlos die Tränen der unerträglich leidenden Mutter fließen und der ganze Körper sich windet, als würde er in zwei Teile gerissen.

»Scher dich fort, du Teufel!«

Mit ihren schwachen, wie ausgekugelten Armen versucht sie immer wieder, mich zurückzustoßen, während ich auf sie einrede: »Närrin, streng dich an, mach, beeil dich!«

Ich fühle quälendes Mitleid mit ihr, und ihre Tränen stürzen wohl auch in meine Augen, das Leid preßt mir das Herz zusammen, ich möchte schreien, und ich schreie: »Nun, beeil dich doch!«

Und schließlich halte ich einen Menschen in meinen Händen. Rot ist er. Ich sehe, wenn auch durch einen Tränenschleier, daß er von Kopf bis Fuß rot ist und bereits unzufrieden mit dieser Welt, er strampelt, rebelliert und brüllt kräftig, obwohl er noch mit der Mutter zusammenhängt. Er hat blaue Augen, die Nase sitzt spaßig platt in dem faltigen roten Gesichtchen, die Lippen bewegen sich und machen: »Ja-a! Ja-a!«

Wie glitschig er ist – man muß aufpassen, daß er einem nicht aus den Händen rutscht. Ich knie, blicke ihn an, lache – ich bin sehr erfreut, ihn zu sehen, und vergesse, was alles zu tun ist ...

»Schneid durch ...«, flüstert die Mutter – ihre Augen sind geschlossen, das Gesicht eingefallen und erdig wie bei einer Toten, die blauen Lippen bewegen sich kaum: »Mit dem Taschenmesser ... schneid durch ...«

Mein Taschenmesser ist mir in der Baracke gestohlen worden. Ich beiße die Nabelschnur durch, das Kind brüllt im schönsten Baß, und die Mutter – lächelt: Ich sehe, wie ihre bodenlosen Augen wunderbar aufblühen und leuchten in feurigem Blau. Ihre dunkle Hand tastet über den Rock, und die blutenden, zerbissenen Lippen flüstern: »Ich ... kann nicht ... das Bändchen ist in der Tasche ... den Nabel abbinden ...«

Ich bringe das Band zum Vorschein, binde ab. Sie lächelt immer strahlender, so schön und strahlend, daß ich fast blind bin von diesem Lächeln.

»Erhole dich, ich gehe ihn waschen ...«

Besorgt murmelt sie: »Sieh dich vor ... langsam ... Sieh dich ja vor ...«

Dieses rote Menschlein verlangt gar nicht soviel Vorsicht: es ballt die Fäustchen und brüllt, brüllt, als forderte es die ganze Welt in die Schranken: »Ja-a! Ja-a!«

»Recht so, mein Freund, behaupte dich, damit dir die lieben Nächsten nicht gleich den Kopf abreißen!«

Besonders nachdrücklich und laut schrie er, als ihn die erste schäumende Meereswelle erreichte, die fröhlich an uns beiden heraufschlug; als ich ihn dann auf Brust und Rücken zu klatschen begann, kniff er die Augen zu, zappelte und kreischte durchdringend, während sich Welle um Welle über ihn ergoß.

»Zeig, was du kannst, Mann aus dem Orjolschen! Schrei, was du schreien kannst!«

Als wir zur Mutter zurückkehrten, lag sie, die Augen wieder geschlossen und sich die Lippen beißend, in den Wehen der Nachgeburt. Doch zwischen Stöhnen und Seufzern hörte ich sie mit versagender Stimme flüstern: »Gib her ... gib ihn mir!«

»Hat Zeit.«

»Gib schon ...«

Und mit zitternden, unsicheren Fingern begann sie sich die Jacke über der Brust aufzuknöpfen. Ich half ihr, die von der Natur auf zwanzig Kinder berechnete Brust frei zu machen, und legte ihr den ungestümen kleinen Orjoler an ihren warmen Körper, wo er sogleich alles begriff und still war.

»Hochheilige Jungfrau!« seufzte zuckend die Mutter und warf den zerzausten Kopf auf dem Quersack hin und her.

Und plötzlich schrie sie leise auf und verstummte, dann öffneten sich wieder die über alle Maßen schönen Augen, die heiligen Augen der Gebärerin, blau, zum blauen Himmel aufblickend, ein dankbares, freudiges Lächeln leuchtete aus ihnen. Die schwere Hand hebend, bekreuzigte die Mutter sich und das Kind.

»Gelobt seist du, heilige Muttergottes ... ach ... sei gelobt!«

Ihre Augen verloschen, fielen ein, sie schwieg lange, beinahe ohne zu atmen, und sagte plötzlich sachlich und mit fester Stimme: »Schnür doch mal meinen Sack auf, Bursche!«

Wir machten ihn auf, sie sah mich aufmerksam an und lächelte ganz schwach, es war, als überglänze kaum wahrnehmbar eine Röte die eingefallenen Wangen und die schweißbedeckte Stirn.

»Geh mal beiseite ...«

»Mute dir nur nicht zuviel zu!«

»Nun, nun, geh schon!«

Ich ging ein kleines Stück weit in die Büsche. Das Herz schien müde, doch in der Brust war ein stiller Gesang wie von lieblichen Vögeln, und es klang so schön zusammen mit dem ohne Unterlaß rauschenden Meer, daß man ein ganzes Jahr hätte zuhören mögen.

Nicht weit murmelte ein Bach, als erzählte ein Mädchen der Freundin von ihrem Liebsten.

Über den Büschen erschien der Kopf mit dem gelben Tuch, das schon wieder geknüpft war, wie sich's gehörte.

»Ho, ho, wirtschaftest du nicht zu früh?«

Sie hielt sich mit der Hand an einem Zweig des Buschwerks fest, saß da wie ausgesogen, kein Tropfen Blut im grauen Gesicht, riesige blaue Teiche anstelle der Augen, und flüsterte: »Sieh, wie er schläft!«

Gewiß, er schlief schön, nach meiner Ansicht jedoch keineswegs schöner als andere Kinder, und wenn es einen Unterschied gab, so war es dies: Er lag auf einem Haufen bunten Herbstlaubes unter einem Strauch, wie es im Orjoler Gouvernement keinen gibt.

»Du solltest dich hinlegen, Mutter.«

»Nein«, sagte sie und schüttelte kraftlos den Kopf, »ich muß mich fertig machen und nach ... nach ...«

»Nach Otschemtschiry?«

»Ja, richtig! Die Unsern sind sicherlich schon ein paar Werst weit ...«

»Kannst du denn laufen?«

»Und die Muttergottes? Sie wird mir schon helfen!«

Ja freilich, wenn die Muttergottes mit ihr war – was sollte ich da noch sagen!

Sie betrachtet das kleine, unzufrieden aufgeplusterte Gesicht unter dem Busch, warm strahlen die Augen, sie leckt sich über die Lippen und streichelt mit langsamer Bewegung ihre Brust.

Ich fache ein Feuer an und baue Steine zusammen, um den Teekessel aufzusetzen.

»Ich will dir schnell einen Tee machen.«

»Ja? Tu das! Mir ist in den Brüsten alles wie eingetrocknet.

»Wie kommt es, daß deine Landsleute dich verlassen haben?«

»Sie haben mich nicht verlassen. Warum denn! Ich bin selbst zurückgeblieben, sie waren ein bißchen betrunken, nun ... und das war auch gut so, wie hätte ich denn in ihrer Gegenwart niederkommen sollen ...«

Sie sah mich an, bedeckte das Gesicht mit dem Ellbogen, spie etwas Blut, lächelte schamhaft.

»Ist wohl dein erstes Kind?«

»Ja ... Und wer bist du?«

»Ein Mensch, wie du siehst ...«

»Natürlich ein Mensch! Bist du verheiratet?«

»Nein, ich habe nicht die Ehre.«

»Schwindelst wohl?«

»Warum denn?«

Sie senkte den Blick und überlegte: »Wie kommt es, daß du in Weibersachen Bescheid weißt?«

Jetzt mußte ich schwindeln. Und ich sagte: »Ich hab das gelernt. Weißt du, was ein Student ist?«

»Natürlich! Der älteste Sohn unseres Popen ist auch Student, er will Pope werden.«

»Siehst du, so einer bin ich auch. Nun, ich gehe jetzt Wasser holen.«

Das Weib neigte den Kopf über den Sohn, horchte – ob er wohl atmete? – und blickte in Richtung des Meeres.

»Ich müßte mich waschen, aber ich kenne das Wasser hier nicht ... Was ist das nur für ein Wasser! Salzig und bitter.«

»Wasch dich nur damit – es ist ein gesundes Wasser!«

»Wirklich?«

»Bestimmt. Und wärmer als im Bach, die Bäche sind hier wie Eis.«

»Du mußt es ja wissen.«

Dösend, den Kopf vornübergebeugt, ritt ein Abchasier im Schritt an uns vorüber; das sehnige Pferdchen spitzte die Ohren, schielte mit runden schwarzen Augen nach uns und schnaubte, der Reiter riß wachsam den Kopf hoch, blickte gleichfalls zu uns herüber und ließ den Kopf wieder auf die Brust fallen.

»Was das hier für ein häßlicher, grausliger Menschenschlag ist«, sagt die Orjolerin leise.

Ich gehe zum Bach. Über die Steine hüpft singend ein helles Wasser, lebendig wie Quecksilber, und lustig wirbelt Herbstlaub darin umher – wunderbar! Ich wasche mir die Hände, das Gesicht, schöpfe den Teekessel voll Wasser, gehe zurück und sehe durch die Sträucher, wie das Weib unruhig sich umblickend auf allen vieren über Steine und Erde kriecht.

»Was willst du?«

Sie erschrak, wurde grau im Gesicht und versuchte etwas unter sich zu verbergen. Ich verstand.

»Gib her, ich vergrabe es.«

»Ach, Freund! Was tun? Man müßte es doch eigentlich im Vorraum zum Badehaus, unter den Fußbodenbrettern ...«

»Willst du vielleicht warten, bis man dir hier ein Badehaus herbaut? Überleg doch!«

»Du scherzt, aber ich fürchte mich! Wenn's ein Tier frißt ... der Mutterkuchen muß doch der Erde übergeben werden!«

Sie wandte sich ab und bat schamhaft, während sie mir ein feuchtes Bündelchen hinhielt: »Du – gib dir ein wenig Mühe, vergrab es recht tief, um Christi willen ... Hab Erbarmen mit meinem Söhnchen, mach es gut!«

Als ich zurückkam, sah ich, wie sie wankend und den Arm vor sich ausgestreckt vom Meer heraufkam, der Rock war naß bis an die Hüfte, das Gesicht ein wenig gerötet und wie von innen her leuchtend. Ich half ihr zurück bis zum Feuer und dachte erstaunt: Kraft wie ein Tier.

Dann tranken wir Tee mit Honig, wobei sie mich vorsichtig ausfragte: »Du hast es wohl aufgegeben, das Lernen?«

»Das habe ich.«

»Hast wohl alles vertrunken, wie?«

»Restlos, Teuerste!«

»Siehst du, was du für einer bist! Ich kenne dich übrigens, bist mir schon in Suchum aufgefallen, als du wegen des Essens mit dem Chef schimpftest. Ich habe mir damals gleich gedacht: Ist sicherlich ein Säufer, dem ist alles egal.«

Und während sie sich genießerisch den Honig von den geschwollenen Lippen leckte, schielte sie mit den blauen Augen immer wieder unter den Busch, wo ruhig der jüngste Bürger des Gouvernements Orjol schlief.

»Was ihm wohl für ein Leben beschieden sein wird?« sagte sie seufzend und betrachtete mich. »Du hast mir geholfen – ich danke dir auch ... ob das aber für ihn gut ist, ich weiß wirklich nicht ...«

Sie trank ihren Tee aus, aß, bekreuzigte sich, döste vor sich hin, während ich meine Siebensachen zusammensuchte, wiegte sich schläfrig hin und her und grübelte, die wieder farblos gewordenen Augen zur Erde gerichtet.

Dann begann sie sich zu erheben.

»Willst du wirklich gehen?«

»Ja.«

»Ach, Mutter, sieh dich vor!«

»Und die Muttergottes? Gib ihn mir schon her!«

»Ich werde ihn tragen.«

Wir stritten uns eine Weile, sie gab nach, und wir gingen gemeinsam, Seite an Seite, davon.

»Wenn ich nur nicht umfalle«, sagte sie, schuldbewußt lächelnd, und legte mir die Hand auf die Schulter.

Der neue Bürger der russischen Erde, der Mann eines ungewissen Schicksals, lag inzwischen auf meinen Armen und schnaufte, wie es sich gehörte. Das Meer, voller Schaumgelock wie in weißen Spitzen, brandete und rauschte, die Büsche flüsterten miteinander, die Sonne strahlte, Mittag war überschritten.

Wir gingen, ohne zu hasten, die junge Mutter blieb manchmal stehen, warf tief seufzend den Kopf zurück, sah sich nach rechts und links um, zum Meer, zum Wald, nach den Bergen, und blickte in das Gesicht ihres Sohnes – ihre Augen, von innen her gewaschen mit den Tränen des Leidens, waren aufs neue wunderbar klar und blühten und leuchteten mit dem blauen Feuer einer unerschöpflichen Liebe.

Einmal blieb sie stehen und sagte: »Herr du mein Gott! Wie schön es ist, wie schön! Am liebsten ginge ich so weiter bis ans Ende der Welt, und du, Söhnchen, müßtest wachsen und wachsen in Freiheit, an deiner Mutter Brust, mein Liebling du!«

Das Meer rauschte und rauschte.

Andrej Platonow

Semjon

Eine Erzählung aus alter Zeit

Der siebenjährige Junge hatte den ganzen langen Sommertag seines Lebens zu tun: Er kümmerte sich um die beiden Brüder, die noch kleiner waren als er. Die kleine Schwester wurde einstweilen noch von der Mutter selbst versorgt, und der Älteste, der siebenjährige Sohn, ruhte sich gleichsam von ihr aus. Doch er wußte, daß auch die Schwester bald in seine Obhut übergehen würde, denn bei der Mutter wurde schon wieder der Bauch dick, obwohl sie dem Sohn sagte, das käme vom Essen. Der Vater und die Mutter des siebenjährigen Semjon Ponomarjow waren gute Menschen, deshalb gebar die Mutter ein Kind nach dem anderen; kaum hatte sie das eine abgestillt, war sie schon wieder schwanger.

»Sie sollen ruhig leben« sagte der Vater, wenn er erfuhr, daß es bei seiner Frau schon wieder soweit war.

»Warum sollen sie dort verschmachten?«

»Papa, wo sind sie denn dort?« fragte Semjon. »Sind sie dort tot?«

»Was denn sonst«, sagte der Vater. »Sie leben nicht mit uns zusammen, also sind sie tot.«

»Quälen sie sich dort?« wollte Semjon wissen.

»Du siehst doch, alle kommen hierhergekrochen, also quälen sie sich«, belehrte ihn der Vater. »Bei uns geht es ihnen schlecht, du bist ja schon groß und weißt es selber, aber dort ist es noch schlimmer ...«

»Uns geht's schlecht«, sagte die Mutter und schob der Tochter gekautes Brot in den Mund, »sehr schlecht ...«

Der Vater sah die Mutter mit sanften, starken Augen an.

»Laß nur, sie sollen ruhig wachsen. Nicht zu leben ist für sie noch schlechter.«

Nur drei, vier Jahre nach seiner Geburt ruhte Semjon aus,

lebte als Kind, danach hatte er nie mehr Zeit. Der Vater baute aus einem Korb und aus Eisenrädern einen Karren, und die Mutter trug Semjon auf, den kleinen Bruder auf dem Hof umherzufahren, während sie das Mittagessen kochte. Mittags schlief der kleine Bruder, aber bald wachte er auf und weinte, dann mußte er wieder auf dem Hof herumgefahren werden – am Schuppen vorbei, am Abort, an der Gartenpforte, dem Anbau und dem Zaun, am Hoftor vorbei bis auf die Straße und wieder zurück zum Schuppen. Später, als noch ein Bruder geboren wurde und heranwuchs, setzte Semjon sie zu zweit in den Karren und fuhr sie auf dem Hof im Kreise herum, bis er ganz kaputt war. Dann bat er die Mutter durchs Fenster um Brot, und sie gab ihm ein Stück, und wieder stemmte sich Semjon eifrig gegen die Deichsel und schob den Karren vor sich her, halb ohnmächtig von der endlosen Wanderung zwischen Strohhalmen, Kehricht, Steinen und den spärlichen Grashalmen des Hofes. Er sah schläfrig auf sie hinab, unterhielt sich flüsternd mit ihnen oder dachte im stillen darüber nach, daß sie genauso waren wie er und daß er keinen Grund hatte, sich zu beklagen, sie schwiegen auch und beklagten sich nicht, weder die Strohhalme noch das Gras. Manchmal sprach Semjon mit seinen Brüdern im Wagen, aber sie verstanden ihn kaum und weinten viel. Wenn sie lange weinten, bestrafte sie Semjon mit einem Klaps auf den Kopf, aber selten. Semjon sah, daß seine Brüder bedauernswerte Menschen waren, und vielleicht weinten sie aus Angst, dorthin zurückgeschickt zu werden, wo sie tot waren, bevor sie geboren wurden. »Sollen sie ruhig leben«, sagte Semjon zustimmend. Von Zeit zu Zeit fragte Semjon die Mutter durchs Fenster:«Mama, wie lange noch?«

»Fahr sie noch eine Weile«, antwortete die Mutter aus dem Zimmer. Sie kochte da drinnen, stillte und wiegte das Kleinste, wusch, stopfte und flickte die Wäsche, scheuerte den Fußboden, hütete das armselige Geld wie großes Geld. Sie ging mit dem Kind auf dem Arm hinüber zum Lagerschuppen und sammelte das Brennholz auf, das von den Fuhrwerken fiel und das die Bauern liegenließen, damit es die Pferde leichter hatten – das Holz gehörte ihnen nicht, wohl aber die Pferde.

Semjons Vater arbeitete als Schmied in einer Schmiede nahe der Chaussee, die nach Moskau führte, über tausend Werst und weiter. Der Vater kam nur zum Schlafen nach Hause und wachte morgens als erster auf, nahm einen Kanten Brot und ging wieder. Abends kam er, ob Sommer, ob Winter, erst im Dunkeln heim, und nur selten traf er seinen ältesten Sohn noch wach an. Bevor sich der Vater schlafen legte, kroch er zwischen den schlafenden Kindern am Fußboden herum, zog die zerlumpte Decke zurecht, streichelte ihre Köpfe und konnte nicht ausdrücken, daß er sie liebte und daß sie ihm leid taten. Es war, als wollte er sie um Verzeihung bitten für ihr ärmliches Leben. Dann legte er sich zur Mutter, die neben den Kindern auf dem Fußboden schlief, legte seine kalten, erstarrten Füße auf ihre warmen Füße und schlief ein.

Wenn die Kinder morgens erwachten, fingen sie an zu weinen, sie wollten essen und trinken, und es war für sie sonderbar und ungewohnt zu leben, ständig tat ihnen etwas weh, weil die Knochenbildung noch nicht abgeschlossen war. Nur Semjon weinte nicht. Schweigend ertrug er sein Verlangen nach Essen und versorgte zuerst seine Brüder, dann aß er zusammen mit der Mutter auf, was die Kleinen übriggelassen hatten. Die Mutter lebte schon lange, sie litt wohl nicht so sehr, wenn sie hungerte, Semjon aber quälte sich den ganzen Vormittag. Während er die Brüder spazierenfuhr, war er bedrückt, denn sein Herz schmerzte vor Hunger, er weinte und winselte leise vor sich hin, um nicht daran denken zu müssen. Die Brüder in ihrem Karren sahen ihn an und begannen vor Angst zu schreien, weil sich ihr großer Bruder vor irgend etwas fürchtete. Da suchte Semjon in den Aschenhaufen Reste von Holzkohle, oder er brach ein Stück Kalk von der Wand des Anbaus und gab es den Brüdern. Sie machten sich darüber her, lutschten und verschlangen die Kohle, und vor Gier hörten sie auf zu weinen. Semjon aber schob den Karren hinter den Schuppen, wo zwischen Hühnerstall, Zaun und Schuppenwand Kletten wucherten, wo Blechbüchsen und allerlei Gerümpel lagen, und lief auf die Straße. Dort ging er an fremden Häusern vorbei und suchte mit den Augen die Erde ab. Am meisten freute er sich, wenn er einen Apfelgriebs oder eine Mohrrübe fand. Wenn er sie aufaß, wurde ihm weich ums Herz vor Freude, er lachte und lief, so schnell er konnte, zurück zu seinen Brüdern, die vielleicht inzwischen wer weiß wohin gekrochen und für immer verschwunden waren. Im Laufen hob Semjon das Hemd hoch und besah sich seinen Bauch: Ihm war, als lebte dort jemand, getrennt von ihm, der ihn abwechselnd peinigte und streichelte. Doch besser, es wäre überhaupt niemand da drinnen gewesen, besser, Semjon hätte allein und ohne Kummer gelebt.

Die Brüder kletterten schon allein aus dem Wagen – der eine konnte nur krabbeln, der andere konnte schon ein bißchen laufen. Der Bruder, der laufen konnte, kam nicht weit. Ihn schlugen alle entgegenkommenden Dinge: vor die Stirn, in die Seiten, in den Bauch, und bald fiel er um und weinte vor Schmerz. Schlimmer war der kleinere Bruder, Petka, der erst krabbelte. Er war noch weich und mollig wie ein Säugling. Er krabbelte langsam, und die entgegenkommenden Dinge konnten ihm wenig anhaben. Er konnte langsam, aber sicher unterm Zaun hindurchkriechen, im Gesträuch und Gras der anderen Höfe verschwinden oder in der Hundehütte einschlafen.

Semjon setzte die Brüder wieder in den Karren, und während er sie im Kreise herumfuhr, erzählte er ihnen, was es auf der Welt für Regengüsse und Blitze gibt, was für Türme in den Städten stehen, dort, wo die Reichen wohnen – er hatte ja schon so viel erlebt und alles gesehen. Er hatte am Rande des Waldes ein Haus, ganz aus Eisen. Dorthin ging er nachts, um allein und schrecklich zu leben, denn er arbeitete als König bei den Wölfen. Die Brüder lauschten mit gläubigem Entsetzen, Petka verstand wenig, fürchtete sich aber trotzdem. Semjon hörte sich selbst gespannt zu; wenn er auch in Wirklichkeit kein eisernes Haus besaß und nachts auch nicht den Wölfen als König diente, so war er doch glücklich über seine Erfindung. Mit offenem Mund und starren Augen sahen die Brüder Semjon an wie ein höheres, furchterregendes Wesen. Sie selbst hatten nichts zu erzählen, sie konnten überhaupt erst einige Wörter sagen, deshalb hörten sie ihm selbstvergessen zu.

Aber Semjon taten seine beiden Brüder plötzlich leid. Sie hatten noch nicht Verstand genug, um sich vorzustellen, sie seien gut, und sie hatten es noch nicht gelernt, einfach das Leben zu lieben. Die Kleinen sahen ihren großen Bruder zutraulich und armselig an, aus ihren Augen sprach weder die süße Freude an etwas Erdachtem noch Stolz – ihnen war gleichgültig, wo sich das Glück vollzog, in ihrem Innern oder außerhalb, in einem anderen Menschen, wenn es nur da war und wenn sie sich bedenkenlos darauf verlassen konnten.

»Ich arbeite gar nicht als König, ich tu nur so«, sagte Semjon traurig. »Sonst würde ich doch Geld oder Fleisch mit nach Hause bringen. Dabei sind wir so arm, von allem ist zu wenig da ...«

»Klau doch Fleisch und gib's Mama«, riet der Mittlere, der fünfjährige Sachar. »Mama tut der Kopf weh vor Sorgen, sie hat es mir gesagt«, erinnerte er sich. Er konnte schon Späne sammeln zum Anheizen des Samowars, und beim Mittagessen paßte er auf, daß er nicht zu kurz kam: Der Vater hatte mehr zu bekommen als er, Semjon ein ganz klein bißchen mehr und Petka am allerwenigsten, er war noch klein und konnte sich leicht überfressen.

Eines Tages, noch vor dem Mittagessen, rief die Mutter auf den Hof hinaus, Semjon solle ganz schnell nach Hause kommen. Die Wehen hatten eingesetzt, und sie befahl Semjon, die alte Kapischka zu holen. Semjon führte sie an der Hand herbei, er kannte sie noch von früher. Im Gesicht sah die Kapischka schon lange aus wie ein Mann. Sie war grün vor Alter, vielleicht auch vor Bosheit, und auf der Oberlippe hatte sie ein graues Bärtchen. Die Alte war so mager, daß Semjon, während er sie an der Hand führte, hören konnte, wie es in ihr raschelte und knarrte, das waren wohl die Sehnen, die sich an den Knochen rieben.

Die Kapischka nahm der Mutter das ganz kleine Schwesterchen vom Arm, gab es Semjon und hieß ihn weggehen und nicht so schnell nach Hause kommen. Semjon setzte die Schwester in den Karren zwischen die beiden Brüder und sagte ihnen, daß die Mutter wieder ein Kind bekäme; jetzt würde es ihnen noch schlechter gehen. Er brachte die Kleinen hinter den Hühnerstall, wo es still war, und dort schliefen sie auch gleich ein, denn es war schon längst Mittag und Essenszeit, aber die Mutter war krank. Semjon schaukelte den Karren, damit sie fester einschliefen, ging dann nach Hause und versteckte sich im Flur in einer dunklen Ecke. Er wollte wissen, wie die Menschen geboren werden, warum sie leben, und er zitterte vor Gram und Angst. Die Mutter im Zimmer schrie oder stöhnte oder flüsterte irgend etwas. Die Kapischka klapperte mit den Töpfen, zerriß Stoff zu Lappen und wirtschaftete, als verrichtete sie ihre tägliche Arbeit.

Semjon bebte vor Erwartung und Traurigkeit, er saß da und fürchtete sich. Aber es gibt Augenblicke im Leben, wo der Mensch seinem Glück nicht entfliehen kann. Dieses Glück rührt nicht von der Freundlichkeit der Welt her und nicht von anderen Menschen, sondern von der Kraft des wachsenden Herzens, aus der Tiefe des Leibes, der sich an seiner eigenen Wärme und seinem eigenen Sinn erwärmt. Im Innern des Menschen erwacht bisweilen, unabhängig von der Armseligkeit seiner Existenz und allen Leiden zum Trotz, eine unbewußte Freude. Aber sie ist meist schwach und erlischt, sobald der Mensch zur Besinnung kommt und sich wieder mit seinem Elend befaßt. Semjon erwachte oft mit einem unverhofften Glücksgefühl, dann aber besann er sich und vergaß, daß es schön war zu leben.

Am Abend kam der Vater aus der Schmiede heim und kochte in dem gußeisernen Topf Hirsebrei. Die Mutter hatte schon ein Mädchen geboren und schlief vor Entkräftung. Die Kapischka wartete, bis der Brei fertig war, aß zusammen mit der ganzen Familie und redete auf den Vater ein, daß er ihr Geld gäbe, sie wolle ja auch leben, bloß wovon? Der Vater gab ihr vierzig Kopeken. Die Kapischka knotete sie in ihr Tuch und ging zum Schlafen nach Hause.

Am anderen Tag ging der Vater in aller Frühe zur Arbeit, die Mutter aber konnte nicht aufstehen. Deshalb besorgte Semjon die ganze Wirtschaft allein. Zuerst holte er mit dem Karren zwei Eimer Wasser aus dem Bassin, dann wusch er die Kinder, zog sie an und gab ihnen zu essen. Außerdem mußte er das Zimmer aufräumen, für die Mutter einen dünnen Brei kochen, Brot und Milch kaufen, auf die beiden Brüder aufpassen, damit sie nicht wegliefen oder in den Abort fielen oder Feuer anzündeten.

Die Mutter sah mit matten Augen zu, wie Semjon arbeitete und für alles sorgte. Das Neugeborene lag bei ihr, es saugte schon und trank aus ihrer Brust.

Zu Mittag gab Semjon den Kindern Milch und Brot zu essen und der Mutter Brei, dann legten sie die Kleinen schlafen. Semjon überlegte sich schon, womit er die Familie am Abend satt machen sollte, denn sie hatten zu Mittag alles aufgegessen, und Vorräte oder Reste gab es nicht. Als Semjon das Geschirr abgewaschen hatte, ging er zum Hauswirt, um Brot und Hirse zu borgen.

»Ihr gebt's ja doch nicht zurück!« sagte der Hauswirt. Er besaß vierzig Deßjatinen Land, die verpachtete er an die Bauern. Er selbst tat gar nichts, lag auf dem Sofa oder auf der Ofenbank und las im Taufkalender. Semjon hatte sich schon lange vom Wirt den Taufkalender ausbetteln wollen, um sich die Bilder anzusehen, aber er traute sich nicht.

»Wir geben's bestimmt zurück«, sagte Semjon. »Vater kriegt jetzt Lohn, da bringe ich's.«

Der Wirt gab Semjon zwei Pfund Brot und den Hemdschoß voll Hirse. »Aber paß auf, daß euer Kroppzeug nicht wieder den Hof vollmacht«, sagte der Wirt. »Sacharka hat heute an drei Stellen hingemacht. Bring das mal weg!«

»Ja, sofort«, versprach Semjon. »Sie sind doch noch klein, können nichts dafür ...«

»Ach was, wenn ich das noch mal seh, kriegt er was hinter die Löffel, sollst mal sehen, wie er das kapiert«, sagte der Wirt.

»Hauen Sie sie lieber nicht«, rief Semjon, »sonst stecke ich nachts Ihr Haus an!«

»Guck an, so ein Aas!« schimpfte der Hauswirt, aber Semjon war schon mit Brot und Hirse verschwunden.

Der kindliche Sommertag des Lebens verging langsam und mühselig, bis sich endlich alle Vögel, Spatzen und Hühner satt gefressen hatten. Als sie verstummten und satt und müde einnickten, da erschien am Himmel die Dämmerung, und man konnte hören, wie in der Ferne die Wagen ins Dorf zurückfuhren und wie die Schmiede in den Chausseeschmieden hämmerten.

Die Mutter und alle Kinder in Semjons Familie schliefen; nur er saß auf der Truhe und wartete, daß einer aufwachte – er war es nicht gewohnt, in Freiheit zu leben, Traurigkeit sammelte sich in ihm, und sein Herz sehnte sich nach Beschäftigung.

Aber allmählich fielen ihm die Augen zu, er legte den Kopf auf die Truhe, bemüht, ein wenig nachzudenken, sich an irgend etwas zu erinnern, aber er hatte alles vergessen und schlief ein.

Jedoch, alle Mütter schlafen wenig, und auch Semjons Mutter öffnete schon bald die Augen. »Semjon«, sagte sie, »heiz den Ofen, setz den Kessel mit Wasser auf, bade die Kleinen!«

Semjon sprang sofort von der Truhe runter. Aber er hatte noch nicht ausgeschlafen, sich im Schlaf noch nicht erwärmt, und jetzt zitterte er vor Schwäche.

»Mir ist nicht gut«, sagte die Mutter, »geh zum Vater, er soll heute früher kommen.«

»Gleich«, sagte Semjon, »Mama, krieg keine Kinder mehr, ich bin ganz kaputt.«

»Nein, nie mehr«, antwortete die Mutter. Sie lag, erschöpft von der Geburt des Kindes, auf dem Rücken und atmete kaum.

Das neue Mädchen lag neben der Mutter in tiefem Schlaf und verstand nicht, daß es schon lebte. Verwundert betrachtete Semjon seine jüngste Schwester: Sie war gerade erst geboren, hatte noch gar nichts gesehen, trotzdem schlief sie die ganze Zeit, als sei für sie das Leben uninteressant.

»Semjon, fühl mal, wie kalt ich bin«, sagte die Mutter. »Wenn ich sterbe, kümmere du dich um die Kinder. Vater hat ja keine Zeit, er muß Brot für uns ranschaffen ...«

Semjon ließ sich neben der Mutter nieder und fühlte ihre Stirn – sie war kalt und feucht, die Nase war spitz und die Augen fast weiß.

»Meine ganzen Eingeweide sind lose, ich fühle mich inwendig ganz hohl«, sagte die Mutter. »Du bist der Älteste, paß gut auf deine Geschwister auf, wer weiß, vielleicht haben sie es einmal besser im Leben ...«

Die Mutter nahm Semjons Kopf in ihre Hände und sagte zu ihm: »Hol deinen Vater.«

Semjon lief zum Vater, der aber konnte nicht gleich kommen, auf drei Räder waren noch Reifen zu ziehen, und der Kunde wartete.

»Sie wird's schon noch aushalten, wird nicht gleich sterben«, sagte der Besitzer der Schmiede. »Diese Frauen, die tun jeden Monat so, als ob sie sterben!«

Als Semjon wieder zu Hause war, machte er Feuer und kochte Hirsebrei für den Abend. Die Kleinen waren schon aufgewacht. Sacharka stellte sich vor die Feuerstelle und legte Späne auf, damit der Brei schneller kochte und besser schmeckte. Petka kroch zur Mutter hin, sah ihr lange ins Gesicht und fuhr mit den Händen darüber hin, als wollte er sich vergewissern, daß die Mutter noch heil und ganz war. Sie war wohl nur krank und weinte.

Der Vater kam wie gewöhnlich erst im Dunkeln aus der Schmiede heim. Er aß, was ihm Semjon beiseite gestellt hatte, und legte sich neben die Mutter schlafen. Semjon schlief noch nicht.

Er sah, wie der Vater die Mutter behutsam umarmte und sie auf die Wange küßte. Die Mutter wandte ihm das Gesicht zu und rollte sich zusammen wie ein Kind, ganz eng sammelte sie ihre Glieder um den erstarrenden, leeren Körper. Nach einer Weile stand der Vater auf und ging in die Rumpelkammer. Er holte eine große alte Wagendecke und deckte die Mutter damit zu, die in einem fort fror. Das neue kleine Mädchen nahm er der Mutter weg und legte es zu sich, denn die Mutter konnte sich schon nicht mehr darum kümmern, wenn es nachts zu schreien anfing. Semjon wollte die ganze Nacht wach bleiben, weil er Angst hatte, die Mutter könnte sterben oder der Vater könnte im Schlaf versehentlich das kleine Mädchen erdrücken, aber die Augen fielen ihm von selbst zu, und er machte sie erst am anderen Morgen auf, als Sacharka auf ihm herumkletterte und ihm den Finger ins Ohr steckte.

Der Vater ging im Zimmer auf und ab und wiegte auf dem Arm das weinende Neugeborene. Die Mutter lag noch immer auf ihrem Federbett am Fußboden, mit einer Decke zugedeckt, und darüber lag noch die alte große Wagendecke. Sie hatte sogar den Kopf darunter versteckt und wollte nicht aufstehen.

Semjon ging zur Mutter. Er wollte sie sehen und fragen, was er am Vormittag tun, was er den Kleinen kochen sollte und bei wem er Geld borgen könnte, bis der Vater seinen Lohn bekam.

»Deck sie nicht auf«, sagte der Vater zu Semjon. »Sie ist gegen Morgen gestorben. Geh und hol die Kapischka.«

»Warum die Kapischka?« fragte Semjon.

»Sie soll jetzt bei uns wohnen«, sagte der Vater. »Sie kann wenigstens auf die Kinder aufpassen und Essen kochen. Sie ist ja eine alte Frau.«

»Was brauchen wir die Kapischka!« erwiderte Semjon.

»Die alte Kröte«, sagte Sacharka. »Die will bloß fressen, dabei langt es nicht mal für uns!«

Semjon ließ sich die neue Schwester vom Vater geben. Petka und die jüngere Schwester (sie war nun schon die ältere) saßen am Fußboden. Sie spielten schweigend mit Abfällen und Flicken und machten sich Sachen und Reichtümer daraus.

»Wie sollen wir jetzt bloß leben?« sagte Semjon und verzog kläglich das Gesicht. Der Schmerz flutete langsam in einer heißen Woge vom Herzen in die Kehle, aber er konnte nicht weinen. »Womit sollen wir das Kleine füttern, es wird vielleicht auch noch sterben.«

»Es ist ja noch klein«, sagte der Vater, »es hat noch nicht gelebt, sich noch nicht eingewöhnt und weiß noch von nichts. Wir werden es zusammen mit der Mutter begraben müssen.

Semjon hatte auf seinem Arm das neue kleine Mädchen in den Schlaf gewiegt, es schlummerte und war still. Er legte es vorläufig auf das Federbett zu Füßen der Mutter.

»Papa, was kostet eine Ziege?« fragte Semjon.

»Nicht viel, glaube ich, ich weiß es nicht«, antwortete der Vater.

»Kauf uns eine von deinem Lohn«, bat Semjon. »Sacharka kann sie weiden, und abends werde ich sie melken und die Milch aufkochen, so können wir die Kleine ohne Mutter großziehen. Ich werde sie mit einem Nuckel füttern. Wir kaufen einen und ziehen ihn auf eine Flasche.«

Der Vater schwieg. Er sah seine Kinder der Reihe nach an, dann seine verstorbene Frau, die während der Nacht vergeblich versucht hatte, sich an ihm zu wärmen, und die nun schon ganz steif war – und der Schmied wußte nicht, was er denken sollte, damit ihm leichter ums Herz würde.

»Sie brauchen eine Mutter und keine Ziege«, sagte er endlich. »Du, Semjon, bist ja schon größer, aber die anderen sind noch klein.«

Semjon stand im Hemd da, denn er war noch nicht dazu gekommen, sich die Hose anzuziehen. Er sah zum Vater hoch und sagte: »Laß mich ihre Mutter sein, wer soll es sonst machen.«

Der Vater gab seinem ältesten Sohn keine Antwort. Da nahm Semjon das Schürzenkleid der Mutter vom Schemel und zog es sich über den Kopf. Das Kleid war viel zu lang, aber Semjon zupfte es zurecht und sagte: »Macht nichts, ich schneide es unten ab und säume es um.«

Die Mutter war mager gewesen, und so paßte das Kleid – bis auf die Länge. Der Vater betrachtete seinen ältesten Sohn und dachte: Er kommt nun schon ins achte Jahr.

»Sacharka, marsch auf den Hof, fahr Petka und Njuschka im Karren spazieren, sonst wollen sie was zu essen haben«, sagte Semjon im Schürzenkleid seiner Mutter. »Ich ruf euch nachher. Vater und ich haben noch viel zu tun.«

»Die Kinder auf der Straße werden dich auslachen, weil du aussiehst wie ein Mädchen.« Sacharka lachte. »Du bist jetzt 'ne dumme Suse und kein Junge!«

Semjon nahm den Besen und fegte den Fußboden rings um das Bett der Mutter.

»Sollen sie doch«, antwortete Semjon, »das werden sie schon bald satt kriegen. Ich muß mich sowieso daran gewöhnen, ein Mädchen zu sein. Los, was stehst du hier herum, pack die Kleinen in den Wagen, sonst setzt es was mit dem Besen!«

Sacharka rief Petka zu sich, und er krabbelte hinter ihm her auf den Hof. Njuschka nahm er auf den Arm, und er brach fast zusammen unter ihrer Last.

Der Vater stand abseits und weinte lautlos. Als Semjon das Zimmer aufgeräumt hatte, ging er zu ihm hin.

»Papa, wir wollen Mutter aufdecken, sie muß doch gewaschen werden ... Dann kannst du weinen und ich auch, wir weinen dann zusammen.«

»Warte noch, Semjon«, sagte der Vater.

»Nenn mich lieber nicht mehr Semjon«, bat der älteste

Sohn. »Nenn mich anders, nenn mich Xenia, so heißen manche Mädchen, auch ganz große ...«

Semjon wollte so schnell wie möglich so werden wie eine Frau, wie eine Mutter, sonst würden die Kinder eins nach dem anderen sterben, und der Vater würde aufhören zu arbeiten.

Wassilij Grossman

Die Kommissarin

Seltsam war es anzusehen, wie das dunkle, vom Wind spröde gewordene Gesicht der Wawilowa errötete.

»Was lachst du?« sagte sie schließlich. »Das ist doch dumm!«

Kosirjew nahm ein Blatt Papier vom Tisch, blickte darauf, schüttelte den Kopf und brach erneut in Lachen aus.

»Nein, das geht nicht ... «, sagte er, von Lachen geschüttelt. »Meldung: Die Kommissarin des 1. Bataillons wird wegen Schwangerschaft für vierzig Tage ...«

Er wurde ernst.

»Und dann? Wen sollen wir an deine Stelle setzen? Etwa Perelmuter aus der Politabteilung der Division?«

»Perelmuter ist ein aufrechter Kommunist«, entgegnete die Wawilowa.

»Ihr seid alle so aufrechte Kommunisten«, sagte Kosirjew. Die Stimme senkend, als spräche er über etwas Peinliches, fragte er: »Wirst du bald gebären, Klawdja?«

»Bald«, antwortete die Wawilowa, nahm die Pelzmütze ab und wischte sich den Schweiß von der Stirn.

»Ich hätt's abgetrieben«, sagte sie mit ihrer tiefen Stimme, »hab's aber verschlampt, weißt ja selbst, daß ich vor Grubeschow drei Monate nicht vom Pferd heruntergekommen bin. Als ich ins Hospital kam, wollte der Arzt schon nichts mehr unternehmen.«

Sie schniefte, als wolle sie gleich losheulen.

»Ich hab ihn noch mit meiner Mauser zwingen wollen, den Verfluchten, er aber hat abgelehnt: zu spät, hat er gesagt!«

Sie verließ das Zimmer, und Kosirjew saß an seinem Schreibtisch und stierte auf die Meldung.

Dabei hat die Wawilowa doch nichts von einem Weib an

sich, dachte er, geht mit der Mauser, trägt Lederkleidung, hat das Bataillon unzählige Male zum Sturmangriff geführt, sogar ihre Stimme ist alles andere als die eines Weibsbildes, und was kommt raus: Die Natur verlangt ihren Tribut.

Er fühlte Ärger in sich hochsteigen, sogar so etwas wie Traurigkeit.

In die Meldung schrieb er: »Hiermit ordne ich an ...« Und unschlüssig mit der Feder über dem Papier kreisend saß er da, runzelte die Stirn: Ja, was nun schreiben?

»Vom heutigen Datum an der Wawilowa 40 Tage Urlaub zu geben.« Er dachte nach und fügte hinzu: »... krankheitshalber.« Dann kritzelte er noch das Wort »Frauen« davor, fluchte und strich die Hinzufügung wieder durch.

»Mit sowas soll man nun gemeinsam kämpfen«, sagte er und rief die Ordonnanz.

»Unsere Wawilowa ...«, stieß er laut und verärgert aus, »hast wahrscheinlich schon von gehört!«

»Hab' von gehört«, antwortete die Ordonnanz, wiegte den Kopf und spuckte aus.

Beide verurteilten die Wawilowa und überhaupt alle Frauen, verachteten sie sogar. Kosirjew befahl, den Chef des Stabes herbeizurufen, und sagte: »Morgen werden wir mit ihr gehen müssen, krieg du raus, ob ins Krankenhaus oder in ein neues Quartier, oder wie das überhaupt läuft.«

Dann schlich Kosirjew zusammen mit dem Chef des Stabes bis zum Morgen um den Tisch. Sie stießen in das Leinen der Stabskarten und sprachen nur selten und kurzangebunden – die Polen waren im Anmarsch.

Die Wawilowa zog in ein beschlagnahmtes Zimmer um. Das Häuschen befand sich auf den Jatkas, – so nannte man in der Stadt den Basar – und gehörte Chaim-Abraham Leibowitsch Magasanik, den seine Nachbarn und sogar seine eigene Frau Chaim Tuter nannten, was so viel wie Tatar bedeutete.

Der Einzug der Wawilowa vollzog sich mit einem großen Skandal. Ein Mitarbeiter des Amtes für Wohnungsbewirtschaftung, ein mageres Bürschchen in einer Lederjacke und mit Budjonny-Mütze, begleitete sie. Magasanik fluchte auf Hebräisch, der Amtsträger schwieg und zuckte nur die Schultern.

Dann wechselte Magasanik ins Russische über.

»Eine Frechheit von diesen Grünschnäbeln«, schrie er der Wawilowa zu, als ob sie sich mit ihm aufregen sollte. »Man muß es sich nur vor Augen führen! Als wenn es nicht genug Bourgeois in der Stadt gäbe. Nur ein Zimmer gibt es für die Sowjetmacht zu requirieren – beim Vorstädter Magasanik. Nur bei einem Arbeiter mit sieben Kindern kann die Sowjetmacht ein Zimmer beschaffen. Warum nicht bei Litwak, dem Kolonialwarenhändler? Oder beim Tuchmacher Chodorow? Beim ersten Millionär der Stadt, bei Aschkenazy?«

Die Kinder von Magasanik standen dabei, sieben zerlumpte Engel mit Lockenköpfen, und schauten mir ihren Augen – schwarz wie die Nacht – auf die Wawilowa. Diese war zweimal so groß wie ihr Papa, beinahe so groß wie das Haus. Ihnen schien die ganze Angelegenheit gleichzeitig schrecklich, lustig und interessant.

Letzten Endes wurde Magasanik beiseite geschoben, und die Wawilowa schritt in ihr Zimmer.

Vom Geschirrschrank her, von den flachen Unterbetten, die genau so dunkel und schlaff waren wie die Brüste von alten Weibern, die diese Unterbetten irgendwann als Mitgift bekommen hatten, von den Stühlen mit den zerdrückten Sitzflächen her atmete es so intensiv nach Leben, daß sie die Luft ganz tief in sich einsog, so als wenn sie in Wasser eintauchen wolle.

Nachts konnte sie nicht einschlafen. Hinter der Wand schnarchte die Magasanik-Familie, einem Orchester mit vielen Instrumenten gleich, angefangen vom dröhnenden Kontrabaß bis hin zu den schrillen Flöten und Geigen. Die Schwüle der Sommernacht, die intensiven Gerüche, all das – so schien es – nahm ihr den Atem.

Wonach es in dem Zimmer nicht roch! Nach Petroleum,

Knoblauch, Schweiß, Gänseschmalz, ungewaschener Bettwäsche. Es war eben die Behausung von Menschen.

Sie betastete ihren geschwollenen, vollen Bauch, und das lebendige Wesen in ihr boxte bisweilen und drehte sich.

Seit Monaten hatte sie mit ihm einen ehrlichen, beharrlichen Kampf gefochten: schwer war sie vom Pferde abgesprungen, schweigsam, verbissen wendete sie bei den samstäglichen Arbeitseinsätzen in den Städten die zentnerschweren Kiefernstämme, trank in den Dörfern Kräuteraufgüsse.

Aber *es* wuchs beständig, hinderte sie, sich zu bewegen, zu reiten; ihr wurde übel, sie mußte sich erbrechen, es zog sie zu Boden.

Zuerst machte sie für alles jenen Traurigen, immer Schweigsamen verantwortlich, der sich als stärker als sie erwiesen hatte und nur mit Mühe durch die dicke lederne Jacke, durch das wollene Militärhemd ihr Frauenherz erreicht hatte. Sie sah, wie er die in ihrer Einfachheit schreckliche Holzbrücke als erster stürmte, hörte das Prasseln des MG-Feuers der Polen, spürte, wie er sein Leben aushauchte: der leere Militärmantel schlug die Ärmel zusammen, fiel in sich zusammen und hing über dem Bach.

Sie flog auf ihrem trunkenen, berauschten Hengst über ihn hinweg, und ihr nach wälzte sich, sie vor sich hertreibend, das Bataillon.

Danach blieb ihr nur *es*. *Es* war an allem schuld. Und so lag die Wawilowa besiegt, während *es* sie siegreich mit den Füßen trat und in ihr lebte.

Am Morgen, als sich Magasanik zur Arbeit aufmachte, als seine Frau ihm das Frühstück bereitete, gleichzeitig die Fliegen, die Kinder und die Katze verjagend, sagte er leise, nachdem er zum requirierten Zimmer hinübergeschielt hatte: »Gib ihr eine Tasse Tee!« um dann traurig zu seufzen.

Er badete förmlich in den vom Sonnenschein getränkten Staubsäulen, in den Gerüchen, im Kindergeschrei, im Katzengemaunz, im Brummen des Samowars. Er mochte nicht in die Werkstatt gehen, er liebte seine Frau, die Kinder, die alte Mutter, er liebte sein Haus.

Seufzend ging er dann doch, und im Haus blieben nur die Frauen und die Kinder.

Den ganzen Tag brodelte es auf dem Basar wie im Teekessel: die Mannsbilder handelten mit weißem, wie mit Kreide eingeschmiertem Birkenholz, die Weibsbilder raschelten mit Zwiebelkränzen, die alten Jüdinnen saßen vor runden und weichen Bergen von an den Füßen zusammengebundenen Gänsen. Die Marktfrau riß aus dieser üppigen weißen Blume das lebendige Blütenblatt eines sich windenden Halses heraus, und die Käuferinnen pusteten auf den zarten Flaum zwischen den Füßen und betasteten das Fett, das gelb unter der warmen, weichen Haut glänzte.

Dunkelbeinige Mädchen mit farbenfrohen Halstüchern trugen hohe, rote Tontöpfe, über den Rand gefüllt mit Erdbeeren, und schauten ängstlich, als ob sie gleich davonrennen wollten, auf die Käufer. Von den Fuhrwerken herunter handelte man mit gelben, verlaufenen Klumpen Butter, die in die weichen Blätter des Huflattich gefüllt waren.

Der blinde Bettler mit dem weißen Bart eines Zauberers weinte gebetsmäßig und tragisch, streckte die Hände aus, aber sein schrecklicher Kummer berührte niemand – alle gingen gleichmütig an ihm vorüber. Ein altes Weib riß von ihrem Kranz die allerkleinste Zwiebel ab und warf sie in das Blechschüsselchen des Alten. Der betastete sie und sagte, nachdem er aufgehört hatte zu beten, ärgerlich: »Mögen deine Kinder dir im Alter auch solche Almosen geben!« und fing von neuem an, das Gebet zu singen, das ebenso alt war wie das jüdische Volk. Das Volk kaufte und verkaufte, betastete, probierte, die tiefsinnigen Augen nach oben gerichtet, als wenn man erwarte, vom blauen, zarten Himmel einen Ratschlag zu bekommen, ob man den Hecht oder lieber den Karpfen kaufen solle. Und bei alledem wurde schrill durcheinander geschrien, unter Anrufung Gottes geschworen, einander beschimpft und gelacht.

Die Wawilowa räumte das Zimmer flüchtig auf und fegte ein wenig. Sie verbarg den Militärmantel, die Pelzmütze und die Stiefel. Ihr Kopf barst fast vom Straßenlärm, in der Wohnung schrien die kleinen Tuters, und ihr schien es, als wenn sie schliefe und irgendeinen unguten, fremden Traum träumte.

Als Magasanik am Abend von der Arbeit heimkehrte, blieb er verdutzt an der Tür stehen: am Tisch saßen seine Frau Bejla und – direkt neben ihr – eine großgewachsene Frau in einem weiten Kleid, mit Pantoffeln an nackten Füßen, den Kopf umbunden mit einem buntscheckigen Tuch; sie lachten leise, unterhielten sich und suchten, die großen, starken Arme erhebend, kleine Spielzeug-Kinderhemden aus.

Tagsüber war Bejla ins Zimmer der Wawilowa gegangen, jene stand unterm Fenster, und das scharfe Frauenauge von Bejla erspähte den durch den hohen Wuchs der Wawilowa kaum bemerkbaren dicken Bauch.

»Ich bitte vielmals um Entschuldigung«, sagte Bejla entschieden, »aber es scheint, Sie sind schwanger.«

Bejla klatschte vor Freude mit den Händen, lachte los und jammerte gleichzeitig laut, schickte sich an, sie zu umsorgen.

»Kinder«, sagte sie, »Kinder sind, als ob Sie es nicht wüßten, ein Unglück!« und sie drückte den kleinsten Tuter an ihre Brust, so heftig, daß diesem fast die Luft wegblieb. »Das ist so ein Kummer, das ist so ein Unglück, das sind solche Sorgen. Jeden Tag wollen sie essen, und es vergeht keine Woche, daß dieser nicht Ausschlag und jener nicht Fieber oder Geschwüre hätte. Und der Doktor Baraban – Gott möge ihm Gesundheit schenken – nimmt für jeden Besuch, jede Visite, 10 Pfund fein gemahlenes Mehl.« Sie strich der kleinen Sonja über den Kopf. »Und alle leben sie bei mir, nicht einer krepiert.«

Es stellte sich heraus, daß die Wawilowa von all dem nichts wußte, nichts kannte, sich nichts vorstellen konnte. Sie unterwarf sich sofort dem großen Wissen von Bejla. Sie hörte zu, stellte Fragen, und Bejla, die mit Genugtuung feststellte, daß die Kommissarin von nichts eine Ahnung hatte, klärte sie über alles auf.

Wie man den Säugling füttert, badet, pudert, was man tun muß, daß er des Nachts nicht schreit, wie viele Windeln und Kinderhemden man haben muß, wie dem Neugeborenen vom Schreien die Luft wegbleibt, wie es blau wird, und so scheint es, wie einem jeden Augenblick das Herz vor Angst birst, daß das Kind stirbt, wie man den Durchfall in den Griff bekommt, woher der Hautausschlag stammt, wie plötzlich das Löffelchen im Mund gegen etwas stößt, und man dadurch erkennen kann, daß die Zähnchen durchbrechen.

Eine komplizierte Welt mir eigenen Gesetzen, freudigen und traurigen Gegebenheiten.

Von all dem wußte die Wawilowa nichts. Bejla aber führte sie in diese Welt ein, nachsichtig wir eine ältere Schwester.

»Stört uns nicht immer«, schrie sie die Kinder an. »Marsch, raus auf den Hof!«

Und als sie beide allein im Zimmer zurückgeblieben waren, sprach Bejla, die Stimme bis zum geheimnisvollen Flüstern senkend, mit ihr über das Gebären. Oh, das war keine einfache Angelegenheit. Wie ein alter Soldat dem jungen Rekruten erzählte sie über die großen Leiden und die Freuden des Gebärens.

»Kinder gebären ...«, sagte sie. »Sie denken, das ist einfach, wie der Krieg: Piff-Paff – und fertig? Nein, nein. Sie müssen entschuldigen, das ist so einfach nicht!«

Die Wawilowa hörte ihr zu. Zum erstenmal in der Zeit ihrer Schwangerschaft traf sie einen Menschen, der über diese schwere, zufällige Unannehmlichkeit, die sie unerwartet getroffen hatte, wie über ein freudiges Ereignis sprach, als ob es das wichtigste und notwendigste Ereignis im Leben der Wawilowa war.

Am Abend wurde die Erörterung, zusammen mit Tuter fortgesetzt. Man durfte keine Zeit verlieren: Nach dem Abendessen kroch Tuter mit einer Kerze auf den Dachboden und schleifte mit viel Lärm eine eiserne Kinderwiege und eine Kinderwanne zum Baden des neuen Menschen herunter.

»Sie können beruhigt sein, Genossin Kommissar«, sagte er mit funkelnden Augen und lachend, »Sie erledigen die Sache bei uns ganz nebenbei.«

»So schweig doch, du Landstreicher, schweig!« empörte sich seine Frau.

In der Nacht lag die Wawilowa wach auf dem Bett. Der stickige Geruch bedrückte sie schon nicht mehr wie am Vorabend. Sie hatte sich an ihn gewöhnt, bemerkte ihn nicht einmal mehr. An nichts mochte sie denken.

Es schien ihr, als ob irgendwo Pferde wieherten, und das Bild einer langen Reihe fuchsroter Pferdeköpfe tauchte vor ihren Augen auf; ein jedes hatte einen weißen Fleck an der Stirn. Die Köpfe bewegten sich; ununterbrochen nickten, schnaubten, fletschten sie die Zähne. Sie mußte an ihr Bataillon denken, Kirpitschow kam ihr in den Sinn, der Politleiter der Zweiten Kompanie. An der Front war vorläufig Ruhe. Wer diskutierte da über die Juli-Ereignisse? Dem Wirtschaftsleiter mußte man den Kopf waschen, weil er eine Lieferung Stiefel zurückhielt. Und dann konnte man das Tuch für die Gamaschen selbst zuschneiden. In der Zweiten Kompanie gab es viele Unzufriedene, besonders jenen kraushaarigen Lockenkopf, der immer wieder diese Lieder vom Don sang. Die Wawilowa gähnte und schloß die Augen. Das Bataillon machte sich auf den Weg, irgendwohin, weit, weit weg, hinein in den vom Dämmerlicht rosaroten Korridor zwischen den morgenfeuchten Heuschobern. Und die Gedanken an das Bataillon verschwammen zu etwas Unbestimmtem, Unwirklichem.

Ungeduldig stieß es mir den Beinchen. Die Wawilowa öffnete die Augen und erhob sich vom Bett.

»Mädchen oder Junge?« fragte sie laut, und plötzlich fühlte sie, wie das Herz in der Brust groß und warm wurde und es dröhnend zu schlagen anfing.

»Mädchen oder Junge?«

Die Wehen begannen am Tag.

»Oij«, stöhnte die Wawilowa schwach und fühlte, wie ein stechender, alles durchdringender Schmerz sie plötzlich ergriff. Bejla führte sie zum Bett. Sjoma lief fröhlich zur Hebamme.

Die Wawilowa hielt Bejla an der Hand fest und sagte leise, aber schnell: »Es hat angefangen, Bejla! Und ich dachte, es käme später, in zehn Tagen vielleicht! Es hat angefangen, Bejla!«

Dann zog sich der Schmerz wieder zurück, und die Wawilowa entschied bei sich, daß man zu früh nach der Hebamme gerufen habe.

Aber nach einer halben Stunde kamen die Wehen wieder. Das Gesicht der Wawilowa wurde ganz dunkel, und die Bräune lag auf ihr irgendwie besonders leblos, wie zufällig aufgetragene Schminke. Die Wawilowa lag da, biß die Zähne zusammen, ihr Gesichtsausdruck erweckte den Anschein, als wenn sie an etwas besonders Quälendes und Peinliches dächte, und schon erhebt sie sich schnell, schreit: »Was hab' ich getan! Was hab' ich getan!« und bedeckt das Gesicht vor Verzweiflung mit den Händen.

Die Kinder blickten von Zeit zu Zeit ins Zimmer, die blinde Großmutter bereitete auf dem Ofen eine große Schüssel kochenden Wassers. Bejla schaute immer wieder zur Tür hin, das Gesicht der Wawilowa drückte Hoffnungslosigkeit aus und machte Bejla Angst. Endlich kam die Hebamme. Sie hieß Rosalija Samojlowna und hatte kurzgeschnittenes Haar, eine untersetzte Figur und ein rötliches Gesicht. Und sofort war das ganze Haus von ihrer zänkischen, durchdringenden Stimme erfüllt. Sie schrie nach Bejla, nach den Kindern, nach der alten Großmutter. Alle liefen sie um sie herum. In der Küche fing der Petroleumkocher an zu summen. Man begann damit, Tisch und Stühle aus dem Zimmer herauszutragen. Bejla wischte – schnell wie man ein Feuer löscht – den Fußboden. Rosalija Samojlowna jagte eigenhändig die Fliegen mit dem Handtuch hinaus. Die Wawilowa blickte zu ihr hinüber, und es schien ihr, daß der Armeeführer im Stab angekommen sei. Auch er war untersetzt, hatte ein rötliches Gesicht und eine zänkische Stimme, und er kam zu dem Zeitpunkt an, als es an der Front einen Durchbruch gab. Man las in den Frontberichten, sah sich verstohlen an, flüsterte, als ob im Stabszimmer ein Verstorbener oder Schwerkranker läge. Der Armeeführer aber zerstörte grob dieses Netz von Heimlichkeit und Stille: Mit lautem Geschrei, Geschimpfe, Befehlen, Gelächter, als wenn es ihm nicht um abgeschnittene Einheiten und eingeschlossene Regimenter gegangen wäre.

Sie unterwarf sich der gebieterischen Stimme von Rosalija Samojlowna, antwortete auf ihre Fragen, drehte sich um, tat alles, was sie ihr befahl. Ab und zu trübte sich ihr Bewußtsein, ihr schien es, als ob die Wände und die Zimmerdecke die Bestimmtheit der Oberfläche und der Linien verlören, sich brechen, sie in Wellen überziehen würden. Die laute Stimme der Hebamme brachte sie wieder zu sich, und sie sah deren rotes, verschwitztes Gesicht, die weißen Enden des Halstuches und den Hals. Sie dachte während dieser Minuten an gar nichts. Sie wollte nur mit wilder wölfischer Stimme heulen, ins Kopfkissen beißen. Es schien, als ob die Knochen knirschten und zerbrachen, klebriger, Übelkeit erregender Schweiß trat ihr auf die Stirn. Sie schrie aber nicht, knirschte nur mit den Zähnen und atmete krampfartig den Kopf bewegend, Luft ein.

Von Zeit zu Zeit verging der Schmerz, so als ob er nie dagewesen wäre, und sie schaute erstaunt um sich, hörte den Lärm vom Basar und geriet über das Glas auf dem Hocker, über das Bild an der Wand in Erstaunen.

Und als das Kind von der Begierde zu leben wie toll wurde und von neuem anfing, nach draußen zu streben, fühlte sie den Schrecken der einsetzenden Wehen und wirre Freude. Bloß schneller, da es doch unausweichlich war.

Rosalija Samojlowna sage leise zu Bejla: »Wenn Sie denken, daß ich mir wünschte, mit 36 Jahren das erstemal zu gebären, dann irren Sie sich, Bejla.«

Die Wawilowa verstand ihre Worte nicht, und ihr wurde Angst, weil die Hebamme so leise sprach.

»Was? Überleb' ich das nicht?« fragte sie.

Rosalija Samojlownas Antwort hörte sie nicht.

Bejla aber stand an der Tür, bleich und hilflos vor Erregung, und sagte, die Schultern zuckend: »Nein, nein. Wer braucht denn diese Qual? Sie nicht, der Vater nicht – soll er krepieren –, das Kind nicht, noch Gott im Himmel. Welcher Schlaukopf hat sich das nur ausgedacht?«

Die Geburt dauerte mehrere Stunden.

Als Magasanik nach Hause kam, setzte er sich auf die Stufen des Eingangs. Er war so aufgeregt, als würde seine Bejla gebären.

Die Dämmerung verdichtete sich, hinter den Fenstern wurden die Lichter angezündet. Die Juden kehrten aus der Synagoge heim, unter dem Arm das Bündel mit der Gebetskleidung. Beim Schein des Mondes machten der leere Platz des Basars, die Häuslein, die Straßen einen schönen und geheimnisvollen Eindruck. Die Kavalleristen in ihren Reithosen klirrten mit den Sporen, als sie über das gepflasterte Trottoir spazierten. Die Mädchen knabberten Sonnenblumenkerne und lachten den Rotarmisten zu. Eines von ihnen plapperte schnell: »Und ich esse Bonbons und werf ihm das Papier an den Kopf ...«

»So!« sagte Magasanik. »Als das Weib keine anderen Sorgen mehr hatte, kaufte es sich ein Ferkel; ich hab ja selbst keine Sorgen, also kann auch eine ganze Partisanenbrigade in meinem Haus gebären.«

Plötzlich spitzte er die Ohren und richtete sich ein wenig auf. Hinter der Tür erklang irgendwessen heisere männliche Stimme. Die Stimme fluchte so gewaltig, daß Magasanik, als er das hörte, den Kopf hin und her wiegte und auf die Erde spuckte. Es war die Wawilowa, die vor Schmerz den klaren Kopf verlor, als sie in den letzten Wehen einen

Kampf mit Gott, mit dem verfluchten weiblichen Schicksal ausfocht.

»Das versteh ich«, sagte Magasanik. »das verstehe ich: hier gebärt eine Kommissarin. Bejla dagegen sagt immer nur: O Mama, Mama, Mama!«

Rosalija Samojlowna klopfte dem Neugeborenen auf den runzeligen und feuchten Hintern und gab bekannt: »Ein Junge!«

»Wie ich gesagt habe!« kam es feierlich über Bejlas Lippen. Sie öffnete die Tür und schrie sieggestimmt: »Chaim, Kinder, ein Junge!«

Und die ganze Familie versammelte sich an der Tür und sprach aufgeregt mit Bejla. Sogar die blinde Großmutter kam tastend zum Sohn heran und belächelte das große Wunder. Sie bewegte leicht die Lippen, ihr Kopf zitterte, ihre leblosen Hände tasteten sich über das schwarze Kleid. Sie lächelte und flüsterte unhörbar. Die Kinder zogen sie von der Tür weg. Sie aber reckte den Hals, es zog sie nach vorne. Sie wollte die Stimme des immer siegreichen Lebens hören.

Die Wawilowa betrachtete das Neugeborene. Sie wunderte sich darüber, daß dieser winzige Klumpen blauroten Fleisches der Grund dieser schrecklichen Leiden gewesen sein sollte.

Sie hatte sich vorgestellt, daß ihr Kind schon groß sein würde, sommersprossig, stupsnasig, mit zottigen rötlichen Haaren auf dem Kopf, daß es sofort anfangen würde, ausgelassen zu sein, durchdringend schreien und irgendwohin krabbeln würde.

Aber es war schwach, wie ein Getreidehalm konnte es das Köpfchen nicht gerade halten, die krummen, fast ausgetrocknet scheinenden Beinchen bewegten sich unablässig, die weißblauen Augen waren noch blind, und es gab einige kaum vernehmbare Töne von sich. Es schien so, als ob es, wenn man nur die Tür heftig aufmachte, verlöschen würde wie die dünne, schon verbogene Kerze die Bejla am Schrank befestigt hatte.

Und obwohl es im Zimmer heiß war wie im Schwitzbad, streckte die Wawilowa die Arme aus und sagte: »Es ist ihm kalt, gebt ihn mir hierher.«

Das Menschlein schrie, der Kopf schaukelte hin und her. Die Wawilowa kniff die Augen zusammen, fürchtete sich, sich zu bewegen, und folgte ihm mit den Augen. »Iß Söhnchen, iß!« sagte sie und fing an zu weinen. »Söhnchen, Söhnchen«, murmelte sie, und die Tränen traten ihr, eine nach der anderen, in die Augen und rannen ihr in großen durchsichtigen Tropfen über die dunklen Wangen und tropften auf das Kopfkissen.

Sie erinnerte sich an jenen Schweigsamen, und in ihrer mütterlichen Wehmut taten ihr *beide* plötzlich sehr leid. Zuerst weinte sie um jenen, der im Gefecht vor Korosten umgekommen war: Er wird seinen Sohn niemals mehr sehen können.

Und jener Kleine, Hilflose – sie deckte ihn mit der Decke zu, damit er nicht erfror.

Es kann aber auch sein, daß sie aus einem völlig anderen Grund weinte. Jedenfalls sagte Rosalija Samojlowna die eine Zigarette rauchte und den Rauch aus der Fensterklappe blies: »Soll sie weinen, soll sie! Das beruhigt die Nerven besser als Brom. Sie weinen nach der Geburt bei mir immer.«

Am dritten Tag nach der Geburt stand die Wawilowa das erstemal auf. Sie spürte, wie die Kräfte schnell wieder zurückkehrten, sie ging auf und ab, half Bejla bei der Wirtschaft. Wenn niemand im Haus war, sang sie leise Lieder für das Menschlein, das Menschlein hieß Aljoscha, Aljoschalein, Aljoscha.

»Du müßtest sie sehen«, erzählte Bejla ihrem Mann, »dieses großrussische Weibsstück hat den Verstand verloren! Dreimal ist sie mit ihm schon zum Arzt gelaufen. Im Haus darf man keine Tür öffnen: er erkältet sich, man weckt ihn auf, er fiebert. Mit einem Wort, wie eine gute, sorgsame jüdische Mutter.«

»Glaubst du etwa«, antwortete Magasanik, »wenn eine

Frau sich lederne Hosen anzieht, daß sie dadurch zum Manne wird?« Und er zuckte mit den Schultern und schloß die Augen.

Eine Woche später besuchten Kosirjew und der Stabschef die Wawilowa. Sie rochen beide nach Leder, Tabak, Pferdeschweiß. Aljoscha schlief in der Wiege, die mit einem Stück Gaze zum Schutz vor Fliegen verhangen war.

Mit ohrenbetäubendem Knarren, wie es eben von zwei Paar neuen Stiefeln hervorgebracht wird, traten sie an die Wiege heran und betrachteten das schmale Gesichtchen des Schlafenden.

Das Gesicht verzog sich im Schlafe, doch das waren recht eigentlich nur Bewegungen der Haut, aber aus diesen Bewegungen des Gesichts ergaben sich verschiedene Ausdrucksformen: jetzt die von Trauer, die von Zorn, die eines Lächelns.

Die Militärs wechselten einen flüchtigen Blick.

»Ja, ja«, sagte Kosirjew.

»Ja, wirklich!« sagte der Stabschef.

Und sie setzten sich auf die Stühle und begannen zu erzählen. Die Polen waren zum Angriff übergegangen. Unsere Einheiten weichen zurück. Das, natürlich, nur zeitweise. Die 14. Armee sammelt sich vor Shmerinka. Die Divisionen vom Ural kommen zur Unterstützung. Die Ukraine wird die unsere sein. In einem Monat wird ein Umschwung einsetzen. Aber im Augenblick drängt der Pole stark.

Kosirjew fluchte.

»Leise«, sagte die Wawilowa. »schrei nicht so, du weckst ihn auf.«

»Ja, wir stecken mit der Schnauze im Blut«, murmelte der Stabschef und lachte auf.

»Du mit deinen Witzen«, sagte die Wawilowa und fügte mit leidvoller Miene hinzu: »Rauch hier nicht, du dampfst wie ein Schlachtschiff.«

Den Militärs wurde es plötzlich langweilig. Kosirjew gähnte. Der Stabschef sah auf seine Uhr und sagte: »Wir müssen rechtzeitig am Kahlen Berg sein!«

»So, so, eine goldene Uhr«, dachte die Wawilowa derweil mit Verbitterung bei sich.

»Nun ist es Zeit, Abschied zu nehmen, Klawdja«, sagte Kosirjew und stand auf. »Ich hab befohlen, dir einen Sack Mehl zu bringen, Zucker und Speck dazu, man bringt es dir noch heute mit dem Wagen.«

Sie gingen zur Straße hinaus. Um die Pferde herum standen die kleinen Magasaniks. Kosirjew schwang sich in den Sattel. Der Stabschef schnalzte mit der Zunge und sprang auf sein Pferd.

Als sie die Straßenecke erreicht hatten, strafften sie überraschend, als ob sie es verabredet hätten, die Zügel und hielten an.

»Ja, ja«, sagte Kosirjew.

»Ja, wirklich!« antwortete der Stabschef.

Sie lachten, schlugen auf die Pferde ein und rasten zum Kahlen Berg.

Abends kam der Wagen. Die Säcke mit den Lebensmitteln wurden ins Haus geschafft. Magasanik ging ins Zimmer der Wawilowa und sagte mit geheimnisvollem Flüstern: »Wie gefällt Ihnen die Neuigkeit, Genossin Wawilowa. Zu uns in die Werkstatt kam der Schwager des Vorstädters Cäsarskij«, er sah sich um und sagte, sich quasi bei der Wawilowa entschuldigend: »In Tschudnow stehen die Polen, und Tschudnow ist nur 40 Werst entfernt.«

Bejla kam herein. Sie hatte etwas mitbekommen und sagte entschieden: »Was redest du? Morgen sind die Polen hier. Also, ich sage Ihnen: Egal, ob Polen, oder nicht Polen, Österreicher oder Galizier, Sie können jedenfalls bei uns bleiben. Zum Glück haben Sie genug zu essen, man hat soviel gebracht, daß es für drei Monate reicht.«

Die Wawilowa sagte nichts. Zum erstenmal im Leben wußte sie nicht, was sie tun sollte. »Bejla ...«, murmelte sie, verstummte aber gleich darauf.

»Ich habe keine Angst«, sagte Bejla, »oder denken Sie, ich hätte Angst? Geben Sie mir fünf solcher, ich fürchte mich nicht. Aber haben Sie schon einmal eine Mutter gesehen, die ihr Kind verläßt, wenn es erst anderthalb Wochen alt ist?«

Die ganze Nacht erklangen von der Straße her das Wiehern der Pferde, das Rattern der Räder, erregte ärgerliche Stimmen. Der Troß wurde von Schepetowka nach Kasatin verlegt.

Die Wawilowa saß neben der Wiege. Das Kind schlief. Sie schaute in das gelbe Gesichtlein: am Ende wird gar nichts Besonderes passieren. Kosirjew hatte gesagt, daß sie innerhalb eines Monats zurückkehren würden. Das war genau die Zeit, die sie als Urlaub erhalten hatte. Aber wenn sie für längere Zeit abgeschnitten wäre? Und wenn schon, auch das ängstige sie nicht.

Wenn Aljoscha erst kräftiger geworden sein würde, werden sie sich heimlich durch die Frontlinie schleichen. Wer wird ihnen schon etwas tun: einem Dorfweib mit einem Säugling? Und die Wawilowa stellte sich vor, wir sie an einem Sommermorgen früh über dir Felder geht – den Kopf in ein farbenfrohes Tuch gehüllt, und Aljoscha schaut sich in alle Richtungen um und streckt die Ärmchen aus. Gut! Sie begann mit brüchiger Stimme zu singen: »Schlaf, Söhnchen, schlaf!« und fing beim Schaukeln der Wiege an zu träumen.

Am Morgen brodelte es auf dem Basar wie immer. Die Menschen waren jedoch irgendwie besonders erregt. Einige lächelten freudig, als sie die ununterbrochene Kette der Kriegsfuhrwerke sahen. Die Fahrzeugkolonnen passierten in unmittelbarer Nähe. Die Straßen waren voller Menschen. Die Einwohner – oder die »Bevölkerung«, wie es in den Tagesbefehlen der Kommandantur hieß – standen in den Türen. Alles plapperte aufgeregt murmelnd durcheinander. Man sagte, daß die Polen schon den Ort Pjatka, 15 Werst von der Stadt entfernt, eingenommen hätten. Magasanik war nicht zur Arbeit gegangen. Er saß im Zimmer der Wawilowa und philosophierte auf Teufel-komm-raus.

Mit großem Lärm fuhr ein gepanzertes Automobil in Richtung Bahnhof vorbei, es war mit einer dichten Staubschicht bedeckt, und es schien, als ob der Stahl vor Müdigkeit und von den vielen schlaflosen Nächten grau geworden wäre.

»Tagsüber ist der da so ein Klugscheißer«, sagte Bejla, »aber wenn des Nachts die ganze Stadt schreit, wenn die Banditen Krach machen, dann sitzt er da wie der leibhaftige Tod und zittert vor Angst.«

Laß mich doch erstmal mit jemand reden«, sagte Magasanik.

Er lief sogleich auf die Straße und kehrte bald mit Neuigkeiten zurück. Das Revolutionskomitee hatte man schon in der Nacht evakuiert, die Parteileitung war gleich darauf abgereist, und der Stab hatte die Stadt am Morgen verlassen. Der Bahnhof war schon wie ausgestorben: Der letzte Truppentransport war abgegangen.

Plötzlich hörte man auf der Straße Schreie. Ein Flugzeug flog auf die Stadt zu. Die Wawilowa ging zum Fenster. Das Flugzeug flog sehr hoch, aber man konnte genau die weißroten Kreise an den Tragflächen erkennen. Es war ein polnisches Aufklärungsflugzeug. Das Flugzeug beschrieb einen Kreis über der Stadt und näherte sich dem Bahnhof. Und dann begannen aus Richtung des Kahlen Berges die Kanonen zu schießen, die Geschosse flogen über die Stadt, und irgendwoher aus der Ferne, hinter dem Bahnübergang, dröhnten die Geräusche von Explosionen.

Zuerst heulten die Geschosse wie ein Schneesturm, dann seufzten die Geschütze schwer auf, und nachdem einige Sekunden vergangen waren, dröhnten die Explosionen freudig erregt. Das waren die Roten, die den Vormarsch der Polen auf das Städtchen zu aufhielten. Aber bald schon begannen die Polen zu antworten: Die Geschosse schlugen an den verschiedensten Stellen der Stadt ein.

»Wumm«, durchriß es ohrenbetäubend die Luft, Ziegel flogen, Rauch und Staub tanzten über einer aufgerissenen Hauswand. Die Straßen wurden ruhig, menschenleer, so als ob sie nur hingetuscht wären. Nach jeder Explosion eines

Geschosses trat eine solche Stille ein, daß einem angst und bange wurde. Die Sonne aber stand am wolkenlosen Himmel und beleuchtete freudig die Stadt, als handele es sich um einen lang darniedergestreckten Leichnam.

Alle, sogar die Kinder, wußten, daß diese Bombardierung im Militärjargon Artillerie-Vorbereitung hieß und daß, bevor die Stadt eingenommen werden würde, die Truppen noch einige Dutzend Geschosse verschießen würden. Und dann würde es – alle wußten auch das – unglaublich still werden, und plötzlich würde das helle Hufklirren auf der breiten Straße erklingen, und die Kundschafter der Kavallerie würden aus Richtung des Eisenbahnübergangs vorbeifliegen. Vor Angst und Neugier vergehend, würden alle hinter Türen und Vorhängen durch die Ritzen der Fensterläden hindurchspähen, auf Zehenspitzen stehend, schweißgebadet auf allen vieren auf den Hof kriechen.

Der Trupp wird auf den Platz reiten. Die Pferde werden sich niederlassen und röcheln, die Reiter werden aufgeregt in einer erstaunlich einfachen menschlichen Sprache abzählen, und der Anführer, erfreut über die Demut der auf dem Rücken liegenden, besiegten Stadt, wird trunken schreien, aus dem Revolver in den Schlund der Stille feuern, und das Pferd auf die Hinterbeine reißen.

Und dann ergießen sich von allen Seiten Infanterie- und Kavallerie-Einheiten, von Haus zu Haus laufen verstaubte, müde Menschen, gutherzige, aber zum Totschlag fähige, genügsame Männer in blauen Militärmänteln, gierig auf die Hühner der Stadt, auf die Handtücher und die Stiefel der Einwohner.

Alle wußten das, weil die Stadt vierzehnmal die Herren gewechselt hatte, mal war sie von den Petljura-Leuten, ein andermal von Denikin, dann wieder von den Galiziern, den Polen, den Banden Tjutjurins und Marusjas, den wilden Haufen des 9. Regiments eingenommen worden. Und jedesmal war es zugegangen wie beim vorausgegangenen Mal.

»Da singt wer!« schrie Magasanik, »da singt wer!« Und

all seine Angst vergessend, lief er vor das Haus. Die Wawilowa folgte ihm auf dem Fuße. Die Luft im dunklen Zimmer war stickig gewesen, nun sog die Wawilowa das Licht und die Wärme des Sommertages mit besonderer Begierde in sich auf. Sie wartete – mit dem gleichen Gefühl wie während der Wehen – auf die Polen: wenn es doch nur schneller ginge. Die Explosionen machten ihr Angst, ihr schien es, als würden sie Aljoscha aus dem Schlaf reißen, sie verscheuchte das Pfeifen der Geschosse mit wedelnden Armen, wie sie Fliegen verjagte.

»O ihr, o ihr«, sang sie an der Wiege, »ihr weckt mir noch meinen Aljoscha!«

Sie versuchte an nichts mehr zu denken. War doch schon alles entschieden: Binnen Monatsfrist würden entweder die Roten zurückkommen, oder sie würde zu ihnen gehen, durch die Frontlinie.

»Ich versteh' rein gar nichts mehr«, sagte Magasanik, »schaut nur hin!«

Auf der breiten, leeren Straße, in Richtung Eisenbahnübergang, von woher die Polen kommen mußten, marschierte eine Abteilung Kadetten. Sie trugen weiße Leinenhosen und weiße Militärblusen.

»Rot ist das Tuch, das wir entrollen ...«, sangen sie getragen und irgendwie traurig.

Sie marschierten dem Feind entgegen.

Warum? Wozu?

Die Wawilowa schaute ihnen hinterher. Und plötzlich erinnerte sie sich: Der gewaltige Rote Platz, einige Tausend Arbeiter-Freiwillige, die an die Front gingen, drängten sich um ein hastig zusammengezimmertes Brettergerüst. Ein Mensch im Jackett, der seine Mütze hin und her schwenkte, hielt eine Rede. Die Wawilowa befand sich in seiner unmittelbaren Nähe.

Sie war so ergriffen, daß die Hälfte der Worte, die der Mensch mit seiner hellen, leicht undeutlichen Aussprache sagte, nicht ihren Verstand erreichte. Die um sie Herumstehenden hörten schwer atmend, angestrengt zu. Ein alter Mann in einer wattierten Jacke fing aus irgendeinem Grunde an zu weinen.

Was mit ihr auf dem Platz, unter den dunklen Mauern, vor sich ging, wußte sie nicht. Damals in der Nacht hatte sie jenem Schweigsamen darüber erzählen wollen. Es schien ihr, daß er sie verstehen würde. Aber sie hatte nichts herausgebracht. Und als sie vom Roten Platz zum Brjansker Bahnhof gegangen waren, hatten sie eben jenes Lied gesungen.

Als sie die Gesichter der singenden Kadetten betrachtete, spürte sie von neuem, was sie vor zwei Jahren erlebt und gefühlt hatte.

Die Magasaniks sahen noch, wie eine Frau mit Pelzmütze und Militärmantel den Kadetten über die Straße nachlief, im Laufen den Patronengurt in die riesige Mauser einlegend.

Magasanik, der ihr nachblickte, sprach: »Das sind wirkliche Menschen, Bejla!«

Der erwachende Aljoscha fing zu weinen an und strampelte mit den Beinchen, um sich aus den Windeln zu befreien.

Und Bejla, wieder zu sich kommend, sagte zu ihrem Mann: »Hörst du, das Kind ist aufgewacht, zünd den Petroleumkocher an, wir müssen die Milch heiß machen.«

Die Abteilung war um die Straßenecke verschwunden.

John Updike
Als alle schwanger waren

Ich bin Versicherungsvertreter, aber ich lese viel im Zug. Las gestern, daß die Fünfziger wiederkommen. Während der gesamten Sechziger haben die Schriftsteller sie schlechtgemacht: Eisenhower, Lester Lanin, knielange Röcke, jawohl. Also, wie sich herausstellt, Eisenhower war ein großer Nicht-Kriegs-Präsident. Rock'n'Roll ist tot. Die Rocksäume sind bis zum Knöchel gefallen. Aber *meine* Fünfziger kommen nicht zurück.

Freundliche Jahre für mich. Betrat sie arm und verließ sie wohlhabend. Betrat sie keusch und verließ sie als Vater. Von vieren und einer Fehlgeburt. Die Jahre, als alle schwanger waren. Nicht nur freundliche, sondern schöne Jahre.

Wie sie über den Sand schwebten! Wie wogende Segel. Meine Frau und die Frauen unserer Freunde. Shakespeare, Titania zu Oberon: »Und lachten, wenn vom üpp'gen Spiel des Windes/Der Segel schwangrer Leib zu schwellen schien.« Die schwangeren jungen Frauen in ihren ausgeblichenen karierten Schwangerschaftsbadeanzügen. Hinter ihnen zottelten die bereits geborenen Tapse her. Kleine Beiboote. Zog dann '54 in eine Stadt mit Strand: meine erste Beförderung, Nancys zweites Kind.

Kamen am Wasser entlang, Köpfe höher als der Horizont. Der Horizont blau, funkelnd, herb. Proust und die »kleine Schar« in Balbec. Aber voller in Blüte als jene, Bäuche prächtig geschwollen. Gesichter und Glieder mit Sommersprossen in jeder Höhlung, poliert das Rund der Schultern, die Nasenspitze. Sonnenverbrannte Nasenflügel pellten sich. Licht in ihren Augen stahl das Glitzern vom fernen harten Rand des Meeres. Wo ein paar Segel sich zeigten, schräg, flatternd.

Sie kamen dann zu uns herauf, um bei uns zu sein. Gelächter, Alu-Stühle, Handtücher, Kindersonnenhüte, Babynahrungsgläser. Thermoskannen gluckerten in den Strohtaschen. Über mir hoben sich Rocksäume von Umstandskleidern im Wind, legten Locken vom Schamhaar bloß, innen an den Schenkeln. Krank machende Liebesgefühle. Sandgewärmter Wind wehte uns kühl aus der Zukunft entgegen.

Sie setzten sich zu uns, bildeten einen Kreis. Ihre Köpfe zusammen, Klatsch und Tratsch, die nackten Beine wie Radspeichen. Am Rand Kinder mit Sandeimern, alle zu Füßen der eigenen Mutter buddelnd. Der Sand dunkler, je tiefer sie gruben. Der Milchgeruch der Sonnenschutzmittel. Die Art, wie unsere Worte hoch und hinaus wehten: wie umherfliegendes Butterbrotpapier.

Katharine, Sarah, Liz, Peggy, Angela, June. Noten einer Tonleiter, Farben eines Regenbogens. Nancy war die siebte. Jetzt in den Siebzigern sind zwei umgezogen. Nach Denver, nach Birmingham. Zwei sind geschieden. Zwei noch unter uns mitsamt den Ehemännern. Aber alle sind fort, haben sich zurückgezogen. Kann nie wieder betreten werden, jene Zeit, als alle unschuldig schwanger waren.

Unschuldig. Unsere dicken Wagen in den Fünfzigern, wie wir sie geliebt, wie wir sie hochgejagt haben: kein Gedanke an Umweltverschmutzung. Auspuffqualm, Zigarettenqualm, Fabrikqualm, alles romantisch. Die Romantik des Konsums auf ihrem Höhepunkt. Babykost im protzigen Supermarkt einkaufen. Kaufkraft: jung, plötzlich mächtig, geboren zum Konsum. Gierig zu zeugen. Die selbstgefällige Gewißheit, daß die Welt zum Untergang verdammt war. Hinter dem blitzenden Horizont ein absoluter Feind. Über uns Bomben, deren Blitz die Szene ausfüllen würde wie eine Tasse, bis sie überfließt.

Alte Dias. Junes Mann besaß eine Kodak mit Blitzgerät (damals hatte niemand eine japanische Kamera). Wie jung wir waren. Die Männer dürr wie Jungen. Lächerlich militärische Haarschnitte: der Erbshirn-Look. Die Frauen mit Ponies und Lippenstiftlächeln. Wir sehen betrunken aus. Manchmal waren wir's.

Arbeit, Häuser, eigene Gattinnen. Erlaubnis, zu trinken und Windeln zu wechseln und Rasenmäher zu bedienen und bis nach Mitternacht aufzubleiben. Im College durfte Nancy in den oberen Zimmern nicht rauchen, bei uns im Haus zwang sie sich dazu. Wie eine sexuelle Praxis, die man persönlich ablehnt, die aber von Vandervelde empfohlen wird. Entsetzliche Freiheit. War damals Mode, der Satz.

Hatten wir erwartet, während der Depression zu hungern? Von Japsen mit dem Bajonett erledigt zu werden, wenn sie in Kalifornien einfielen? Korea schien das beste Geschäft, das wir abschließen konnten: die größten Supermächte, die taktvoll im fernen Schlamm aufeinandertrafen. Die Gänsehaut der Welt zitterte, aber hielt. Dann kam Eisenhower und verschaffte uns einen wackligen Frieden und einen träge sich erholenden Markt und eine (widerrufbare) Erlaubnis, Spaß zu haben und Babies zu machen. Sah die Welt durch zwei Gläser, die seither abgelegt sind: Angst und Dankbarkeit. Heute sind junge Menschen vieles, aber sie sind weder ängstlich noch dankbar.

Jene Sommerparties. Sollte mich genauer an sie erinnern. Sonnenlicht im Gin, der Zweig verwelkender Minze. Der Geruch von frisch gemähtem Gras, der durch die abendlichen Fenstergitter drang. Kinder liefen ein und aus mit Beschwerden, die ihre Mütter wie Zigarettenrauch beiseite wedelten. Was haben wir geredet? Die Worte, die wir sprachen, waren Unsinn, nur der Atem, den wir holten, um sie sagen zu können, war Leben – wir lebendig, potent.

Katharines Mann Jerry hatte nur ein Auge, das andere durch einen Unfall in der Kindheit milchig. Tat niemandem leid, zu gesund, zu aufrichtig, er. Geborener Verkäufer. Sagt er hinüber zu Sarah Harris, sie, schwanger in einem großgeblümten Kleid, sitzt träumend in einem feudalen Ohrensessel: »Sarah, wie du da sitzt, siehst du aus wie ein großes wollüstiges Stück Tapete!« Ich dachte, *hat nur ein Auge, alles sieht für ihn flach aus.* Krank machende Liebesgefühle.

Jahre später sagte ich zu Sarah: »Du wollüstiges Stück Tapete, du«, aber sie hatte es vergessen, und ich mußte es ihr erklären.

Ein anderer Abend, mein Platter in der Auffahrt der Connelleys. Frisch aufgeschütteter Kies, spitzer Kupfersandstein. Zwei Uhr morgens. Ed kam aus seinem Keller, hielt einen Kreuzschlüssel wie ein Kruzifix empor und sang dazu *Veni Creator Spiritus.* Hat mich schockiert. Meine Fußstapfen auf dem Kies, knirsch, knirsch. Ein Ungeheuer kommt näher. Die meisten von uns schickten die Kinder wenigstens in die Sonntagsschule.

Tanzen. Händedrücken. Mondscheinlieder, *Smoke Gets in Your Eyes.* Alles unschuldig wie nur was. Der Anprall von schwangeren Bäuchen gegen meinen. Abwechselnd unsere Namen in den Geburtsanzeigen der Lokalzeitung sehen, Witz für Eingeweihte. Krankenhausbesuche, Nächte ohne Frauen. Damals, als unser viertes Kind geboren wurde, Abend nach dem ersten Wintersturm. Gynäkologe auf dem Weg ins Krankenhaus machte ihretwegen mit dem Auto einen Umweg. Hatte gerade seine Praxis eröffnet, hübscher Mann mit Skimütze. Auf der blendendweißen leeren Straße unter unserem Fenster sah er aus wie ein Liebhaber, der Kieselsteine wirft. Ihre Wehen jetzt alle drei Minuten, ihr kleiner Koffer, eilig von Zimmer zu Zimmer die schlafenden Kinder küssen. Gynäkologe wartet, Gesicht emporgewandt im Mondschein, in der Stille. Ein Liebhaber, der heult wie ein Wolf.

Weil mich der knarrende Wind nervös machte, schlief ich ein oder zwei Nächte mit einem Golfschläger im Bett. Ich glaube, ein siebener Eisen. Stellte mir vor, damit einen Einbrecher besser zu treffen als mit einem Holzschläger.

Die Zeit, als Sarah bei mir war. Nancy im Krankenhaus mit Krampfadern. Diagnose: keine weiteren Babies. Unser jüngstes Baby schrie. Sarah stand auf und bemutterte es. Kind beruhigte sich, lachte, wußte, irgend etwas stimmte nicht, dachte vielleicht, Sarah sei Nancy, die Fratzen schnitt, so tat als ob. Der gleiche Duft, Frauenduft, die gleiche Sicherheit. Fenstergitter-Mondlicht auf Sarahs nackten Schultern, über die Wiege gebeugt. Baby gluckste und lachte. »Verrücktes Kind hast du hier.« Zu viel Liebe. Zu viele Babies, die in dem dunklen Haus atmeten wie Suchlichter, die jederzeit aufflammen könnten.

Sarahs schöne breite Schultern, breite Hüften, Brüste flach und fest. Als ich sie das erstemal erblickte, brach es aus mir hervor, sie hätte Brüste wie eine griechische Statue. Sie lachte und sagte, ich läse zuviel. Aber es war aus mir hervorgebrochen.

Das Ritual, Nancys Haarnadeln eine nach der anderen herauszuziehen, ehe wir uns liebten. Regen auf dem Dach. Fünfziger, ein häusliches Jahrzehnt, ging niemals raus auf die Straße. Kuba, Sputnik, Tibet. Regen auf dem Dach.

Die braune Linie auf dem Bauch, die eine Frau nach der Entbindung aus dem Krankenhaus mitbringt. Niemand hatte mir je erzählt, daß es diese Linie gibt.

Warum eigentlich nicht?

Die Babies wurden größer. Die Parties wilder. Das eine Mal am Strand, Sonnenwendfeier mit Tanzerei, heißer Sommer, könnte 1960 gewesen sein. Wir zogen unsere Kleider aus und schwammen. Angstmachende Wellen, starker Mond, konnte sehen, daß die Frauen älter geworden sind. Schlaffe Bäuche, Knie und Gesichter voller Schatten. Sie benutzten ihre langen Tanzkleider aus Tüll als Handtücher, schlangen sie sich wie Sarongs um den Leib. Jenseits des Meeres Aufstände. Attentate, Proteste. Eine Dekade überfälliger Rechnungen häufte sich an wie Brandungsdonner auf einer Sandbank. Wir waren nicht mehr jung. Verwirrt. Griffen nach unserer Unterwäsche und unseren Schuhen. Trotzdem der warme sandige Kuß des Windes, seewärts, sogar nachts.

Ich mache mir im Zug ein paar Notizen. Meine Hand zittert. Meine Stadt zieht vorbei, die anderen gemütlichen kleinen Städte, die Weiden und die Ausblicke aufs Meer, ein einsam galoppierendes Pferd, ein Golfplatz mit einem in der Dämmerung eingefrorenen Viererspiel auf dem Grün, tau-weiß, und dann die noch kleineren Städte, die kleinen verdrossenen mit nur einem Hotel, schwarze Wände wie Fäuste gegen unsere Fenster erhoben, zerbrochene Fabrikfenster, eine verrostete Zugbrücke. die für immer auf *fast unten* hängenblieb, ein Materialhof mit Kieselsteinen, die verschiedenen Größen in Pyramiden aufgeschüttet, eine schwelende Müllkippe, deren Abfälle mit der ganzen Farbskala von Juwelen protzen, dann die Metropole, wo die Gleise sich in blitzschnellen Berechnungen vervielfältigen, die im Dunst liegenden Wolkenkratzer, die die Beziehungen zueinander wechseln wie die Kirchtürme bei Proust, die Tunnel voller Reklame, die Station, groß und verlassen, der letzte Halt. Heute abend das gleiche, nur umgekehrt.

Aber nie langweilt mich, wie der Zug mitten hindurchfährt. Leicht rüttelnd. Über Bahnübergänge mit klingelnden Läutwerken, vorbei an Spielplätzen und Hinterhöfen, an Speichern, auf Stelzen gebaut, damit sie aufs Bahngelände paßten. Wie die Zeit. Schneidet schlafwandelnd durch alles hindurch.

Die Notizen führen zu nichts. Das Leben führt zu nichts. Leben eine gewöhnliche Aktie, die im Wert schwankt. Aber du kannst sie nicht verkaufen, du mußt sie halten, halten, bis sie auf Null herabgesunken ist. Die Großen verkaufen dich aus.

Edgar zum geblendeten Gloucester: Reife ist alles. Hab ich nie genau verstanden. Reife ist alles, was übrigbleibt? Oder tiefer und hoffnungsvoller, Reife ist alles, worauf es ankommt? Schließt alles ein, beantwortet alles, rechtfertigt alles. Reife ist Gott.

Heute: fahren unsere Babies unsere Autos, rauchen Hasch, rasieren sich, menstruieren, demonstrieren für den Frieden, essen makrobiotisch. Wunderbar in vieler Hinsicht, aber nicht in unserer, nie in unserer, wie wir jetzt sehen. Heute: gehen wir auf eine Party und sehen nur Feinde. Fünfzehn gemeinsam verbrachte Jahre haben uns mißtrauisch gemacht, überlebensbewußt. Sarah sieht weg. Ein paar Speichen des Rades fehlen. Unsere Babies klagen uns an.

Gab es die Fünfziger überhaupt? Wollüstige Tapete. Verrücktes Kind. Krank machende Liebesgefühle. Der Zug gleitet vorwärts. Die Jahrzehnte gleiten meerwärts, nehmen uns mit. Ich bin immer noch ängstlich. Immer noch dankbar.

Jûssuf esch-Schârûnî

Das letzte Beerlein der Traube

Die Lichter verlöschten. Die Eltern schwiegen, der Lärm der Kinder verstummte. Die Zuschauer saßen auf den Holzbänken, die die Schuldirektion im Eßsaal hatte aufstellen lassen. Alle Augen richteten sich auf die Bühne und erwarteten die kleinen Schauspieler. Der Abend sollte mit einem Einakter zu Ende gehen, »Der verwunschene Emir«, ein Stück von etwa zwanzig Minuten.

Abdel Maugûd Effendi hatte auf einer Bank unweit der Bühne Platz genommen. Seine Frau Fâtma und fünf seiner Kinder, Knaben und Mädchen, saßen zu seiner Rechten, streckten die Hälse vor und hielten die Ohren gespannt. Er kannte genau die Rolle, die Sijâda, der Letztgeborene, spielen würde, denn er hatte sie unzählige Male in der vergangenen Woche gehöre: Sijâda hatte einen einzigen Auftritt gegen Ende des Stückes als Sohn jenes verwunschenen Emirs, und mußte den folgenden Satz sprechen: »Ja, Vater! Hier bin ich! Brauchst du mich?« Die Hauptsache war, daß diese Worte im rechten Augenblick, nicht zu früh und nicht zu spät, kamen.

Drei Schläge ertönten, und der Vorhang ging hoch. Der Emir, in prächtige Gewänder gehüllt, betrat die Bühne und wurde von seiner Familie, die in einer Ecke des Saals saß, mit Beifall begrüßt.

Abdel Maugûd konnte nicht ruhig bleiben, er wollte seinen Sohn schon auf der Bühne erscheinen sehen. Den achten Geburtstag Sijâdas hatten sie Anfang des Monats gefeiert. Acht Jahre war es also nun schon wieder her, seit dieses letzte Kind – ungebeten – auf die Welt kam.

Zwei Jahre nach dem letzten Weltkrieg zählte Abdel Maugûds Familie bereits sechs Kinder. Der Älteste, Mahmûd, bereitete sich nach zwei Fehlschlägen wieder auf die Prüfung vor. In sieben Jahren Ehe hatten sich, bevor es sich Abdel Maugûd versah, fünf weitere Söhne und Töchter eingefunden, seine Frau hatte demnach nahezu jedes Jahr entbunden. Abdel Maugûd selbst hatte neun Geschwister gehabt, und sein Vater, dessen Seele in Gott ruhen möge, hatte sein ganzes Glück in einer solchen zahlreichen Nachkommenschaft gesehen. Er hatte oft gesagt, daß jedes Kind sein Schicksal habe, und hatte seine Familie mit einem mächtigen Baum mit vielen Ästen und Zweigen verglichen. Es war ihm aber nicht vergönnt gewesen, einem seiner Söhne eine höhere Bildung angedeihen zu lassen, er hatte nur ein Haus hinterlassen können, das nach seinem Tod verkauft werden mußte. Abdel Maugûds Anteil war nicht mehr als vierundzwanzig Pfund gewesen, die sich auflösten wie Salz in Wasser. Vor allem war es nach dem Krieg nicht mehr so wie einst zu Vaters Zeiten, alles hatte – wie es hieß – seinen Preis, ein Kind ohne Bildung war ein Kind ohne Zukunft, und jeder Esser zählte.

Eine Gruppe Schüler stellte auf der Bühne die Untertanen dar, die der Emir frech verspottete, wie sie sagten. Derjenige unter den Leuten, der am beherztesten war, trat vor den Herrscher hin und richtete an ihn seine Rede, von der Abdel Maugûd nur die Worte auffing, die ihm wie ein Widerhall auf seine Überlegungen erschienen: Alles hat seinen Preis, ein Kind ohne Bildung ist ohne Zukunft, jeder Esser zählt.

Er dachte an die schwierige Nachkriegszeit. Wie hatten sie damals unter der Teuerung gelitten. Er erinnerte sich des Tages, als er, mit sechs Kindern beladen, schließlich die Notwendigkeit erkannte, dem stetigen Zuwachs, der sein Leben bedrohte, Einhalt zu gebieten. Zunächst hatte er sich geschworen, seine Frau nicht mehr anzurühren – er spürte gerade, wie sich Fâtma, die das Spiel auf der Bühne selbstvergessen verfolgte, mit ihrem ganzen Gewicht auf seinen Arm stützte – aber ihm war nur allzu bald klargeworden, daß das keine zufriedenstellende Lösung war, weder für sie noch für ihn – wozu heiratete man schließlich. Er mußte die Angelegenheit mit Gâd Effendi, seinem damaligen, inzwischen verstorbenen Bürokollegen besprechen, der auch sechs Kinder hatte, aber immerhin fünfzehn Jahre verheiratet war. Dieser hatte mit Ratschlägen und Empfehlungen nicht gegeizt, nach denen sich Abdel Maugûd auch sogleich richtete.

Nun war das alles nicht so einfach, wie es ihm zuerst erschien. Nein, es war eine Sache der Übung und der längeren Erfahrung ... Und es wäre noch ein siebentes Kind gekommen, wenn seine Frau nicht Zuflucht zur Mulûchîja-Wurzel genommen hätte. Sie hatte diesen Tip von einer Nachbarin erhalten, einer völlig ungebildeten Person – während sie selbst doch die Grundschule besucht hatte –, und die Abtreibung gelang auch, allerdings nicht ohne einen Blutsturz, der sie fast das Leben gekostet hätte. Abdel Maugûd mußte einen Arzt ans Krankenlager holen, der der Patientin ein Kräftigungsmittel verordnete und sie eindringlich vor derartigen Methoden warnte.

Jetzt war es auf der Bühne völlig dunkel. Lärm erhob sich, rotes Höllenlicht flammte um die Gestalt eines Zauberers auf, der gegen den am ganzen Leib schlotternden Emir Verwünschungen ausstieß. Er solle seine fürstliche Würde verlieren und ein gemeiner Mann aus dem Volke werden, damit er das Los der einfachen Menschen teile und ihre Leiden erfahre.

Wieder versenkte sich Abdel Maugûd in die Erinnerung seiner einstigen Kümmernisse. Das eheliche Beisammensein konnte sie nicht die Sorgen vergessen lassen, sondern wurde zu einer Quelle beständiger Furcht. Er näherte sich ihr jedesmal mit Vorsicht, Angst und böser Vorahnung und fürchtete trotz des umsichtigen Verhaltens, dessen sie sich befleißigten, daß eine flüchtige Freude eine siebente Last schaffen könnte, mit der er dann wirklich nicht mehr fertig würde. Ihn befriedigten aber auch nicht die angewandten

Mittel, die ihn um Rausch und Taumel brachten. Er hatte geglaubt, die Ehe würde die Probleme dieser Art lösen, und siehe da, er sah sich vor andere, noch verzwicktere gestellt.

Auf der Bühne nahm die rote Beleuchtung ab, sie wich allmählich einem gedämpften Licht. Der Emir erschien nun ohne jegliches Zeichen des Adels und der Macht. Er brütete in dumpfer Niedergeschlagenheit über diesen neuen Stand, auf den er herabgewürdigt worden war.

Der so bereitwillig mit Ratschlag und Empfehlung beistehende Gâd Effendi war später versetzt worden, und seinen Platz hatte Abdel Bâssit Effendi eingenommen, mit dem Abdel Maugûd bald innigsten Umgang pflegte, da er mit ihm nicht nur im Büro zusammen war, sondern sich auch mit ihm im Café traf. Dieser neue Kollege schien überhaupt keine Sorgen zu haben. Er war ständig gut aufgelegt, steckte mit seiner guten Laune das ganze Büro an, zumal wenn er die Gepflogenheiten des Chefs nachahmte, und belebte die von der Arbeit erschlafften Seelen. Abdel Bâssit – Gott möge ihn segnen – hatte damals die Vierzig schon überschritten und war noch ledig. Er erzählte alle seine galanten Abenteuer und beschrieb haarklein die Maßnahmen, die er anwandte, damit diese Begegnungen ohne Folgen für seine Partnerinnen blieben.

Eines Abends hatte Abdel Bâssit im Café nach soundso vielen Partien Tricktrack lang und breit von seinen Eroberungen gesprochen, und Abdel Maugûd sah den Augenblick gekommen, um ihn in seine Sorgen einzuweihen, zumal ihn gerade die Befürchtungen seiner Frau, die zwei Tage über die Zeit war, gräßlich peinigten. Das nagte an seinem Herzen und bedrückte ihn so sehr, daß ihm das ganze Leben unerträglich erschien. Als er seinem Freund die üblichen Vorkehrungen beschrieb, meinte dieser beschwichtigend, daß eine Schwangerschaft doch wenig wahrscheinlich sei: es dürfte sich allenfalls um eine jener natürlichen und übrigens häufig auftretenden Verzögerungen handeln. Und dann hatte er ihm von einer neuen Methode berichtet, die viel sicherer sei als alle von Abdel Maugûd bis dahin getroffenen Maßnahmen, von einer neuen Methode, daß nämlich an gewissen Tagen der Mondmonate ein uneingeschränktes Beisammensein ungefährlich sei. Zwei Tage später wurde es dann auch klar, daß Fâtma nicht schwanger war, was wiederum Abdel Maugûd bewog, sich gegenüber den Verhaltensweisen, die ihm sein Kollege genannt hatte, zuversichtlich zu zeigen.

Er versuchte also, dessen Ratschlägen zu folgen. Kurze Zeit darauf hörte er jedoch von seiner Frau, daß nicht alles zum besten stehe, die alte Unruhe befiel ihn wieder und machte ihn wütend auf sich und seine Unersättlichkeit. Er klammerte sich an die Hoffnung, es möchte noch einmal ohne die gefürchteten Folgen abgehen, aber mit der Zeit, die verstrich, bestätigte sich die bittere Wahrheit: ein siebentes Kind war unterwegs.

Ein grelles Licht, wie Magnesiumfeuer, überflutete die Bühne. Der Zauberer war aufgetreten, um den Emir wieder mit seiner vorherigen Würde zu bekleiden. Abdel Maugûd wurde geblendet und tauchte aus seinen Träumen und Erinnerungen auf. Er hatte ein unbestimmtes Schuldgefühl. Er flüsterte seiner Frau zu: »Paß auf, gleich kommt Sijâda!« Eins seiner Kinder rieb sich schon vor Freude die Hände.

Neben ihm hatte Fâtma wohl den gleichen Erinnerungen nachgehangen. Sie dachte, wie es war, als sie zum achtenmal, nach dem vorhergegangenen Eingriff, schwanger war und Abdel Maugûd bat, er möge doch dasselbe Verfahren noch einmal erlauben, wobei sie versprach, nicht so weit zu gehen, daß ihr Leben gefährdet würde. Sie wußte ja, was ein siebentes Kind für ihren Haushalt bedeutete, das Pfund Fleisch und die zweieinhalb Pfund Bamia müßten statt für acht für neun reichen. Der Kummer mit den sechs Kindern war schon genug. Dazu versprach der Älteste nichts Gutes, er hatte in den beiden vergangenen Jahren die Abschlußprüfung nicht bestanden, und er begann seinem Vater ungeziemlich entgegenzutreten. Er hätte sich bald schon unterstanden, seine Mutter zu schlagen, vor den Augen seiner kleinen Brüder. Was würden sie dann tun, wenn sie aus dem Stimmbruch heraus wären wie jetzt der Älteste. Kleine Kinder – kleine Sorgen, große Kinder – große Sorgen. Dabei hatten sie die Nachbarinnen, als sie die tiefe Stimme ihres Sohnes hörten, beglückwünscht: »Mahmûd ist schon ein junger Mann, er kann bald heiraten.« Aber was hatte die neue Stimmlage mit sich gebracht? Die brutalen Manieren, in denen er sich jetzt zu gefallen schien! Das schlechte Benehmen, das so weit ging, daß er die Hand gegen seine eigene Mutter erhob?

Fâtma und Abdel Maugûd einigten sich, den Keim des neuen Lebens zu vernichten, noch bevor er sich festsetzte und ans Leben klammerte. Sie trank als erstes auf einen Zug eine ganze Flasche Wein, obwohl ihr sonst nie Alkohol ins Haus kam, darauf tat sie mehrmals hintereinander gewagte Luftsprünge und unternahm lange Fußwanderungen von Abbassîja nach Hilmîja el-Gedîda, nach denen sie vor Erschöpfung beinahe ohnmächtig zusammenbrach. Dann hatte sie sich einen Wärmebeutel geliehen, den sie sich recht heiß bald in den Rücken, bald auf den Leib legte. Sie hatte beim Drogisten einen Saft gekauft, den sie aufkochte und drei Tage hintereinander, morgens auf nüchternen Magen ein Glas und abends vor dem Schlafengehen ein zweites, trank. Sie hatte auch ein ganzes Röhrchen Tabletten geschluckt, von denen drei allein einer Nachbarin in der gleichen Lage geholfen hatten.

Fâtma war fest entschlossen, den Kampf bis zum Ende durchzustehen, auch wenn sie ihrem Mann versprochen hatte, jede Übertreibung, die ihr Leben gefährden könnte, zu unterlassen. Sie spürte, daß er all ihre Versuche indirekt – also der Verantwortung ausweichend – unterstützte. Die Leiden während des vorherigen Eingriffs sowie das Gespenst des Todes standen ihr zuweilen vor Augen, dennoch schien ihr manchmal der Tod annehmbarer zu sein als dieses Leben, das sie von Tag zu Tag mehr bedrückte und verzweifeln ließ.

Nach ihrer Meinung wußten nur unwissende Frauen nicht, wie sie sich in solchen Situationen verhalten sollten, und setzten daher unaufhörlich, wie die Kaninchen, Junge in die Welt. Doch schließlich mußte sich Fâtma geschlagen geben. Sie weinte, ohrfeigte sich, raufte sich die Haare, weil der Keim des Lebens allen zerstörerischen Mitteln widerstanden hatte. Nichts konnte ihn entfernen, er klammerte sich hartnäckig an das Leben, der Notlage Abdel Maugûds und der Ängste Fâtmas spottend, und wollte sich einzig einen Weg ans Licht und in das Dasein bahnen. Es schien fast, als bediente sich das Embryo aller Mittel, um sich der Anschläge zu erwehren.

Als Fâtma in einer jener Nächte ein Rezept nach dem anderen durchprobiert hatte, war ihr im Schlaf eine Unbekannte erschienen, die an sie herantrat und ihr ein Lämmchen reichte, gleichzeitig auch ein Messer, und sie aufforderte, es zu töten. Fâtma erklärte voll Entsetzen, daß sie noch nie ein Tier getötet habe, die Unbekannte bestand darauf und drohte sogar, ihr das Leben zu nehmen, wenn sie sich nicht bereit fände, das Opfer auf der Stelle zu vollziehen. Fâtma tat also einen Schritt auf das Lamm zu, jedoch als sie den Befehl ausführte, erkannte sie in ihm einen Säugling, dem der Kopf abgetrennt war und dessen Blut verströmte. Die Augen des Kindes richteten sich auf sie und lächelten. Da schluchzte und schrie sie: »Bei Gott! Das ist ja ein Kind, das ist ein Kind, es lebt noch! Ich flehe zu dir, daß du den Kopf wieder mit dem Körper zusammenfügst, ich bitte dich!«

Sie fuhr aus dem Traum hoch, in Tränen gebadet. Sie begab sich tags darauf zu einem Rechtsgelehrten, der ihr die Unbekannte im Traum als ihre Doppelgängerin aus dem Reich der Dschinnen deutete. »Sie hieß dich, das Kind, das du in deinem Schoß trägst, zu töten«, erklärte er. »Das ist eine Mahnung Gottes, damit du dir der Gemeinheit bewußt werdest, die du begehen wolltest.«

Zu Hause erzählte Fâtma ihrem Mann, was sie im Traum gesehen hatte und was das bedeutet. Sie verzichtete endgültig auf alle Mittel und ergab sich in Gottes Willen. In ihrem Gedächtnis blieb dieses Traumgesicht frisch bis auf den heutigen Tag.

Die Monate vergingen. Der Kleine, ganz rosig, die Fäustchen geballt, die Beinchen gekrümmt, wurde geboren und schrie, und Abdel Maugûd betrachtete ihn als eine zusätzliche Last. War der Name seines Vorgängers Sâ'id, was »zuviel« heißt, so wurde dieser nun Sijâda, »viel zuviel«, genannt. Genau genommen stand seine Ankunft nicht unter einem schlechten Zeichen. Zunächst wurde er zu Beginn eines Monats geboren, Abdel Maugûd hatte sein Gehalt gerade in Empfang genommen und noch nicht gänzlich in jenen Schlund von Familie geworfen. So kaufte er für Fâtma zwei Hühnchen und Gebäck für die Freunde, die ihnen gratulieren würden.

Sijâda trat jetzt auf. Seine Gesichtszüge hatte die Schminke fast völlig verdeckt, nur die Augen traten noch dunkler hervor. Er trug eine lange, mit Spitzen besetzte Hose und ein schillerndes Hemd aus weißer Seide. Er mußte ein paar Augenblicke unbeweglich dastehen, ehe er seinen Ausspruch tat. Abdel Maugûd Effendi drehte sich um, blickte nach allen Seiten, um sich zu vergewissern, ob die Versammelten auch wüßten, daß da sein Sohn steht, ja, er gab ungewollt seinem Nachbarn zur Linken einen Stoß. »Der da auf die Bühne kommt«, sagte er, »ist mein Sohn Sijâda Abdel Maugûd, der Klassenbeste in der 2 V.«

Wie gehen doch die Jahre dahin! Und wie schnell Sijâda herangewachsen ist! Er war der netteste in der ganzen Familie, so daß die Leute ihn umringten, um seine ersten Worte zu vernehmen und um ihn zu bestaunen, wie gelehrig er die Sätze nachsprach, die er aufgeschnappt hatte. Wenn seine Mutter oder seine Schwestern zu Verwandten oder Freundinnen zu Besuch gingen, nahmen sie Sijâda mit, damit sie hören konnten, was er wieder gelernt hatte, oder die neuesten Kunststückchen vorgeführt bekamen, die sie amüsierten. Mutter und Schwestern waren stolz auf ihn, als wären sein Talent und seine Geistesregungen die ihren. Vom ersten Tag bis heute hätschelten ihn Vater, Mutter und Geschwister und nannten ihn »das letzte Beerlein der Traube, das eitel Zucker ist«. War er einmal ein, zwei Tage in Hilmîja el-Gedîda bei den Großeltern, dann fehlte der ganzen Familie schon etwas.

Da stand er nun, das letzte Beerlein, bereits acht Jahre alt, um seine Rolle zu spielen, und sprach ohne Stocken, laut und deutlich: »Ja, Vater! Hier bin ich! Brauchst du mich?«, worauf der Emir antwortete: »Wo warst du die ganze Zeit, mein Sohn?« Doch dann merkte der Emir, daß sein Sohn das Haus überhaupt nicht verlassen hatte und daß er den Zauberspuk, dem er erlegen gewesen war, nur geträumt hatte.

Abdel Maugûd klatschte als erster Beifall. Fâtma und die Kinder folgten seinem Beispiel, der ganze Saal hallte von tosendem Applaus wider. Die Kinder hatten ihre Rollen gut gespielt. Der Vorhang fiel. Er ging noch einmal hoch, die kleinen Akteure standen in einer Reihe da und grüßten mit einer Verbeugung ihre strahlenden Eltern. Der Beifall begann von neuem, Abdel Maugûd klatschte, so laut er nur konnte, ganz hingerissen, ohne auf die Gesetztheit seines Alters und den einem sorgenbeladenen Familienoberhaupt gebührenden Ernst zu achten.

Alle Leute erhoben sich und brachen auf, nur Abdel Maugûds Familie und einige andere, deren Kinder auch mitgespielt hatten, blieben. Die Schauspieler kleideten sich jetzt wohl um und schminkten sich ab.

Abdel Maugûd ließ seinen Blick über die Seinen schweifen. Gott sei Dank war die Unsicherheit überwunden, trotz einiger Schulden und der schwächer werdenden Augen. Seine Söhne und Töchter waren groß, Muhâssin und Aschwâk waren blühende Jungfrauen, Mahmûd, der Älteste, war Ingenieur geworden und tüchtig wie kein zweiter. Er war nicht so ruppig, wie es sich die Mutter vorgestellt hatte. In den Sprachen hatte er es zwar nie weit gebracht, aber Mathematik war seine Stärke, und das hatte ihm ein Universitätsstipendium eingebracht. Er hatte, seine viele Beschäftigung vorschützend, als einziger der Familie an dieser Schulfeier nicht teilgenommen. Sein Vater meinte, das sei noch ein Rest seiner einstigen Rüpeligkeit, Fâtma hingegen war geneigt, seiner Entschuldigung Glauben zu schenken. Jedenfalls war er nun ein angesehener junger Mann, der etwas vorstellte und der würdig war, eine Frau aus bestem Hause zu bekommen.

Schließlich kam Sijâda herbeigesprungen, im Gesicht noch die Spuren der Schminke, da er sich in aller Eile gewaschen hatte. Mutter, Brüder und Schwestern beglückwünschten ihn schulterklopfend. »Bravo, Sijâda«, sagte der Vater, »du hast dich überhaupt nicht verhaspelt.«

Sie kamen auf die Straße, warteten einen Augenblick, bevor sie sie überquerten, umsichtig nach links und rechts blikkend. Aber Sijâda, der ganz ausgelassen und ungeduldig war, sprang auf die Fahrbahn. Er hatte ein Auto nicht gesehen, das die Familie noch vorbeilassen wollte. Fâtma hielt die Kinder zurück, die Sijâda nachstürzen wollten, und schrie entsetzt: »Mein Sohn! Mein Sohn!« Abdel Maugûd rannte ungeachtet der Lebensgefahr auf ihn zu, als wäre er nicht mehr Herr seiner Sinne.

Der Wagen bremste, die Räder kreischten, die Familie rannte über die Straße. Dort stand Sijâda, kreidebleich, und starrte auf den Wirrwarr, den er angerichtet hatte. Sein Vater hielt ihn umschlungen, seine Mutter drückte ihn an sich und bedeckte ihn mit Küssen. »Konntest du nicht warten, mein Kind?« sagte sie vorwurfsvoll. »Mir blieb fast das Herz stehen!« Alle umarmten ihn, alle hatten in der Aufregung die gleichen Gedanken.

Als Sijâda sah, daß sie sich wieder beruhigten, entzog er sich ihren Umarmungen und begann lachend, als wollte er die Ängste, die sie soeben ausgestanden hatten, verscheuchen, seine Rolle zu spielen, wobei er sich leicht vorbeugte und wie auf der Bühne den Satz sprach: »Ja, Vater! Hier bin ich! Brauchst du mich?«

Michail Bulgakow

Feuertaufe durch Wendung

Die Tage im Krankenhaus N. gingen hin, und ich gewöhnte mich allmählich an mein neues Leben.

In den Dörfern wurde noch immer Flachs gebrochen, die Straßen blieben unpassierbar, und in meine Sprechstunde kamen höchstens fünf Patienten. Die Abende waren gänzlich frei, und ich benutzte sie, um die Bibliothek zu sichten, chirurgische Fachbücher durchzuackern und am leise summenden Samowar lange und einsam Tee zu trinken.

Ganze Tage und Nächte pladderte es ununterbrochen, die Regentropfen trommelten unaufhörlich aufs Dach, und unter meinem Fenster schoß das Wasser durch die Regenrinne in die Tonne. Nichts als Matsch, Nebel und schwarze Finsternis, durch die als trüb verschwommene Flecke die Fenster des Feldscherhäuschens und die Petroleumlaterne am Tor schimmerten.

An einem dieser Abende saß ich in meinem Zimmer über einem Atlas topographischer Anatomie. Es war völlig still, nur ab und zu hörte ich im Eßzimmer die Mäuse hinterm Büfett knabbern.

Ich las, bis mir die schwer gewordenen Lider zufielen. Endlich stellte ich gähnend den Atlas weg. Mich reckend und im vorhinein den friedlichen Schlaf auskostend, ging ich unter dem Trommeln des Regens in mein Schlafzimmer, zog mich aus und legte mich hin.

Noch hatte mein Kopf nicht das Kissen berührt, als in dem schläfrigen Nebel das Gesicht der siebzehnjährigen Anna Prochorowa aus dem Dorf Toropowo vor mir auftauchte. Ein Zahn mußte ihr gezogen werden. Lautlos schwebte der Feldscher Demjan Lukitsch mit der glänzenden Zange in der Hand vorüber. Mir fiel ein, daß er »ein solcher« statt »so einer« sagte, aus Vorliebe für den gehobenen Stil, und ich schlief lachend ein.

Jedoch höchstens eine halbe Stunde später wurde ich plötzlich munter, als habe mich jemand wachgerüttelt, setzte mich hoch, starrte erschrocken in die Dunkelheit und horchte.

Laut und hartnäckig hämmerte jemand gegen die Außentür, und diese Schläge erschienen mir sogleich unheildrohend.

Dann klopfte es an der Wohnungstür.

Das Klopfen verstummte, der Riegel klirrte, ich hörte die Stimme der Köchin, eine undeutliche Stimme antwortete, dann kam jemand knarrend die Treppe hoch, schritt leise durchs Arbeitszimmer und klopfte an meiner Schlafzimmertür.

»Wer ist da?«

»Ich bin's«, antwortete mir ein respektvolles Flüstern, »ich, Axinia, die Nachtschwester.«

»Was gibt's?«

»Anna Nikolajewna schickt nach Ihnen, Sie möchten gleich ins Krankenhaus kommen.«

»Was ist denn passiert?« fragte ich und fühlte einen Stich im Herzen.

»Eine Frau aus Dulzewo ist gebracht worden. Komplizierte Entbindung.«

Da haben wir's. Jetzt geht's los! durchfuhr es mich, und meine Füße konnten die Pantoffeln nicht finden. Verdammt! Die Streichhölzer brennen nicht. Na schön, früher oder später mußte das ja passieren. Es geht nicht ein Leben lang mit Kehlkopfentzündungen und Magenkatarrhen ab.

»Gut. Geh zurück und sag, ich komme gleich!« rief ich und stieg aus dem Bett. Draußen schlurften Axinias Schritte davon, dann klirrte wieder der Riegel. Die Schläfrigkeit war wie weggeblasen. Hastig, mit zitternden Fingern zündete ich die Lampe an und warf die Kleider über. Halb zwölf … Was mochte sie haben, die Frau mit der komplizierten Entbindung? Hm ... regelwidrige Lage ... zu enges Becken ... Vielleicht auch noch schlimmer. Am Ende mußte ich die Zange benutzen. Ob ich sie gleich in die Stadt schickte? Undenkbar! Ein schöner Arzt, würden alle sagen! Ich hatte auch gar nicht das Recht dazu. Nein, ich mußte es selber machen. Aber was? Weiß der Teufel. Schlimm ist nur, wenn ich den Kopf verliere, peinlich vor den Hebammen. Aber wollen erst mal nachsehen, wozu sich voreilig aufregen.

Ich zog mich also an, hängte mir den Mantel um und lief in der geheimen Hoffnung, es würde schon alles gutgehen, durch den Regen über die klatschenden Bretter zum Krankenhaus. Im Halbdunkel vor dem Eingang stand ein Wagen, das Pferd schlug mit dem Huf auf die morschen Bretter.

»Sie haben wohl die werdende Mutter gebracht?« fragte ich die Gestalt, die sich bei dem Pferd bewegte.

»Ja, gewiß doch, Väterchen«, antwortete eine klägliche Frauenstimme.

Im Krankenhaus herrschte trotz der späten Stunde geschäftiges Treiben. Im Sprechzimmer brannte zwinkernd die Lampe. In dem kleinen Korridor, der zum Kreißsaal führte, huschte Axinia mit einer Schüssel an mir vorbei. Hinter der Tür ertönte schwaches Stöhnen und verstummte. Ich öffnete die Tür und betrat den Entbindungsraum. Das weißgetünchte kleine Zimmer war von der Deckenlampe hell erleuchtet. Auf einem Bett neben dem Operationstisch lag, bis zum Hals zugedeckt, eine junge Frau. Ihr Gesicht war zu einer schmerzlichen Grimasse verzerrt, feuchte Haarsträhnen klebten an ihrer Stirn. Anna Nikolajewna, ein Fieberthermometer in der Hand, richtete in einem Esmarchschen Becher Lösung an, und die zweite Hebamme, Pelageja Iwanowna, holte saubere Laken aus dem Schränkchen. Der Feldscher stand, an die Wand gelehnt, in Naploeonpose da. Bei meinem Anblick fuhren alle auf. Die Kreißende öffnete die Augen, rang die Hände und stöhnte wieder kläglich und langgezogen.

»Na, was haben wir denn?« fragte ich und wunderte mich, wie ruhig und zuversichtlich meine Stimme klang.

»Querlage«, antwortete Anna Nikolajewna rasch, wobei sie weiterhin Wasser in die Lösung gab.

»Soso«, sagte ich gedehnt und runzelte die Stirn, »na, dann wollen wir mal sehen.«

»Axinia, dem Doktor die Hände waschen!« rief Anna Nikolajewna. Ihr Gesicht war ernst und feierlich.

Während das Wasser floß und mir den Schaum von den rotgebürsteten Händen spülte, stellte ich Anna Nikolajewna ein paar unbedeutende Fragen, in der Art, ob die Kreißende schon lange hier sei und woher sie komme. Pelageja Iwanowna schlug die Decke zurück, ich setzte mich auf den Bettrand und tastete sacht den gewölbten Bauch ab. Die Frau stöhnte, streckte sich, krallte die Finger ins Laken.

»Ruhig, schön ruhig, Geduld«, sagte ich, während ich die Hände auf die straffgespannte, heiße und trockene Haut legte.

Nachdem mir die erfahrene Anna Nikolajewna den Befund souffliert hatte, war diese Untersuchung eigentlich überflüssig. Ich konnte untersuchen, soviel ich wollte, mehr als Anna Nikolajewna brachte ich ohnehin nicht heraus. Selbstverständlich war ihre Diagnose richtig: Querlage. Klarer Fall. Aber was nun weiter?

Stirnrunzelnd fuhr ich fort, den Bauch von allen Seiten abzutasten, und warf verstohlene Blicke in die Gesichter der Hebammen. Beide waren ernst und konzentriert, und ich las in ihren Augen Billigung meines Tuns. Tatsächlich waren meine Bewegungen sicher und richtig, und ich bemühte mich, meine Nervosität so gut wie möglich zu verbergen.

»So«, sagte ich seufzend und stand vom Bett auf, denn von außen war weiter nichts festzustellen, »untersuchen wir mal von innen.«

Wieder sah ich Billigung in Anna Nikolajewnas Augen.

»Axinia!«

Wieder floß das Wasser.

Ach, jetzt im Döderlein nachlesen! dachte ich wehmütig, indes ich mir die Hände einseifte. Doch leider war das unmöglich. Was hätte er mir in diesem Moment auch helfen können? Ich spülte den dicken Schaum weg und rieb mir die Finger mit Jod ab. Ein sauberes Laken raschelte in Pelageja Iwanownas Händen; über die Kreißende gebeugt, nahm ich behutsam und zaghaft die innere Untersuchung vor. In meiner Erinnerung tauchte unwillkürlich der Operationssaal in der Geburtsklinik auf. Hell leuchtende Birnen in Mattglaskugeln, glänzender Fliesenfußboden, überall funkelnde Wasserhähne und Instrumente. Der Assistent im schneeweißen Kittel bemüht sich um die Kreißende, umstanden von drei Stationsärzten, von Praktikanten und einer Menge Studenten. Schön, hell und gefahrlos.

Hier hingegen war ich mutterseelenallein für eine schmerzgepeinigte Frau verantwortlich. Wie ich ihr helfen sollte, wußte ich jedoch nicht, denn ich hatte erst zweimal eine Entbindung in der Klinik gesehen, und beide waren normal verlaufen. Jetzt nahm ich eine Untersuchung vor, doch davon wurde weder mir noch der Kreißenden leichter, ich begriff überhaupt nichts und konnte in ihrem Innern auch nichts ertasten.

Dennoch war es an der Zeit, einen Entschluß zu fassen.

»Querlage ... Bei Querlage müssen wir also ... müssen wir also ...«

»Eine Wendung auf den Fuß«, bemerkte Anna Nikolajewna ungeduldig und gleichsam für sich.

Ein alter erfahrener Arzt hätte ihr für diese voreilige Bemerkung einen mißbilligenden Blick zugeworfen, doch ich war nicht so empfindlich ...

»Ja«, bestätigte ich vielsagend, »eine Wendung auf den Fuß.«

Vor meinen Augen erschienen die Buchseiten von Döderlein. Direkte Wendung ... Kombinierte Wendung ... Indirekte Wendung ...

Seiten, Seiten ... und Zeichnungen. Becken, verkrümmte,

zusammengedrückte Säuglinge mit riesigen Köpfen ... Ein heraushängendes Ärmchen, daran eine Schlinge.

Ich hatte doch erst kürzlich im Döderlein gelesen. Hatte noch einzelne Stellen unterstrichen, mich aufmerksam in jedes Wort hineingedacht, mir das Zusammenwirken der Teile und die verschiedenen Methoden vorgestellt. Und ich hatte mir beim Lesen eingebildet, der ganze Text wäre für alle Zeiten in mein Gehirn geprägt.

Jetzt aber trieb nur ein einziger gelesener Satz in der Erinnerung hoch: »Da die Wendung stets eine für die Mutter gefahrvolle Operation ist ...«

Was wahr ist, muß wahr bleiben. Eine gefahrvolle Operation sowohl für die Frau als auch für einen Arzt, der erst vor sechs Monaten die Universität verlassen hat.

»Also, dann wollen wir mal«, sagte ich und stand auf.

Anna Nikolajewnas Gesicht wurde lebhaft.

»Demjan Lukitsch«, wandte sie sich an den Feldscher, »machen Sie Chloroform bereit.«

Ein Glück, daß sie dies sagte, denn ich war mir nicht ganz sicher gewesen, ob die Operation bei Narkose gemacht wird. Ja, natürlich bei Narkose, wie denn sonst!

Trotzdem mußte ich noch einmal in den Döderlein schauen. Während ich mir die Hände wusch, sagte ich: »Nun gut, Sie bereiten alles für die Narkose vor und machen die Frau zurecht, ich geh inzwischen noch mal rüber, paar Zigaretten holen.«

»Gut, Doktor, soviel Zeit ist noch«, antwortete Anna Nikolajewna.

Ich trocknete mir die Hände ab, die Schwester warf mir den Mantel über die Schultern, und ohne in die Ärmel zu fahren, eilte ich nach Hause.

In meinem Arbeitszimmer zündete ich die Lampe an und stürzte mit der Mütze auf dem Kopf zum Bücherschrank.

Da war er, der Döderlein. »Leitfaden für den geburtshilflichen Operationskurs.« Hastig raschelte ich mit den Glanzpapierseiten.

»Da die Wendung stets eine für die Mutter gefahrvolle Operation ist...«

Kälte kroch mir das Rückgrat hinunter.

»Die Hauptgefahr liegt in der Möglichkeit der violenten Uterusruptur.«

»Vi-o-len-ten...

»Findet der Geburtshelfer beim Eingehen mit der Hand in den Uterus wegen Raummangel und Behinderung durch die kontrahierte Uteruswand schon Schwierigkeiten, zum Fuß zu gelangen, so stehe er von den weiteren Versuchen der Durchführung der Wendung ab.«

Gut. Wenn es mir durch ein Wunder gelingt, diese »Schwierigkeiten« zu erkennen, und wenn ich »von den weiteren Versuchen abstehe«, was mache ich dann mit der chloroformierten Frau aus dem Dorfe Dulzewo?

Weiter:«Ganz verpönt ist, über den Rücken des Kindes hinweg zu den Füßen gelangen zu wollen.«

Zur Kenntnis genommen.

»... das Ergreifen des oberen Fußes geradezu als ein Kunstfehler betrachtet werden muß, weil dadurch leicht die Axiale der Drehung des Kindes herbeigeführt wird, welche zu einer schweren Einkeilung der Frucht und dadurch zu den schlimmsten Folgen ... Anlaß geben kann ...«

»Zu den schlimmsten Folgen.« Etwas verschwommen, doch höchst eindringliche Worte! Und wenn nun der Mann dieser Frau aus Dulzewo Witwer wird? Ich wischte mir den Schweiß von der Stirn riß mich mühsam zusammen und suchte mir, all die gräßlichen Stellen übergehend, bloß das Wesentliche einzuprägen: was ich eigentlich tun mußte, wie und wo die Hand einzuführen war. Aber wie ich so die schwarzen Zeilen überflog, stieß ich dauernd auf neue gräßliche Dinge. Sie sprangen mir in die Augen.

»... wegen der großen Gefahr der Uterusruptur ...« Die innere und die kombinierte Wendungsoperation stellen dagegen Eingriffe dar, die den der Mutter gefährlichsten geburtshilflichen Operationen zuzuzählen sind.«

Und als Schlußakkord: »Mit jeder Stunde Verzögerung nach dem Blasensprung wächst die Gefahr.«

Genug! Die Lektüre trug ihre Früchte: In meinem Kopf herrschte Wirrwarr, und ich war überzeugt, rein gar nichts zu wissen, vor allem nicht, was für eine Wendung ich eigentlich vornehmen mußte, eine kombinierte, eine nichtkombinierte, eine direkte, eine indirekte!

Ich legte den Döderlein weg, setzte mich in den Sessel und bemühte mich, die auseinanderlaufenden Gedanken zu ordnen. Dann warf ich einen Blick auf die Uhr. Verdammt! Schon zwölf Minuten vergangen. Und ich wurde dort erwartet.

»Mit jeder Stunde Verzögerung ...«

Stunden setzen sich aus Minuten zusammen, und Minuten verfliegen in solchen Fällen rasend schnell. Ich legte also den Döderlein weg und lief zurück ins Krankenhaus.

Hier war schon alles bereit. Der Feldscher stand vor einem Tischchen und machte die Chloroformmaske zurecht. Die Kreißende lag auf dem Operationstisch. Ihr unausgesetztes Stöhnen drang durchs Krankenhaus.

»Geduld, Geduld«, murmelte Pelageja Iwanowna zärtlich, über die Frau gebeugt, »gleich hilft dir der Doktor.«

»Auuu! Keine Kraft ... mehr ... Ich hab keine Kraft mehr! Ich halt's nicht aus!«

»Du hältst es aus«, murmelte die Hebamme, »bestimmt! Gleich geben wir dir was zu riechen, dann spürst du nichts!«

Rauschend schoß das Wasser aus dem Hahn, Anna Nikolajewna und ich wuschen uns die Arme bis zum Ellenbogen. Anna Nikolajewna erzählte mir unter dem Stöhnen und Heulen der Kreißenden, wie mein Vorgänger, ein erfahrener Chirurg, die Wendung gemacht hatte. Ich hörte ihr begierig zu, bemüht, mir kein Wort entgehen zu lassen. Diese zehn Minuten gaben mir mehr als alles, was ich zum Staatsexamen, das ich ausgerechnet in Geburtshilfe mit »sehr gut« abschloß, darüber gelesen hatte. Aus ihren abgerissenen

Worten, unvollendeten Sätzen und flüchtig hingeworfenen Anspielungen erfuhr ich das Notwendige, was in keinem Buch steht. Als ich mir die ideal weißen und sauberen Arme mit sterilem Mull abtrocknete, fühlte ich mich entschlossen und hatte einen festumrissenen Plan im Kopf. Kombiniert oder nicht kombiniert, darüber brauchte ich jetzt nicht nachzudenken.

All die gelehrten Wörter waren in diesem Moment nichts wert. Wichtig war eines: Ich mußte mit einer Hand hineingehen, mit der andern die Wendung von außen unterstützen und mich dabei nicht auf Bücher, sondern auf mein Gefühl verlassen, ohne das ein Arzt nichts taugt; ich mußte behutsam, doch beharrlich ein Beinchen abwärts ziehen und den Säugling daran extrahieren.

Ich mußte ruhig und vorsichtig und zugleich entschlossen und mutig sein.

»Los«, befahl ich dem Feldscher und rieb mir die Finger mit Jod ab.

Sogleich legte Pelageja Iwanowna die Hände der Kreißenden übereinander, und der Feldscher senkte die Maske auf ihr zerquältes Gesicht. Langsam tropfte das Chloroform aus dem dunkelgelben Fläschchen. Ein süßlich schwüler Geruch erfüllte das Zimmer. Die Gesichter des Feldschers und der Hebammen wurden ernst, gleichsam beseelt …

»Aaah! Aah!« schrie die Frau. Einige Sekunden lang wand sie sich krampfhaft, um die Maske abzuschütteln.

»Festhalten!«

Pelageja Iwanowna ergriff ihre Hände, hielt sie fest und drückte sie ihr an die Brust. Ein paarmal noch schrie die Frau auf und versuchte, das Gesicht von der Maske wegzudrehen. Aber seltener … seltener …

»Aaah … laß mich! Ah …«, murmelte sie dumpf.

Schwächer, immer schwächer. In dem weißen Zimmer wurde es still. Noch fielen die durchsichtigen Tropfen auf den weißen Mull.

»Pelageja Iwanowna, Puls?«

»Gut.«

Pelageja Iwanowna hob den Arm der Frau an und ließ ihn los. Leblos wie ein Seil plumpste er auf das Laken. Der Feldscher nahm die Maske weg und besah die Pupille. »Sie schläft.«

Eine Blutlache. Beide Arme bis zum Ellbogen blutig. Blutflecke auf dem Laken. Rote Gerinnsel und Mullknäuel. Pelageja Iwanowna schüttelt und beklatscht den Säugling. Axinia klirrt mit Eimern, gießt Wasser in Schüsseln. Der Säugling wird abwechselnd in kaltes und heißes Wasser getaucht. Er schweigt, sein Kopf pendelt leblos wie an einem Faden. Aber plötzlich hören wir eine Art Knarren oder Seufzer, dann den schwachen, heiseren ersten Schrei.

»Er lebt, er lebt«, murmelt Pelageja Iwanowna und legt den Säugling auf ein Kissen.

Auch die Mutter lebt. Glücklicherweise ist nichts Schlimmes passiert. Ich fühle ihr den Puls. Ja, er ist deutlich und gleichmäßig. Behutsam rüttelt der Feldscher sie an der Schulter und sagt: »Na los, Tante, aufwachen.«

Die blutigen Laken werden weggenommen, die Mutter erhält ein sauberes, der Feldscher und Axinia tragen sie in ein Krankenzimmer. Der gewindelte Säugling schwebt auf dem Kissen davon. Sein runzliges braunes Gesichtchen schaut aus dem weißen Mull, und das dünne weinerliche Piepsen hört nicht auf.

Wasser läuft aus den Hähnen. Anna Nikolajewna zieht gierig an der Zigarette, kneift vor dem Rauch die Augen zu, hustet.

»Gut haben Sie die Wendung gemacht, Doktor, so sicher.«

Ich bürste mir eifrig die Hände und werfe ihr einen Seitenblick zu, ob sie auch nicht lacht. Aber ihr Gesicht zeigt den ehrlichen Ausdruck stolzer Genugtuung. Ich bin von Herzen froh. Ich blicke auf die blutige und weiße Unordnung ringsum, auf das rote Wasser in der Schüssel und fühle mich als Sieger. Nur in der Tiefe regt sich der Wurm des Zweifels.

»Erst mal sehen, was weiter wird«, sage ich.

Anna Nikolajewna starrt mich verwundert an.

»Was kann noch sein! Alles gut verlaufen.«

Ich murmele etwas. Eigentlich liegt mir auf der Zunge: Wer weiß, ob bei der Mutter alles heil ist, ob ich ihr nicht bei der Operation einen Schaden getan habe. Das ist es, was mir auf dem Herzen lastet. Meine Kenntnisse in Geburtshilfe sind so ungenau, so angelesen und Iückenhaft! Ruptur? Wie äußert sie sich? Und wann macht sie sich bemerkbar, sofort oder vielleicht erst später? Nein, lieber nicht über dieses Thema reden.

»Nun, alles mögliche kann sein«, sage ich, »eine Infektion ist nicht ausgeschlossen.« Dieser Satz aus dem Lehrbuch kommt mir eben in den Sinn.

»Ach so!« sagt Anna Nikolajewna gedehnt und beruhigt. »Na, mit Gottes Hilfe wird nichts sein. Woher auch? War doch alles steril und sauber.«

Es war kurz nach eins, als ich in meine Wohnung zurückkehrte. Auf dem Tisch im Arbeitszimmer lag im Lichtkreis der Lampe friedlich der Döderlein, aufgeschlagen bei dem Kapitel »Die Gefahren der Wendung«. Eine Stunde noch saß ich da, trank kalten Tee und blätterte in dem Buch. Und nun geschah etwas Interessantes: Die früher unklaren Stellen wurden ganz begreiflich, füllten sich gleichsam mit Licht, und hier in der Einöde, im nächtlichen Lampenschein, begriff ich, was das bedeutet – wirkliches Wissen.

Auf dem Lande kann man große Erfahrungen sammeln, dachte ich beim Einschlafen, aber man muß lesen, lesen, soviel wie möglich lesen.

Ernest Hemingway

Indianerlager

Am Seeufer war noch ein Ruderboot heraufgezogen. Die beiden Indianer standen wartend da.

Nick und sein Vater setzten sich hinten ins Boot; die Indianer stießen es ab, und einer stieg ein, um zu rudern. Onkel George saß im Heck des Lagerruderbootes. Der junge Indianer stieß das Lagerboot ab und stieg ein, um Onkel George zu rudern.

Die beiden Boote brachen in der Dunkelheit auf. Nick hörte das Geräusch von den Ruderdollen des anderen Bootes ein ganzes Stück entfernt vor sich im Nebel. Die Indianer ruderten mit schnellen, abgehackten Schlägen. Nick legte sich zurück in den Arm seines Vaters. Auf dem Wasser war es kalt. Der Indianer, der sie ruderte, arbeitete angestrengt, aber das andere Boot entfernte sich immer weiter im Nebel.

»Wo fahren wir hin, Vati?« fragte Nick.

»'rüber ins Indianerlager. Eine Indianerin ist sehr krank.«

»So!« sagte Nick.

Jenseits der Bucht fanden sie das andere Boot schon festgemacht. Onkel George rauchte im Dunkeln eine Zigarre. Der junge Indianer zog das Boot ein Stück den Strand hinauf. Onkel George gab beiden Indianern Zigarren.

Sie gingen vom Strand hinauf durch eine taufrische Wiese und folgten dem jungen Indianer, der eine Laterne trug. Dann kamen sie in den Wald und folgten einer Spur, die auf den Holzfällerweg führte, der in den Hügeln verlief. Auf dem Holzfällerweg war es viel heller, weil die Bäume zu beiden Seiten gefällt waren. Der junge Indianer blieb stehen und blies seine Laterne aus, und sie gingen alle weiter den Weg entlang.

Sie bogen um eine Wegkrümmung, und ein Hund ging

kläffend auf sie los. Vor ihnen waren die Lichter der Blockhütten, in denen die indianischen Borkenschäler lebten. Noch mehr Hunde stürzten auf sie los. Die beiden Indianer jagten sie zu den Blockhütten zurück. In der Blockhütte, die dem Weg am nächsten lag, war ein Licht im Fenster. Eine alte Frau stand auf der Türschwelle und hielt eine Lampe.

Drinnen auf einer hölzernen Pritsche lag eine junge Indianerin. Seit zwei Tagen versuchte sie ihr Kind zu bekommen. Alle alten Frauen aus dem Lager hatten ihr geholfen. Die Männer hatten sich auf der Straße außer Hörweite gebracht und saßen rauchend im Dunkeln. Sie schrie gerade, als Nick und die beiden Indianer hinter seinem Vater und Onkel George die Blockhütte betraten. Sie lag sehr dick unter ihrem Federbett in der unteren Bettkoje. Ihr Kopf war zur Seite gedreht. In der oberen Bettkoje lag ihr Mann. Er hatte sich vor drei Tagen mit der Axt böse in den Fuß gehackt. Er rauchte eine Pfeife. Die Stube roch sehr schlecht. Nicks Vater ließ Wasser auf den Herd stellen und sprach, während es heiß wurde, mit Nick.

»Nick«, sagte er, »die Frau da bekommt ein Kind.«

»Ich weiß«, sagte Nick.

»Du weißt nicht«, sagte sein Vater, »hör zu! Was sie jetzt durchmacht, nennt man Wehen. Das Kind will geboren werden, und sie will, daß es geboren wird. All ihre Muskeln arbeiten, um das Kind zu gebären. Das geschieht, wenn sie schreit.«

»Ach so«, sagte Nick.

Gerade in dem Augenblick schrie die Frau auf.

»Vati, kannst du ihr nicht irgendwas geben, damit sie aufhört zu schreien?« fragte Nick.

»Nein«, sagte sein Vater, »ich habe kein Betäubungsmittel da. Aber ihr Schreien ist unwichtig. Ich höre es gar nicht, weil es unwichtig ist.«

Der Ehemann in der oberen Koje rollte hinüber zur Wand.

Die Frau in der Küche bedeutete dem Doktor, daß das

Wasser heiß sei. Nicks Vater ging in die Küche und goß ungefähr die Hälfte des Wassers aus dem großen Kessel in eine Schüssel. In das zurückgebliebene Wasser im Kessel legte er verschiedene Sachen, die er aus einem Taschentuch auswickelte.

»Die müssen kochen«, sagte er und begann sich die Hände mit einem Stück Seife, das er aus dem Lager mitgebracht hatte, in der Schüssel mit heißem Wasser abzuschrubben. Nick beobachtete die Hände seines Vaters, die einander mit Seife abschrubbten. Während sich sein Vater sehr sorgfältig und gründlich die Hände wusch, redete er.

»Siehst du, Nick, eigentlich sollen Kinder mit dem Kopf zuerst zur Welt kommen, aber manchmal tun sie's nicht. Wenn sie's nicht tun, gibt es für alle große Schwierigkeiten. Vielleicht muß ich diese Frau operieren; es wird sich bald herausstellen.«

Als er mit seinen Händen zufrieden war, ging er hinein und an die Arbeit.

»Zieh mal das Federbett weg, ja, George?« sagte er. »Ich möchte es lieber nicht anfassen.«

Nachher, als er zu operieren anfing, hielten der Onkel und drei Indianer die Frau fest. Sie biß Onkel George in den Arm, und Onkel George sagte: »Verdammtes Indianerweib«, und der junge Indianer, der Onkel George herübergerudert hatte, lachte ihm zu. Nick hielt seinem Vater die Schüssel. Das Ganze dauerte sehr lange.

Sein Vater nahm das Kind auf und schlug es, damit es atmete, dann reichte er es der alten Frau.

»Sieh mal, Nick, ein Junge«, sagte er. »Na, wie gefällt's dir als Assistent?«

Nick sagte: »Gut.« Er guckte weg, um nicht zu sehen, was sein Vater machte.

»So, da haben wir's«, sagte sein Vater und tat etwas in die Schüssel.

Nick sah nicht hin.

»Jetzt«, sagte sein Vater, »muß ich noch ein paar Stiche

machen. Du kannst zusehen, oder nicht, Nick, wie du willst. Ich muß den Schnitt nähen, den ich gemacht habe.«

Nick sah nicht hin; mit seiner Neugier war es längst vorbei.

Sein Vater war fertig und stand auf. Onkel George und die drei Indianer standen auf. Nick trug die Schüssel hinaus in die Küche.

Onkel George besah seinen Arm. Der junge Indianer lächelte erinnerungsvoll.

»Ich werde es dir mit Wasserstoff auswaschen, George«, sagte der Arzt.

Er beugte sich über die Indianerin. Sie war jetzt still, und ihre Augen waren geschlossen. Sie sah sehr blaß aus. Sie wußte nicht, was aus dem Kind geworden war, noch sonst etwas.

»Ich komme morgen früh wieder«, sagte der Doktor sich aufrichtend. »Die Pflegerin aus St. Ignaz wird wohl gegen Mittag hier sein und alles, was wir brauchen, mitbringen.«

Er war aufgeregt und gesprächig, wie Fußballspieler im Ankleideraum nach dem Kampf.

»Das ist was fürs ›Medizinische Wochenblatt‹ George«, sagte er, »ein Kaiserschnitt mit dem Jagdmesser und eine Naht mit einem neun Fuß langen gedrehten Darm.«

Onkel George stand an der Wand und besah seinen Arm.

»Du bist 'n großer Mann, aber gewiß doch«, sagte er.

»Muß wohl noch einen Blick auf den stolzen Vater werfen. Gewöhnlich leiden die bei diesen kleinen Angelegenheiten am meisten«, sagte der Doktor. »Ich muß sagen, der hier hat sich nicht sehr angestellt.«

Er zog dem Indianer die Decke vom Kopf. Seine Hand war naß. Er stieg auf die Kante der unteren Bettkoje, hielt die Lampe in der Hand und sah hinein. Der Indianer lag mit dem Gesicht zur Wand. Sein Hals war durchschnitten, von einem Ohr zum anderen. Das Blut war, wo sein Körper die Bettkoje belastete, zu einer Lache zusammengeflossen. Der Kopf ruhte auf dem linken Arm. Das offene Rasiermesser lag mit der Schneide nach oben zwischen den Dekken.

»George, nimm Nick raus«, sagte der Doktor.

Das war überflüssig. Nick konnte von der Küchentür aus, wo er stand, genau sehen, was in der oberen Koje vorging, als sein Vater, der in einer Hand die Lampe hielt, den Kopf des Indianers zurücklegte.

Es fing gerade an zu dämmern, als sie den Holzfällerweg zurück zum See gingen.

»Tut mir schrecklich leid, Nickie, daß ich dich mitgenommen habe«, sagte sein Vater. Verschwunden war die gehobene Stimmung, die der Operation gefolgt war. »Scheußlich, daß du das mitmachen mußtest.«

»Müssen Frauen immer so viel ausstehen, um Kinder zu bekommen?« fragte Nick.

»Nein, das war ganz, ganz außergewöhnlich.«

»Warum hat er sich denn umgebracht, Vati?«

»Ich weiß nicht, Nick. Wahrscheinlich konnte er es nicht aushalten.«

»Bringen sich viele Männer um, Vati?«

»Nicht sehr viele, Nick.«

»Und Frauen?«

»Fast nie.«

»Überhaupt nicht!«

»O doch, manchmal.«

»Vati?«

»Ja?«

»Wo ist denn Onkel George hin?«

»Der wird schon wieder auftauchen.«

»Ist Sterben schwer, Vati?«

»Nein, ich glaube, es ist ziemlich leicht, Nick. Es kommt drauf an.«

Sie saßen im Boot, Nick im Heck; sein Vater ruderte. Die Sonne stieg über den Bergen auf. Ein Barsch schnellte hoch und machte einen Kreis im Wasser. Nick ließ seine Hand im Wasser schleifen. Es fühlte sich warm an im schneidenden Morgenfrost.

Am frühen Morgen auf dem See, als er im Heck des Bootes seinem rudernden Vater gegenübersaß, war er überzeugt davon, daß er niemals sterben würde.

Gamil Atija Ibrahim

Hinab zum Meer

Kurz nach Mitternacht – in der Praxis drängten sich die Patienten – bat ihn Dr. Saber, doch nachsehen zu gehen, wie es um eine Geburt ganz in der Nähe der Praxis stehe.

Dr. Asmi folgte der Krankenschwester die Treppe hinunter, dann über einen kleinen Platz und schließlich durch einen ungepflasterten Hof – und befand sich mitten im Friedhof! Von mattem Mondlicht erhellte Grabsteine blickten ihn an. Die junge Frau eilte durch die gewundenen Gäßchen, mit der einen Hand hielt sie die Tasche, mit der anderen klopfte sie an die Gräbertüren und wechselte dann ein paar Worte mit den Frauen, die an den Fenstern standen. Radiolärm zerriß die Stille, der Gestank von Fäkalien und Moder stieg ihm in die Nase, und die Schatten der Bäume verfolgten ihn auf der Erde, bald vor ihm, bald hinter ihm, und liefen ihm, gespenstergleich, in die Beine. Seine Füße versanken im Morast.

»Das Haus dort hinter den Armengräbern ist es«, sagte die junge Frau.

[...]

Eine helle, im Wind schaukelnde Lampe, unter der ein getrocknetes Krokodil hing, beleuchtete die Vorderseite eines viereckigen Hauses. Vorsichtig folgte Asmi der jungen Frau, er sah einen kleinen Hof und im Obergeschoß einen Balkon, auf dem Frauen miteinander schwatzten.

Hinter der Krankenschwester stieg Asmi eine Treppe hinauf, die völlig im Dunkeln lag. Das Kleid der Schwester flatterte, und Asmi spürte durch seine leichten Hosen den Saum an seinem Knie. Ihr lang herabfallendes Haar, schwärzer noch als die Dunkelheit, berührte seine Stirn, während er hinter ihr die Treppe bis zu einem Absatz hinaufstieg, von dem aus man auf eine kleine Kuppel sehen konnte. Daneben lag, hinter einer halboffenen Tür, ein erleuchtetes Zimmer, aus dem Licht auf den ganzen Treppenabsatz fiel, bis zu einer viereckigen Säule, an der es hochkletterte. Licht aus einem offenen Fenster warf auf Treppenabsatz und Balkon den Schatten eines Bettes.

Die Krankenschwester stieß die Tür auf und kündigte den Frauen Dr. Asmi an, den diese argwöhnisch betrachteten, da sie Dr. Saber erwartet hatten.

Die Wöchnerin, mit einem Bauch, dick wie ein Wasserschlauch, lag auf einem hohen Bett, den Kopf zur Tür gewandt, die Beine zur Wand hin gespreizt. Ihr Gesicht war schweißüberströmt, ihr zerzaustes Haar umgab ihren Kopf auf einem dunklen Kissen, ihre Hand ruhte unter der Brust auf ihrem Bauch, sie keuchte. Mitten im Zimmer stand ein kleiner Holztisch mit wassergefüllten Kannen und zwei Emailbecken darauf.

Eine untersetzte Frau mit einem Tuch in der Hand, von dem das Wasser tropfte, stand neben der Liegenden und massierte ihr mit dem einen Ende das Gesicht und trocknete es ihr mit dem anderen.

Während Asmi sich die Handschuhe anzog, warf er einen kurzen, prüfenden Blick in die Runde. Das Schweigen der Frau, ihre Unfähigkeit zu schreien und ihr starrer Blick beunruhigten ihn. Er nahm ihre Hand und fühlte den Puls, dann legte er durch die weite Öffnung an ihrem Gilbab ein Stethoskop auf ihre Brust. Die Frau wurde unruhig, sie zitterte und schob mit der Hand das Abhörgerät von der Brust weg.

»Das Ding ist eiskalt«, flüsterte sie.

Asmi zog das Instrument hervor und legte es an seine Wange. Er roch den Schweiß der Frau. »Sie haben recht«, gab er zu. Er nahm das Instrument in die Hand und rieb es, um es zu erwärmen. »Das erste?« wollte er wissen, worauf sie entgegnete: »Ich hab schon drei.«

Sie war jung, ein hübsches Gesicht, aber erschöpft, und

ihre Hände waren rissig. Sie winkelte die Beine an und öffnete die Knie; das Laken, das darüber lag, bildete ein Zelt.

Asmi machte den Frauen ein Zeichen zu gehen, und sie zogen sich zurück bis auf die Frau, die das Tuch hielt. »Ich stehe Ihnen zu Diensten, ich bin die Hebamme«, stellte sie sich vor. »Wird schon alles gutgehen. Ich habe schon ganz schön was zur Welt gebracht, und alles gesund und munter.« Fast hätte sie ihn noch angeknurrt: »Verquere Zeiten, wo Ärzte bis hierher ins Armengrab kommen.« Aber sie behielt ihren Ärger für sich.

Als Asmi nichts erwiderte und sie als einzige von den Frauen bleiben ließ, faßte die Hebamme Mut. »Schon mehr als fünfzig Wehen«, erklärte sie. »Sie hat nur noch zwei Stunden vor sich. Unsre Herrin Aischa möge ihr beistehen.«

Asmi drückte der Frau ganz unten auf den Bauch. Ein Stück schwarzes Wachstuch mit geronnenem Blut war zwischen ihren gespreizten Beinen zu sehen. Es gehörte wie die beiden Becken der Hebamme, und Asmi vermied, es zu berühren, bevor er mit seinen Händen das Kind herauszuziehen begann.

Die Frau stieß einen langen Schrei aus, während die Hebamme wie eine Katze lauerte und »Pressen! Pressen!« schrie.

Der Arzt nahm den Kopf des Kindes und zog. Die Krankenschwester reichte ihm ein Stück Watte, mit dem er ihm Augen und Gesicht wischte. Das Kind rang nach Luft und schrie. Die Hebamme trillerte jubelnd: »Ein Junge! Ein Junge!« rief sie.

Stürmische Freude brach unter den Frauen aus. Jubelnd drängten sie ins Zimmer. »Schnell, schnell ein Telegramm in den Irak!«

Plötzlich übertönte ein Schrei ihr Jauchzen und Jubeln und zerriß die Schleier der Nacht. »Raus! Raus!«

Asmi reichte der Krankenschwester den Säugling, damit sie ihm die Nabelschnur abschnitte und ihn wusch. Dann holte er hastig eine Spritze aus seiner Tasche und stach sie der Frau in den Arm, während sein Blick fest auf ihre erloschenen Augen geheftet war. Er riß ihr den Gilbab auf und begann, ihr die Brust über dem Herzen zu massieren. Dann ließ er ihr aus einem Fläschchen einige Tropfen unter die Zunge fallen und rief: »Tür auf! Luft!«

Die Hebamme drückte den Säugling an sich und schlug sich mit einer Hand angstvoll auf die Brust. »Welch ein Unglück, welch ein Elend! Sie ist ohnmächtig, die Arme!« jammerte sie.

Die Atmosphäre draußen und im Zimmer war wie elektrisiert. Asmi holte einen Stuhl heran, stieg darauf und löste die Hängelampe, die mit einem langen Draht festgeknotet war. Er führte die heiße Birne dicht an die Augen der Frau, die ihr Gesicht daraufhin vom Licht abwandte. Der Arzt folgte ihrer Bewegung mit der Lampe, und die Frau schloß irritiert die Augen.

Die Hebamme zog sich erschrocken zurück und murmelte vor sich hin: »Dieses Jahr gebären die Frauen ihre Kinder und sterben dann an Herzversagen.« Und in Gedanken fügte sie hinzu: Gott sei Dank ist diesmal der Arzt dabei. Niemand könnte ihr Nachlässigkeit vorwerfen.

Der Arzt nahm der Hebamme den Säugling ab, legte ihn der Mutter auf die Brust und untersuchte ihn gründlich mit dem Stethoskop. Dann drückte er ihn ihr mit den Worten »Meinen Glückwunsch! Alles Gute und Gottes Segen!« in die Arme.

»Gott segne Sie!« erwiderte die Frau glücklich lächelnd.

Bevor Asmi das Zimmer verließ, sagte er noch: »Die Mutter braucht etwas Warmes.«

Auf dem Treppenabsatz blieb er stehen und wartete auf die Krankenschwester. Beim Gedanken an den Rückweg war ihm unwohl zumute. Dann folgte er schweigend der jungen Frau. Eine Geburt auf dem Friedhof. Am Rande und an der Grenze des Todes. Zum erstenmal in seinem Leben philosophierte er. Der Tod, den er an der Universität und im Krankenhaus kennengelernt hatte, schien etwas anderes,

Fremdes, etwas, das fern war und das es eigentlich erst gab, seit er ihm hier begegnet und auf dem Friedhof über die Leiber der Toten geschritten war.

Der Tod, auf den er heute nacht gestoßen war, war der eigentliche Tod, und das Leben, das er in seinen Händen empfangen hatte, war das eigentliche Leben.

Die Fenster standen offen. Männer schlenderten in ihren weiten Galabijas umher, ihre Schatten huschten über die Grabkuppeln und die durchgeweichte Erde; Geräusche, mal lauter, mal leise, drangen an sein Ohr, als ob Menschen sich die Nacht mit Geschichten und Berichten verkürzten.

Aus einiger Entfernung rief ein junger Mann die Krankenschwester. Seine Stimme kam in der Finsternis von einem Hügel herab, und nichts verriet, woher sie kam, außer ein paar Streichhölzern und ein paar Zigaretten. Die junge Frau starrte in die Finsternis und ging furchtlos auf die Männer zu, die sie beschimpfte und schalt, weil sie Haschisch rauchten.

[...]

Dr. Saber hatte einige Minuten vor Asmis Rückkehr den letzten Patienten behandelt. Seine Erschöpfung war verschwunden und die Müdigkeit aus seinen Augen gewichen. Er begrüßte Asmi und bot ihm aus dem kleinen Kühlschrank in seiner Praxis etwas zu essen an, dazu einen Whisky. Sie aßen, tranken und rauchten; die Krankenschwester war gegangen.

Asmi aß reichlich, und sie plauderten bis Tagesanbruch. Zuletzt bat ihn Saber, nochmals die Wöchnerin aufzusuchen, um sicherzugehen, daß sie und das Neugeborene wohlauf seien. »Es ist schließlich ein Junge, Asmi«, sagte er zu ihm, »ein Junge. Und ein Spaziergang am Morgen, das tut sehr gut.« Sie gingen hinaus.

Saber legte eine Kufija um seinen Hals und nahm seine Tasche. Asmi ging neben ihm. Die Bügelfalten seiner Hosen hatten durch das viele Sitzen und Aufstehen gelitten, und der verschmutzte Kragen seines Hemdes scheuerte, weshalb er sich ein Tuch um den Hals band, die Krawatte abnahm und sie in die Hosentasche steckte.

Draußen war es totenstill, die Gassen waren leer, die Staubwolken hatten sich verzogen, der Modergeruch war verschwunden, die frische Luft des Berges lag über allem und erinnerte ihn an salzige Meeresluft.

Friedhöfe, eingesunken in die Umarmung des Berges. Die Sonne schüttelte erwachend den Staub der Nacht ab, fein und leicht fielen ihre ersten Strahlen über den Berg, und der klare aschfarbene Himmel überflutete silbern die Gegend.

Saber stampfte mit dem Schuh auf den Boden, um den Schmutz abzuklopfen. »Sind Sie je zuvor zum Meer hinabgegangen, Asmi?« fragte er.

»Schon oft, Herr Kollege«. erwiderte dieser. »Ich stamme aus Alexandria.«

Saber erklärte genauer, was ihm durch den Kopf ging. »Ich meine nicht das Mittelmeer.«

Asmi schien überrascht. »Was meinen Sie denn dann?« fragte er. »Etwa den Nil?«

Saber streckte die Hand aus und zeigte nach vorn. »Dieses Meer hier meine ich«, erwiderte er. »Das Meer, das sich vor uns erstreckt. Das Meer Kairos. Das Gräbermeer. Das ist das eigentliche Meer. Das Inferno. Arme, Hungernde, Diebe, Reiche, Händler, Huren, Homos, Drogensüchtige. Eine seltsam verrückte Welt voll guter Menschen.«

Sie betraten den Friedhof. Ein prächtiges Grab und ein Gärtner, der auf die verkommenen Menschen schimpfte, die bei Nacht dort ihre Notdurft verrichteten; er streute Erde darüber. Asmi sah seine Fußspuren vom Vorabend.

Erich Loest

Ein Mann hat Angst

Als sie am Abend spazierengegangen waren und unter viel Kichern und Vorsicht über den Zaun eines gewissen Herrn Kausch (wie das Schild an der Gartentür verriet) hinweg ein Bündel Forsythia gestohlen hatten, waren sie nicht auf die Idee gekommen, daß in dieser Nacht noch so viel geschehen würde. »Machst du das?« hatte die Frau fröhlich gesagt. »Wenn ich jetzt mause, dann maust der Sohn sein ganzes Leben lang.« Und ihr Mann hatte die Stengel gebrochen und geantwortet: »Steh du richtig Schmiere, dann kriegst du einen Jungen, der immer gut aufpaßt. Der kommt dir dann nie unter die Straßenbahn.« Dann gingen sie heim.

Zu Hause briet er schnell zwei Eier und schnitt Brot ab. Die Bewegungen seiner Frau waren langsamer als Monate vorher; und er dachte, als er sie einmal von der Seite sah: Hoffentlich ist es bald so weit, hoffentlich ist sie bald nicht mehr so stark und der Sohn da. – Man sollte das eigentlich nicht aussprechen, überlegte er sich, es könnte Renate mißfallen; aber dann sagte er doch: »Hoffentlich ist der Bauch bald weg.«

Sie lachte und war nicht um eine Spur verletzt: »Du denkst wohl, mir gefällt das?« Er freute sich, wie vernünftig er mit ihr reden konnte. »In zehn Tagen ist es so weit«, sagte sie. »Wenn es noch länger dauerte, hätte ich richtige Wut. Der Kerl kann nun tatsächlich bald kommen.«

Sie sprachen beim Essen dies und das, besonders aber darüber, wie eigenartig es war, daß sie beide immer mit Sicherheit annahmen, es würde ein Sohn werden. »Und wenn es nun doch eine Tochter wird?«

»Dann verliere ich ein Dutzend Wetten. Dann hat deine Tochter einen bettelarmen Vater.«

Sie waren beide müde. Die Frau räumte das Geschirr zusammen. Er wusch sich Hände und Gesicht, hätte sich um ein Haar die Zähne geputzt, war aber dann doch zu faul und sagte matt und langsam: »Ich gehe jetzt ins Bett.« Er stieg aus den Kleidungsstücken. »Kommst du bald?« rief er; aber seine Frau schien ihn nicht zu hören, und ihm war die Antwort nicht so wichtig, daß er ein zweites Mal gerufen hätte.

Während er las, kam die Frau ins Schlafzimmer, setzte sich auf den Bettrand und begann, sich auszukleiden. Früher hatte er ihr dabei zugesehen, aber jetzt unterließ er es, wissend, daß es ihr unangenehm war, in ihrer Fülle betrachtet zu werden. Als sie sich niederlegte, merkte er, wie schwer und unbeweglich sie war. Sie stöhnte ein bißchen, wälzte sich, lag ruhig, ohne zu atmen, atmete dann sehr flach und schnell.

Er bemerkte dies alles, während er las. Dann nahm sie mit einem Ruck den Arm unter den Kopf. »Weißt du, was jetzt los war?«

Er legte das Buch nieder. Ihr Gesicht erschien ihm lebhaft und gespannt.

»Ich habe jetzt eine Wehe gehabt.«

»Was soll denn das heißen«, sagte er unüberlegt.

»Mindestens eine Minute lang.«

»Sehr?«

»Ich weiß nicht.«

»Und was ist jetzt?«

»Jetzt ist alles wie sonst. Ach«, sagte sie schnell, als sie die Besorgnis in seinem Gesicht sah, »das ist gar nicht schlimm, das sind bloß Senkwehen. Du denkst wohl, es geht schon los? Die Senkwehen hat man immer so zwei Wochen vorher. Das ist durchaus in Ordnung.«

»Ich fürchtete schon, unser Sohn überrascht uns.«

»Ach wo.« Und sie lachte, weil er wieder einmal so wenig Ahnung in diesen Dingen bewiesen hatte.

Dann las er wieder, einigermaßen beruhigt, bis seine Frau nach einer Viertelstunde ihre Zeitung niederlegte und sagte: »Jetzt wieder.«

»Verflucht noch mal, und was ist, wenn es jetzt losgeht?«

Sie lachte: »So schnell geht das nicht.« Er überlegte, daß sie niemanden in diesem Haus kannten, in das sie erst vor wenigen Wochen gezogen waren. Wenn das Kind jetzt käme, dachte er, könnte Renate nicht in die Klinik gebracht werden, vielleicht kam die Hebamme zu spät, vielleicht ging dann alles schief, vielleicht ...

»Vorbei.«

»Ob ich die Hebamme hole?«

»Ach wo.«

So ging das noch zweimal; beim drittenmal stand er auf, holte sich eine Zigarette, setzte sich rauchend ins Bett und betrachtete seine Frau aufmerksam. Sie sah nicht anders aus als sonst und schien vergnügt zu sein. »Senkwehen«, sagte sie heiter, »kleine, liebe Senkwehen.« Und: »Schlaf nur ruhig.«

»Na gut. Und wenn die Sache schlimmer wird, weckst du mich!«

»Klar.«

Sie küßten sich und sagten, wie es in den letzten Wochen bei ihnen üblich geworden war, in einer Art, die sie für babyhaft hielten: »Dude Nachd!« –

Der Mann wurde wach und sah, daß das Licht auf dem Nachttisch seiner Frau brannte. Er drückte sich hoch. Renate saß im Bett, mit Kopf und Schulter gegen die Rückwand gelehnt. Ihr Profil war sehr scharf, sie schien blaß geworden zu sein und atmete so stark, daß es fast ein Stöhnen war. »Alle acht Minuten jetzt.«

»Senkwehen?«

»Ich glaube, es sind richtige.«

»Ich habe das satt«, sagte er, »ich hole die Hebamme.«

»Jetzt noch nicht, das hat noch keinen Zweck.«

Der Wecker zeigte auf Viertel vor drei.

Der Mann vermochte nicht mehr zu schlafen. Er hielt die Augen geschlossen und dachte nach. Er wollte einen Plan für sein Verhalten in den nächsten Stunden machen, da er immer sehr für Pläne war; aber er sah ein, daß das nicht ging.

Ihm fiel ein, was er immer für Angst vor der Geburt seines Kindes gehabt hatte. Sein Vorhaben war gewesen, Renate beizeiten in die Klinik zu bringen, um ja nichts von der Geburt hören oder sehen zu müssen. Oder er hatte die Schwiegermutter holen und sich zu einem Freund flüchten wollen. Geburt: das war für ihn Geschrei, Gestöhn, hochgekrempelte Ärmel, Mullbinden, blutbeschmierte Arme, Blut überhaupt auf Laken, in Schüsseln und Töpfen, dann Arzneigeruch, allerlei ärztliche Instrumente, besorgte Mienen, erregte Frauen, Schmerzen, riesige Aufregung, hochrote Gesichter, Lebensgefahr für Mutter und Kind, Spritzen, Schreie, markerschütternde Schreie ...

Das hilft nun alles nichts, wurde ihm klar. Die Klinik ist nicht aufnahmebereit, da das Kind zu zeitig kommt. Die Schwiegermutter kann so schnell nicht geholt werden. Die Hebamme muß her, notfalls der Arzt. Und dann muß ich wahrscheinlich helfen. Dann muß ich wohl durch diese Sache hindurch. Das wird nicht einfach werden. In den nächsten Stunden werde ich mich verdammt zusammennehmen müssen. Das wird nicht leichter sein als ein Schlachtfliegerangriff, ein durchgegangener Bulle, ein Panzer zwanzig Meter vor dem Loch oder ein Krampf im Bein, wenn man mitten auf dem See schwimmt.

Er mußte wohl doch geschlafen haben, denn der Wecker zeigte auf zehn vor fünf, als er wieder nach Renate sah. Sie saß aufgerichtet und legte sich einmal nach der einen, einmal nach der anderen Seite. Dabei atmete sie schwer und stoßartig. »Die Wehen kommen jetzt schon alle fünf Minuten«, sagte sie, als sie sah, daß er wach war.

»Nun gehe ich aber.« Er stand auf und begann, sich schnell anzukleiden. Er fühlte das dringende Bedürfnis, sich zu waschen, wagte aber nicht, darauf einige Minuten zu verwenden.

»Du kannst dir ruhig Zeit lassen.«

»Besser, ich beeile mich jetzt, als daß es nachher zu spät ist.«

Er aß im Stehen ein Stück Brot, da er es auf den Tod nicht leiden konnte, mit leerem Magen, und wenn es nur für eine halbe Stunde war, den Tag zu beginnen. Er zog, während er noch kaute, den Mantel über und suchte nach Zigaretten. Es ist gut, dachte er, daß ich gestern abend noch Zigaretten gekauft habe. Ich werde sie nötig brauchen.

»Du kannst die Hebamme nicht verfehlen«, hörte er aus der Schlafstube heraus sagen, »nach der Haltestelle ist es die zweite Querstraße links. Hausmann. Da ist ein großes Schild an der Haustür.«

»Ich finde es schon. Also mach's gut.«

»Ja, und du brauchst dich nicht zu beeilen.«

Die Nacht mußte Regen gebracht haben. Das Pflaster war naß, und an manchen Stellen standen Pfützen. Es war die Stunde, in der der Tag sich leise zu erheben beginnt, der Himmel hell wird, ohne noch den Straßen Licht zu geben, in der Boden und Pflanzen stärker und kraftspendender riechen als zu jeder anderen Zeit. Es war noch sehr still; nur ein einziges Fenster fand der Mann erleuchtet, und er wußte nicht, ob die Leute dahinter noch oder schon wach waren. Wahrscheinlich schon; aber der Mann vermochte sich zu erinnern, zu eben dieser Zeit, als Luft und Erde ebenso gerochen hatten, bisweilen nach Hause gekommen zu sein, noch trunken oder schon wieder nüchtern, mit angenehmen oder trüben Erinnerungen und mit einem sehr starken Bedürfnis nach Schlaf. Und jetzt ging er um die gleiche Zeit von zu Hause fort, um Hilfe zu holen für die Geburt seines Sohnes.

Weit entfernt fuhr eine erste Straßenbahn. Der Mann hörte auf die Geräusche des Morgens, rauchte beim Gehen und empfand das Besondere seiner Lage. An diesem Tage, am zweiten, nein, am dritten April würde nun sein Sohn geboren werden, mit großer Wahrscheinlichkeit wenigstens. Nach diesem Tag würde er Vater sein, die Renate Mutter, seine Schwester Tante, seine Großmutter … Nach diesem Tag würde alles anders sein; dann war die Jugendzeit endgültig vorbei, dann war man Erzieher, Familienoberhaupt und Angehöriger der Steuerklasse III.

Der Mann dachte beim Gehen an seine Frau, was sie jetzt tun und wie sie leiden würde. Er hoffte inbrünstig, dieser Tag möchte gut vorübergehen, seiner Frau das Leben lassen und dem Kind das Leben schenken, ohne viel Schmerzen für beide. Er wurde sich klar, daß seine Furcht vor einem Erleben der Geburt vornehmlich auf dem Zweifel beruht hatte, die Leiden seiner Frau mit ansehen zu können. Deshalb die Angst, deshalb das Suchen nach einem Ausweg, der nun durch die Umstände verbaut war.

Haltestelle, erste Querstraße, zweite. Bäume. Gaslaternen, deren Licht durch die wachsende Helle des Himmels erdrückt wurde. Ein metallenes Schild: Hausmann, Hebamme. Die Tür war offen.

Der Mann klingelte an der Wohnungstür. Er lauschte, hörte Geräusche; dann öffnete sich ein Fensterchen in der Tür, und ein ältliches, unordentliches, verschlafenes Frauengesicht fragte heiser: »Sie wünschen?«

»Mein Name ist Gärtner, sagte der Mann sehr schnell, »guten Morgen. Ich komme wegen meiner Frau. Sie ist schon einmal bei Ihnen gewesen, und nun geht es eher los, und da wollte ich ...«

»Wo wohnen Sie?«

Der Mann sagte es.

»Das wievielte Kind?«

»Das erste.«

Die Hebamme fragte nach dem Befinden der Frau, der Häufigkeit und der Stärke der Wehen. »Ich komme gleich mit«, sagte sie. »Warten Sie bitte hier.« Die Hebamme öffnete, ließ eintreten, bot einen Stuhl an. »Ist jemand bei Ihrer Frau?«

Der Mann verneinte.

»Das ist sehr leichtsinnig von Ihnen.«

Während der Mann wartete, dachte er an Renate und hoffte, es möchte sich nichts verändert haben.

Als der Mann die Tür seiner Wohnung aufgeschlossen hatte, war er sehr froh, daß er Renate in der Küche sitzen sah. Sie hatte einen Bademantel umgetan, erhob sich und ging, um ein Lächeln bemüht, auf die Eintretenden zu.

»Wenn ich das Gesicht sehe«, sagte die Hebamme, »weiß ich schon Bescheid. Da will ich nur gleich wieder gehen.« Aber dann erbot sie sich, die Frau zu untersuchen, fragte den Mann nach warmem Wasser und sagte, als sie abschlägig beschieden wurde: »Ehe Sie die Hebamme holen, müssen Sie erst viel warmes Wasser bereitstellen.« Sie setzte schnell hinzu, als sie sein betretenes Gesicht sah: »Das für das nächste Kind!«

Der Mann entzündete die Gasflamme, setzte einen Topf mit Wasser auf und aß ein Stück Brot. Mit seinen Gedanken war er dabei teils drüben im Schlafzimmer, teils versuchte er vergeblich, einen Plan für sein Verhalten in den nächsten Stunden aufzustellen.

»Das dauert noch ein paar Stunden, Herr Gärtner«, sagte die Hebamme, als sie wieder in die Küche kam. »Sie können heute nicht zur Arbeit gehen, Ihre Frau ist heute wichtiger. Sie müssen jetzt in der Schlafstube heizen, damit Ihr Kind dann nicht friert. Und viel warmes Wasser!«

Damit das Kind dann nicht friert, dachte er. Das Kind, mein Kind, unser Sohn. Unser Sohn! »Wann wird es so weit sein?«

»Gegen zwei oder drei, vielleicht auch schon um elf. Man weiß das nie so genau.«

Heute noch, dachte er, heute noch.

Die Hebamme ging und versprach, um neun zurück zu sein. »Um neun«, bat er. »Bitte seien Sie pünktlich.«

Draußen war es inzwischen längst Tag geworden, diesiger, trüber Tag. Der Mann öffnete die Fenster und fand, daß ihm, unausgeschlafen wie er war, die kalte, frische Luft gut tat. Er räumte ein wenig auf und machte sich daran, das schmutzige Geschirr, das in der Küche herumstand, abzuwaschen. Seine Frau ging inzwischen in der Wohnung auf und ab, tat hier einen Handgriff und dort einen, setzte sich, wenn eine Wehe kam, und sagte dann und wann bedauernd: »Das geht jetzt gar nicht so richtig vorwärts!«

Der Mann redete viel. Er brachte sich nach und nach in recht gute Laune und bedauerte sich selbst wortreich, wieviel er heute mit dem Haushalt zu tun habe. »Ich reibe mich ganz auf«, stöhnte er. »Der Abwasch! Und ich habe heute ausgerechnet noch den Abwasch. Dann das Feuern, das Wasserwärmen, das Spiegeleierbraten! Und der riesige Abwasch. Was ich heute durchmachen muß!« – Und dann: »Wenn dich mein Quatsch stört, mußt du es sagen.

Als die Hebamme kurz vor neun wiederkam und die Frau untersuchte, hatte sich noch nicht viel verändert. »Es geht recht langsam vorwärts mit Ihrer Frau«, sagte sie.

Die Hebamme und das junge Paar setzten sich in die Küche, weil es dort schon am wärmsten war. Die Frauen saßen auf den Stühlen, der Mann hockte auf der niedrigen Fußbank, weil weiter kein Stuhl vorhanden war. Dabei rauchte er und redete überflüssiges Zeug, da man jetzt nichts anderes tun konnte. Er hatte jetzt keine Angst. Er sah seiner Frau zu, wie sie in der Küche und im Vorsaal hin und her ging, er hörte sich an, was die Hebamme über verschiedene Geburten aus ihrer Praxis zu berichten wußte, und er war froh, daß er genügend zu rauchen im Hause hatte. – Ich werde damit über den Tag hinkommen, hoffte er.

Renate sah im Gesicht nicht anders aus als sonst. Sie redete ganz vernünftig und lachte über den Spaß, den der Mann gelegentlich machte. »Es könnte nun bald losgehen«, sagte sie, »ich habe das Warten satt.«

Gegen Mittag ging die Frau ins Schlafzimmer. Der Mann sah sie durch den Türspalt, wie sie auf dem Bettrand saß und die Trainingshosen auszog. Jetzt geht's los, dachte er. Und: Jetzt wird sie anfangen zu schreien. Und: Jetzt beginnt das alles, vor dem du dich immer so gefürchtet hast. Und: Jetzt nimm dich ja zusammen!

Er ging auf den Balkon, weil er dort Kartoffeln schälen wollte und weil er dort das Schreien nicht hören würde. Diesen Grund gestand er sich jedoch nicht ein; und als er ihm bewußt wurde, versuchte er schnell und erfolgreich, andere Gedanken darüber zu lagern. Jetzt braucht man dich dort nicht, redete er sich ein. – Er schälte Kartoffeln und spürte dabei, wo sein Herz war; es lag ganz genau abgezirkelt in der Brust, als drückender, hämmernder Raum. Der Mann dachte an sehr viele Dinge; er wollte an eines gründlicher denken, aber es gelang ihm nicht. In seinem Hirn schoben sich die Bilder schnell weiter, nicht zu halten und festzulegen. Sie bewegten sich um Renate, Kind, Hebamme, Schlafzimmer, was seine Kollegen hinterher zu sagen hätten, wie es seiner Frau danach ergehen würde, ob es ein Sohn werden würde; die Großeltern, die Tante, das Kind, das Kind, die Frau, der Sohn, wenn er größer war, wenn sie zusammen zum Fußball gingen, wenn sie …

Die Gedanken sprangen in einem engen Bezirk hin und her, verhedderten sich, blieben haften, rissen sich los, sprangen, liefen weit voraus und hüpften dann mit einem jähen Satz wieder zurück und hinüber ins Schlafzimmer, zum Telegraphenamt, zum Arzt, falls Komplikationen eintreten sollten, zur Frau, zur Frau …

Der Mann sah zuerst die Hebamme, die vor dem Bett stand, mit dem Rücken zu ihm und nach unten sehend. Es war nicht sehr hell in dem Raum, da die Jalousien heruntergelassen waren; die Luft lastete warm und trocken und mit eigenartigen Gerüchen erfüllt, die von einem keimtötenden Mittel herkommen mochten. Das Bett des Mannes war noch nicht gemacht; auf dem Nachttisch lagen die Geräte der Hebamme, Mullbinden, Gummihandschuhe, Zangen aus Nickel, allerlei Bündel, ein offener Handkoffer.

Renate lag im Bett, bleich, die Haare wohl etwas feucht und sehr zerzaust. Ihre Augen waren sehr groß und dunkel. – Sie wird wohl auch Angst haben, dachte er. Wahrscheinlich nicht zu knapp. Sicherlich genau so sehr wie ich. – Als sie ihren Mann stehen sah, versuchte sie zu lächeln. Es fiel schwach und jämmerlich aus. Dann blickte sie wieder nach der Decke und schien ängstlich zu warten. Sie griff mit einem Ruck nach der Hand der Hebamme. drückte den Kopf nach hinten und stöhnte mit zusammengebissenen Zähnen und zitternden Lippen. Ihr Hals schwoll an, sie tastete mit der freien Hand nach dem Kopfende des Bettes, krampfte sich an das Holz, zog sich hoch, krümmte sich, daß der Leib entlastet wurde. Sie fiel mit einem kleinen Aufschrei wieder zusammen, flach atmend, wartend, erschöpft von der vergangenen und voll Furcht vor der kommenden Wehe.

Jetzt müßte man etwas Tröstendes sagen können, dachte er, etwas zu Herzen Gehendes, das ihr hilft. Aber gab es Worte, die jetzt nicht banal gewirkt hätten? Der Mann fand sie nicht.

»Das ist jetzt das Schlimmste«, sagte die Hebamme sehr sicher und so laut, wie sie nach Meinung des Mannes zu dieser Zeit und in diesem Zimmer nicht hätte sprechen sollen. »Das ist jetzt das Schlimmste, Frau Gärtner. Machen Sie sich nur keine Sorgen. Es ist noch jedes Kind gekommen.«

Das ist wohl richtig, dachte er. Das ist wohl doch selbstverständlich. Er stellte sich neben das Bett; er sagte nun doch ein paar Worte, die trösten sollten, aber von der Frau anscheinend nicht gehört wurden. »Bleib hier«, bat sie plötzlich mit trockener Stimme, »ich brauche deine Hand!« Sie wurde in diesem Augenblick von einer neuen Wehe erfaßt, griff hastig zu und krampfte sich fest. Stöhnend bog sie den Kopf nach hinten.

Das muß so sein, versuchte der Mann sich einzureden. Das ist bei jeder Frau so und ist das Natürlichste von der Welt. Das ist seit Millionen von Jahren so und war nicht anders, als du selbst geboren wurdest. Da gibt es nichts zu bedauern oder aufregend zu finden. Besonders ist bloß, daß du jetzt dabei bist und daß dein Kind geboren wird; und es ist sicher gut, daß du das alles mit ansiehst, da weißt du wenigstens, wie sehr du Renate für einen Sohn danken mußt, da weißt du wenigstens sofort, ob es auch tatsächlich ein Sohn ist. Aber furchtbar ist es doch.

Während er das dachte, krümmte sich die Frau und stöhnte. Andere Frauen würden schreien, dachte er. Renate ist sehr tapfer. Andere Frauen würden sicherlich schreien.

Die Frau fiel wieder zusammen und lockerte den Druck um seine Hand. »Na, Frau Gärtner?« fragte die Hebamme, aber die nächste Wehe war schon wieder da; und bei der folgenden ergriff sie selbst die heiße Hand der Frau. Der Mann ging in die Küche und war froh, daß er das jetzt tun konnte. Er legte im Ofen nach, rückte einen weiteren Topf mit Wasser auf die Platte und schnitt die Kartoffeln in einen Tiegel, gab Fett und Zwiebel hinzu und Salz und stellte den Tiegel auf die Gasflamme. Es war kühl in der Küche, und die Luft war frisch. Der Mann hätte gern eine Zigarette geraucht, aber er wagte es nicht, sich dazu Zeit zu nehmen. Er hörte dabei immer hinüber. Es war jetzt still.

Als er den Teller mit den Bratkartoffeln und dem Spiegelei zur Hebamme brachte, stand sie noch immer vor dem Bett der Frau und hielt deren Hand. »Essen Sie mal, Fräulein Hausmann«, sagte er gedämpft, »Sie müssen doch nun Hunger haben.« Er stellte sich an das Bett, hielt Renates Hand und dachte, als wieder zwei Wehen vergangen waren: So schlimm wie vorhin war es jetzt nicht. So schlimm war es nicht, aber es ist immer noch schlimm genug. Und: Renate hat immer noch nicht geschrien. Sie nimmt sich unerhört zusammen.

Die Hebamme aß. Der Mann wagte es, auf Renate tröstend einzusprechen; es erschien ihm so, als sei dies jetzt nicht unbedingt umsonst.

»Wenn diese Wehen vorbei sind, ist das Schlimmste geschafft«, sagte die Hebamme. »Die letzten Wehen sind nicht schmerzhaft.«

Der Mann wischte den Schweiß von der Stirn der Liegenden. Er beugte sich nieder und sagte: »Nun ist er gleich da, unser Sohn, Renate. Freust du dich, daß er bald kommt?«

»Ich freue mich jetzt überhaupt nicht. Ich habe Wut, daß es so lange dauert.«

Der Mann sah ihr an, daß sie hatte weitersprechen wollen, aber eine Wehe verzerrte ihr das Gesicht und ließ die Hand krampfen.

»Ich hätte nicht geglaubt, daß es so schlimm ist«, sagte sie danach. »Das zieht ganz ekelhaft.«

»Es ist nun bald vorbei«, sagte er, ohne vom Inhalt oder von der Wirkung seiner Worte im mindesten überzeugt zu sein.

»Erst muß er da sein.«

»Das geht dann ganz leicht.« Hoffentlich, wünschte er sehnlichst, hoffentlich!

Sie lächelte ihn an. »Wenn ich wieder auf bin, dann mußt du alle Bücher lesen, die ich in den letzten Wochen gelesen habe. Du hast keinen blassen Dunst.«

Er antwortete nicht, da es keinen Zweck gehabt hätte. Seine Frau beugte sich wieder heftig atmend zurück. Die Hebamme trat ans Bett. »Essen Sie auch mal«, sagte sie.

Als der Mann in der Küche aß, dachte er: Ich werde die Bücher nicht zu lesen brauchen, ich werde alles gleich selbst erleben. Und: Ich habe mich bisher sicherlich ganz gut benommen. Und: Man müßte die Sache irgendwie beschleunigen können. Renate wird doch furchtbar geschwächt. Es dauert nun doch schon länger als eine Stunde. Und: Zu der Hebamme kann man wahrscheinlich Vertrauen haben. Und: Es ist furchtbar, wie Renate leiden muß.

»Drücken, drücken, ganz fest drücken! Und schnell Luft holen und noch mal drücken!«

Die Frau stieß die Luft aus, mit der sie auf ihren Leib gepreßt hatte. »So war es schon ganz gut«, lobte die Hebamme. »Bloß noch mehr drücken beim nächsten Mal.« Der Mann sah, daß Renate Gurte in den Händen hielt, die am Bettpfosten befestigt waren. Sie war naß im Gesicht und noch blasser als vorhin. »Jetzt wieder«, sagte sie schnell und versteifte sich in den Gurten.

Das sind nun die Preßwehen, dachte er. Angeblich sind sie ja nicht schmerzhaft; ich danke schön. Das arme Mädel ...

»Drücken, drücken, so, sooo, gut so. Und schnell noch mal!«

Der Mann trocknete der Liegenden das Gesicht ab. Er betrachtete sie und stellte fest, daß sie jetzt recht munter aussah. Wenn sie sprach, klang es fest und aktiv. »Du wirst Durst haben«, fiel ihm ein, er holte Kaffee und wartete mit der Tasse, bis die nächste Wehe vorbei war und die Frau trinken konnte. Er wischte ihr nach jeder Wehe das Gesicht ab. Er bewunderte sie, wie sie immer und immer wieder energisch »Jetzt!« sagte, in die Gurte griff und mit ganzer Kraft drückte. Er hielt ihr den Kopf dabei, wie die Hebamme geheißen hatte, und drückte ihn nach vorn. Er mußte seine ganze Kraft aufwenden, sich förmlich auf ihren Kopf legen, um ihn niederzuhalten. In den kurzen Pausen zwischen den Wehen wischte er ihr den Schweiß weg, fächelte frische Luft zu, gab ihr zu trinken.

»Es muß nun bald kommen«, sagte die Hebamme« Sie müssen noch viel mehr drücken, Frau Gärtner. Nur keine Angst, da reißt gar nichts.«

Er muß nun bald kommen, dachte er. Renate hält diese Schinderei nicht lange aus. Sie wird jetzt nur geschwächt. Er hätte gern seine Bedenken der Hebamme gegenüber geäußert, wagte es aber nicht, da er Renate nicht ängstigen wollte.

Als die Hebamme eine Spritze zurechtmachte, ging er hinaus und sah nach dem Feuer. Er war jetzt ohne Angst und Nervosität. Er glaubte, das kleine Opfer schon bringen zu müssen, daß er mit ansah, wie seine Frau litt. Aber die Spritze wollte er sich sparen. – Hoffentlich pulvert sie die Spritze richtig auf, wünschte er.

Der Mann mußte dann den Kopf seiner Frau mit solcher Kraft festhalten, daß er in Schweiß geriet. Er zog den Pullover aus und wickelte die Ärmel hoch. Er kam sich wie ein Schwerarbeiter vor. »Eine Hitze ist das hier«, maulte er.

»Wenn das Kindchen da ist, und es ist alles vorbei, können wir mal das Fenster öffnen«, sagte die Hebamme.

Wenn es nur erst da wäre!

»Jetzt!« Die Frau griff in die Gurte, die Hebamme spornte an, zu drücken, der Mann hielt den Kopf nieder. Er hielt jetzt ebenfalls die Luft an und preßte den Kopf seiner Renate, damit sie den Druck weitergab auf das Kind. »Es ist schön, daß du so mithilfst«, flüsterte sie einmal.

Die Luft im Zimmer wurde heißer und verbrauchter. Der Mann spürte, wie die Anstrengungen seiner Frau geringer wurden. »Renate«, bat er, »nun mach mal nicht schlapp, hörst du!« Da sah er, wie die Hebamme wieder eine Spritze fertig machte, und er ging für einen Augenblick in die Küche. »Sehr brav sind Sie, Frau Gärtner«, hörte er die Hebamme, »sehr schön machen Sie das jetzt. Wenn Sie sich weiter so anstrengen, ist das Kindchen in zehn Minuten da.«

In zehn Minuten, in zehn Minuten bin ich Vater. Wenn nur alles gut geht, wenn nur der Renate nichts passiert, wenn nur ... – Er ließ kaltes Wasser in sich hineinlaufen, steckte den Kopf zum Fenster hinaus, holte ein paarmal tief Luft. Jetzt zusammennehmen!

»Jetzt!« und dasselbe begann wieder. »Jetzt geht es schon sehr schön!« rief die Hebamme. »Nicht locker lassen, der Kopf ist schon zu sehen!«

Der Kopf meines Sohnes, sein Kopf, jetzt geht es tatsächlich los, Renate, jetzt, jetzt drücke, los, Mädel, sei jetzt tapfer, sei jetzt ganz tapfer!

Aber der Kopf war noch nicht da.

Die Hebamme redete fast ohne Unterbrechung, lobte, spornte an, die Pausen zwischen den Wehen waren kaum noch spürbar, der Mann preßte den Kopf seiner Frau, stöhnte wie sie.

»Jetzt kommt er, jetzt nicht schlappmachen, weiterdrükken, weiterdrücken, gleich ist er da ...«

Der Mann wagte es nicht, dorthin zu sehen, wo jetzt sein Sohn geboren wurde. Er hatte nie Zweifel gespürt, daß es kein Sohn sein könnte, doch in diesem Augenblick, als der Kopf seiner Frau vor Anstrengung zitterte, rot angelaufen war, der Hals anschwoll, das Gesicht sich verkrampfte mit geschlossenen Augen und vorgeschobenen, zusammengepreßten Lippen, als ihm wie ihr der Schweiß in Strömen vom Körper lief, als er die Worte der Hebamme vor Erregung nicht hörte, jetzt bezweifelte er es plötzlich, er mußte aber wissen, er drehte den Kopf nach rechts.

Später mußte er noch oft daran denken, daß ihm sein Kind beim ersten Anblick wie ein abgehäutetes Kaninchen vorgekommen war. Schmierig, bläulich, mit geschlossenen Augen, regungslos. Die Hebamme hatte das Kind an den Beinen gefaßt, hielt es, daß es mit dem Kopf nach unten hing ...

»Ein Sohn, Renate, ein Sohn.«

»Ja?« Der Mann hatte noch nie im Leben ein Wort gehört, daß so glücklich geklungen hatte.

Er sah nicht, wie die Hebamme dem kleinen Wesen die Nabelschnur vom Hals nahm, die es gewürgt hatte. Er sah nur, daß es ein Sohn war. »Ein Sohn, Renate, jetzt haben wir einen Sohn.«

Die Frau lag jetzt ganz still, mit entspannten Zügen, sehr bleich; und sie atmete tief und stark, wie man nach einer großen Anstrengung atmet. Sie legte den Arm um seinen Hals und sah ihn an. »Das war furchtbar zuletzt«, flüsterte sie. »Es ist so schön, daß du jetzt da bist. Es tut jetzt gar nicht mehr weh.«

Während sie sich küßten, quäkte es ganz dünn und hell, einsam und jämmerlich. »Hör nur«, lächelte sie, »hör nur, unser Stephan. Es ist so schön, das zu hören.«

Der Mann sah, daß in ihrem Gesicht und am Hals einige Äderchen geplatzt waren. »Du warst sehr tapfer«, sagte er, »sehr tapfer.«

»Du auch«, flüsterte sie und strich ihm die feuchten Haare aus der Stirn.

Die Hebamme redete, erzählte, das Kind sei ziemlich groß, habe den Rücken ganz mit Fett eingeschmiert, und die Nabelschnur habe ihm ganz schön zugesetzt. Es hörte ihr niemand zu.

Der Mann hielt sein Gesicht ganz dicht an das der Frau. Er war so erregt, so glücklich, so erschüttert, so erschöpft, so völlig aufgewühlt, daß er nichts sagen konnte, obwohl es ihn so viel zu sagen drängte, nur »Renate«. Und dann: »Ich danke dir, Renate.«

Während sie sich küßten, spürte sie, wie seine Tränen über ihr Gesicht liefen.

Irmtraud Morgner

Weißes Ostern

Als ich den Umsteigebahnhof erreichte, hatte sich der Abstand zwischen den Wehen auf zwanzig Minuten verringert. Die Menschenmenge drängte aus den Zugtüren zu den Abgängen. Ich stellte meinen Koffer an die rechte Wade und wartete am Ende des Bahnsteigs, der auf eine Brücke gebaut war. Bei Ausfahrt des Zuges erzitterte die Brücke. Er gab die Aussicht frei auf die beiden Dächer der Bahnsteige, die die Brücke rechtwinklig kreuzten. Die Dächer waren umgeben von einem Lichthof, der hob sie aus der Dunkelheit. Zwischen den Bahnsteigen waren zwei, rechts und links von ihm mehrere Gleispaare verlegt. Der Wind fegte Schnee von den blühenden Forsythiensträuchern, die den Bahndamm bewuchsen. Als die Menge in den Abgangsschächten versackt war, nahm ich den Koffer wieder vorsichtig auf und stieg langsam die Stufen zum rechten Inselbahnsteig hinab. Eine Wehe überraschte mich, ich steuerte die nächste Bank an, konnte sie jedoch nicht mehr erreichen und ließ mich auf meinen Koffer nieder. Die Bank war besetzt von einem Mann und drei Frauen. Da ich mich der im Kursus erhaltenen Ratschläge erinnerte, blieb ich auf meinem Koffer sitzen und memorierte psychoprophylaktische Verhaltensweisen. Obgleich laut Anweisung bei vorzeitigem Blasensprung unverzüglich die Klinik aufzusuchen ist, hatte der Zug Verspätung. Dann bummelte er, der Taxichauffeur fuhr höchstens dreißig, und vor der Tür der Entbindungsstation mußte ich auch warten, ehe nach mehrmaligem Klingeln eine Schwester öffnete. Ich überreichte eine Karte, die bescheinigte, daß ich den psychoprophylaktischen Kursus absolviert hatte, und brachte mein Anliegen vor. Die Schwester steckte die Karte in ihre Schürzentasche, nahm mir den Koffer ab und trug ihn durch einen warmen, auffällig gebohnerten Korridor, der nach Wofasept roch, echofähig war und überbelichtet. Die weißen Wände blendeten. Die steifgestärkte Schürze und die Faltenhaube auch, die Schwester sah neuwaschen, gestärkt und antiseptisch aus. Im Aufnahmezimmer brühte sie sich einen Kaffee, derweil ich mich auszog. Ich schloß meine Kleider in ein Spind und hoffte, sie würden mir bald nicht mehr passen. Da ich geschult und belesen war, wunderte ich mich nicht, daß mir ungebadet ein Nachthemd zuerkannt wurde, es bedeckte vermutlich die Oberschenkel. Dann watschelte ich zu einer Pritsche, alle hochschwangeren Frauen watscheln breitbeinig mit vorgestrecktem Bauch, der hatte bereits abgenommen, mit Hilfe einer Fußbank erstieg ich die Pritsche. Die Schwester räumte das Kaffeegeschirr beiseite, reichte mir ein Thermometer, zählte die Pulsschläge, drückte ein kaltes Metallhörrohr gegen meinen heißen Bauch und setzte sich zufrieden hinter den Schreibtisch. Dort notierte sie meine Personalien und befragte mich nach Kinder- und anderen Krankheiten, Operationen, Geburten, Fehlgeburten, Schwangerschaftsunterbrechungen, Schwangerschaftsverlauf, Geburtstermin, Wehenbeginn, Wehendauer, Wehenabstand, ich vermutete Markstückgröße. Die Schwester streifte einen Gummihandschuh über die rechte Hand und sagte bald: Haselnußgröße. Sie lachte mit beiden Mundwinkeln, aber ich ließ mir keine Enttäuschung anmerken, die Literatur behauptet, Enttäuschung senkt die Schmerzschwelle. Die Schwester kreidete meinen Namen auf eine blaue Tafel. Die war so breit wie die Wand und etwa zwei Meter hoch. Angaben über alle Eingänge des Tages waren auf sie gekreidet, vor meinem Namen stand die Nummer 21, die Schwester wünschte mir Glück für das bevorstehende einzigartige Ereignis und geleitete mich in den Kreißsaal. Auf dem Weg dorthin über den auffällig gebohnerten, echofähigen Korridor fragte ich mich, woher ich die Leute kannte. Der Mann hatte vornübergeneigt in der Bankecke gelehnt, die drei Frauen sprachen miteinander, ihre Münder dampften. Als der S-Bahn-Zug nach Mahlsdorf einfuhr, standen die Frauen auf und bedeuteten dem Mann, er sollte aufwachen, wenn er mitreisen wollte. Dann klopfte ihm die älteste der Frauen Bauch, Arm und Rücken, schließlich ergriff sie seine Schulter und rüttelte ihn derart, daß sein Kopf gegen das über der Lehne der Doppelbank angebrachte weißemaillierte Schild schlug, auf dem mit großen schwarzen Lettern der Name »Ostkreuz« geschrieben stand. Die Tür mit der Aufschrift »Kreißsaal« war offen, ein Pfleger schob eine Räderbahre in den Korridor, auf der Bahre lag eine Frau mit verklebtem Haar, der Pfleger sagte zur Schwester, der Oberarzt wäre mit seinem Mercedes im Schnee steckengeblieben, die Schwester sagte »Patientin vom Chef«, ich wurde in den kleinen Kreißsaal geführt. Ein Raum mit hellblau gekachelten Wänden, zwei leere Betten mit Nachttischen am Kopfende und kleinen Tischen hinter den Fußbrettern, auf den kleinen Tischen verchromte Instrumentenkästen, daneben in Gestellen hängende Deckelschüsseln, zwischen den Betten ein Paravent, den Milchglasfenstern gegenüber Wasserboiler, Spülbecken, an der Stirnwand die Uhr. Die Uhr zeigte sieben Minuten nach Mitternacht, als ich das Kreißbett bestieg. Keine Minute später trat eine Frau mit Halsbrosche auf und an mein Bett und begrüßte mich mit Handschlag, ich hielt sie für eine Hebamme, sie war jedoch die Oberhebamme. Sie rasierte mich unverzüglich, verabreichte einen Einlauf und schimpfte über das unzeitgemäße Wetter. Dann gab sie mir ein Thermometer, zählte die Pulsschläge, stellte ein kaltes Hörrohr auf meinen heißen Bauch und setzte sich zufrieden hinter den Schreibtisch. Im kleinen Kreißsaal stand nämlich auch ein Schreibtisch. Nunmehr notierte sie meine Personalien und befragte mich nach Kinder- und anderen Krankheiten, Operationen, Geburten, Fehlgeburten, Schwangerschaftsunterbrechungen. Schwangerschaftsverlauf, Geburtstermin, Wehenbeginn, Wehenabstand, Wehenstärke, ich sagte: erträglich, Haselnußgröße, manche Männer mögen bescheidene Frauen. Die Oberhebamme streifte einen Gummihandschuh über die rechte Hand und sagte bald: «Blumendraht«. Meine Wehen bezeichnete sie als unernst. Sie riet mir zu schlafen, um Kraft zu sparen, und wünschte eine gute Nacht. Dann löschte sie das Licht, ging und ließ die Tür offen. Die Tür führte zum großen Kreißsaal nebst Babyraum. Ich wälzte mich auf die Seite, auf der ich keine Bewegung spürte, Entspannungslage, gelernt ist gelernt, ein Kreißbett ist hart, ich kniff die Augen zu, um Kraft zu sparen. Der Oberarzt schien eingetroffen zu sein, ich hörte seinen Amtstitel wiederholt von weiblichen Stimmen gerufen und eine männliche Stimme, die sagte: »Schöner Sonntag.« Stöhnen, Schreie, Befehle, Babygebrüll, ich ärgerte mich, daß ich noch immer in meinem Gedächtnis nach dem Speicherplatz suchte, den der Mann und die drei Frauen besetzt hielten. Der Mann hatte einen rundschädligen Kopf, der mit schütterem blassem Haar und einer Fräse bewachsen war. Augen, Brille, Haut und Anzug schienen von gleicher Blässe und Dürftigkeit wie das Kopfhaar, jedenfalls fiel bei Licht nur der rote, üppig wachsende Bart ins Auge. Die messingfarbene Sichel teilte die Gestalt des Mannes, jemand behauptete, er hätte einen Hammer, die Frauen riefen nach einem Arzt. Alle Stunden etwa kam ein Arzt mit einem Gummihandschuh an mein Bett, aller halben Stunden eine Schwester mit Metallhörrohr und Minutenglas, wenigstens aller Viertelstunden hörte ich den ersten Schrei eines Babys. Von meinem wurde mir nur berichtet, daß es ihm gut ginge. Kopflage. Es trat mein Zwerchfell. Alle Ärzte, die in dieser Nacht meine Bettdecke lüfteten, sagten, daß sie ein Wehenschema ansetzen und Penicillin spritzen würden. Die Chefvisite wurde für acht Uhr erwartet. Um fünf kam die Reinigungsfrau und bezeichnete Äußerungen, die behaupteten, alles wäre vergessen, sobald das Kind da wäre, als Mumpitz. Solche Schindereien vergäße man nicht, sie hätte die Strapaze sechsmal durchgemacht, ihr könnte man nichts erzählen. »Hatten Sie den Kursus für schmerzarme Entbindung absolviert?« fragte ich. »Gottbewahre«, sagte sie. »Elf Jungs in dieser Nacht, heute ist die Jungskiste offen, wenn Sie sich beeilen, kriegen Sie vielleicht noch einen ab, mein Mann war wütend, als das erste ein Mädchen war, es ist doch Ihr erstes?« – »Ja«, sagte ich. »Aha«, sagte sie, »manche Männer haben ihre Frauen nicht besucht, wenn Mädchen angekommen waren, deshalb dürfen die Schwestern den Vätern am Telefon nicht verraten, ob Männlein oder Weiblein, Anweisung vom Chef, ich hab vier Söhne und zwei Töchter, und was wünschen Sie sich?« – »Einen Menschen«, sagte ich. – »Und Ihr Mann?« – »Ich wünsche mir einen gesunden Menschen von mäßiger Intelligenz«, sagte ich. »Manche Tage entbinden mehr ledige Frauen als verheiratete«, sagte sie, »ich hab mit achtzehn geheiratet und die Kinder hintereinander weg, meine Mutter hatte acht, als die Kinder groß waren und mein Vater tot, hat sie sich ein schönes Leben gemacht.« Wir wünschten einander Glück und begaben uns an die Arbeit: sie wischte und bohnerte, ich atmete anweisungsgemäß. Um sieben wurde meine Bettdecke faltenfrei gestrichen. Dreiviertel neun erschien der Chef mit dem Oberarzt, einer Oberärztin, zwei Ärzten und der Oberhebamme, die Assistenzärzte mußten draußen bleiben, der Chef sagte »Wehenschema, Penicillin« und fragte mich, ob ich mir die Gemäldeausstellung angesehen hätte, wir tauschten unsere Ansichten über Paula Modersohn-Becker aus. Nach der Visite brachte mir die Oberhebamme drei Pillen, ein Glas Wasser, eine Penicillinspritze, eine zweite Tischglocke und sagte: »Sachen gibt's, neulich kam abends ein Mädchen, da war schon der Kopf zu sehen, sie kam mit Mutter und Schwiegermutter und Mann, ein verheiratetes Mädchen von siebzehn vielleicht, der Mann war auch nicht viel älter und konnte vor Aufregung nicht sprechen, ich sage zu ihm, hat denn Ihre Frau nicht über Schmerzen geklagt, Eröffnungswehen sind doch schmerzhaft, die meisten Frauen empfinden Eröffnungswehen schmerzhafter als Preßwehen, Ihre Schwiegermutter muß doch gemerkt haben, daß es soweit ist, warum kommen Sie denn so spät, aber er konnte nichts sagen, kaum hatten wir ihr die Kleider runtergerissen, war das Kind auch schon da, Sachen gibt's.« In einem von den Büchern, die ich gelesen hatte, stand, daß eine Generation erzogen werden müßte, der der Begriff »Geburtsschmerz« überhaupt nicht in den Sinn käme, weshalb das Wort weder gesprochen noch geschrieben werden, sondern durch das Wort »Geburtszusammenziehung« ersetzt werden müßte. Es wäre zwar natürlich, da eine schmerzarme oder kurze Entbindung nicht das Interesse von klatschsüchtigen Frauen weckte, die sich lieber eine unregelmäßige und komplizierte Geburt dramatisch schilderten. Wer jedoch ein Kind erwarte, der solle derartigen Schilderungen erst gar nicht zuhören, da sie den bedingten Reflex auf Schmerzen verstärkten, die Zugaufsicht hatte geschrien, der Bahnhofssanitäter wäre verständigt. Alle, die auf der Rückseite der Doppelbank gesessen hatten, erhoben sich jäh und rafften ihr Gepäck an sich. Im Menschenstrom, der sich von dem ein Stockwerk höher gelegenen Bahnsteig herabwälzte, entstand ein Wirbel. Wer in seinen Sog geriet, wurde einer kreisförmigen Menschensammlung einverleibt, deren Mittelpunkt der Mann war, den ich kannte, aber woher? Sein Kopf hatte sich so weit vornübergeneigt, daß der messingrote Bart auf seiner Hemdbrust lag wie ein Eßlatz. Einmal stündlich drei Pillen, langsam begannen sie zu wirken, die Oberärztin sagte: »Mal sehen, ob Sie es allein schaffen.« – »Und wenn ich es nicht allein schaffe?« fragte ich. »Müssen wir es holen«, antwortete sie. Im Gemüsekonsum half ein Schwachsinniger, Zangengeburt, früher sollen die Lebensaussichten bei vorzeitigem Blasensprung gering gewesen sein, behauptet Anne, meist hätte man das Kind zerstückelt, um die Mutter zu retten, ich fror, ich erinnerte mich, daß meine Freundin Anne für den Kreißsaal wollene Strümpfe empfohlen hatte, meine Freundin Anne ist Krankenschwester, wer schreit, arbeitet nicht, sagt sie, ich beschloß zu arbeiten. Das war in der Periode der Arbeitslosigkeit, die medizinisch als Eröffnungsperiode bezeichnet wird. Der Mechanismus arbeitete, angetrieben durch Pillen und Spritzen, er arbeitet hart. Fünf Wochen zu früh. Der Begriff »Geburtsschmerz« kam mir nicht in den Sinn, ich dachte: raus, Sonntag, erster Sonntag nach dem ersten Frühlingsvollmond, ich dachte: Nie wieder. Die Oberhebamme sagte, in zwei Stunden hätten wir es geschafft. Noch zwei Stunden schaffe ich nicht, dachte ich, raus, lebendig oder tot, die drei Frauen hatten den Mann auf die Bank gelegt, unter Aufbietung zu großer Kräfte wahrscheinlich, seine Gliedmaßen schlenkerten, als die Preßwehen begannen, erschien der Professor mit der Oberärztin, dem Narkosearzt und der Oberhebamme. Die Oberhebamme kommandierte, wenn die Wehe kam, hob sie meinen Kopf, bis das Kinn gegen das Brustbein stieß, und kommandierte Luft holen, pressen, jeweils dreimal, beim Pressen atmen rügte sie, ich vernahm nur Befehle und Rügen und umklammerte meine Knie, so fest ich konnte, manchmal rutschten die schweißigen Hände ab, das wurde auch gerügt, die Wehen folgten jetzt dicht aufeinander, der Krampf löste sich nur noch wenig, in den kurzen Pausen zitterte ich schüttelfrostartig, die Hebamme sagte vorwärts, Gott wäre ein Mann, eine Frau hätte sich für das Geschäft was Besseres einfallen lassen, vorwärts, vorwärts, Ungerechtigkeiten müßte man mit Wut begegnen, vorwärts, vorwärts, der Kopf wäre schon etwas zu sehen, schon gut zu sehen, schon ganz deutlich zu sehen, ein schwarzbehaarter Kopf, ich sollte die Zähne zusammenbeißen und auf die Schöpfung scheißen: gut. Bevor die Äthermaske den Schmerzriesen niederschlug, zählte ich ihn aus, eins, zwei, drei, vier, fünf, sechs, sieben, acht, neun. Als ich erwachte, lag ich ausgestreckt im Bett, die Füße übereinandergelegt, mich drückte eine warme, faltenlose Decke, der Professor sagte: »Fertig.« – »Und die Nachgeburt«, sagte ich. »Alles fertig, gratuliere zum Sohn, he, zeigt ihr mal das Kerlchen.« Der Narkosearzt und die Oberärztin gratulierten. Die Oberhebamme sagte: »Ich hab Hunger«. Als der Sohn gebracht wurde, erschrak ich, äußerte jedoch lediglich Verwunderung darüber, daß in so großen Bäuchen so kleine

Menschen hergestellt würden, der Professor sagte: »Sechs Pfund und dreihundertfünfundsiebzig Gramm ist nicht klein.« Ich sah Kopf und Gemächt, beides unverhältnismäßig groß: das Wichtigste; dann ziemlich rote, gepuderte Haut, ein angedrücktes Ohr, Augenbrauen, große, zugekniffene Lider, Wimpern, eine Blechmarke mit der eingeprägten Zahl 21, teelöffelgroße Hände, Fingernägel, Nagelmonde, ich fragte: »Ist alles dran?« Da mich Fachleute beobachteten, entschloß ich mich, mit der rechten Zeigefingerkuppe ein Bein anzutasten. Das war faltig an den Oberschenkeln. An den Oberarmen warf die Haut ebenfalls Falten und fiel auch sonst überwiegend leger wie bei Welpen. Ich blieb noch zwei Stunden im Kreißsaal und lauschte dem Gebrüll der Babys, der Sohn keckerte. Er lag in einem Wärmebett im Babyraum. Ich lag allein im kleinen Kreißsaal und wartete auf Essen. Ich hatte einundzwanzig Stunden nicht gegessen. Da die Hebammen beschäftigt waren, mußte ich lange warten. Ich hörte ihre Befehle, Stöhnen, Schreie, Gebrüll, Gekecker, zwei, drei Stunden des Tages vergingen, an dem ich nicht bedauerte, eine Frau zu sein. Mir fiel ein, daß der Mann der Gartennachbar meiner Tante war. Im Sommer pflegte er mit seiner Mutter, der Schwester seiner Mutter und einer Frau namens Maria eine Gartenlaube zu bewohnen. Maria hatte seine Beine, die in schwarzen Manchester gehüllt waren, so auf die Bank geordnet, daß Knie und Fußknöchel sich berührten. Die Hände verschränkte die Schwester der Mutter in der Mulde unterhalb des Brustkorbs. Die Mutter redete auf den gelblich glänzenden Kopf ein. Die Augen des Zimmermanns starrten gegen die Planken des Kreuzes, das den Umsteigebahnhof überdachte. Ich mühte mich zu begreifen, daß ich einen Sohn hatte.

Marie Cardinal

Die Irlandreise
(Auszug)

Ich war noch nicht lange eingeschlafen, da wurde ich durch ein seltsames Gefühl wach. Etwas, was unsichtbar und doch gegenwärtig war: das Kind in meinem Leib wollte heraus. Ich kannte es gut, es lebte ja schon so lange Zeit mit mir zusammen. Doch in dieser Nacht verhielt es sich ganz anders als sonst. Ich war nicht mehr das Versteck, das Ruhekissen, die Komplizin – ich war das Gefängnis. Doch was ich empfand, war nicht brutal und nicht schmerzhaft. Es war nur eine Last, wie ein Lot, das sich in Abständen langsam nach unten zog, fast unmerklich, aber fremd.

Ich wußte, daß nun mein Kind zur Welt kommen würde, aber es war nicht mehr »mein« Kind. Es war ein Kind, das seit neun Monaten in mir gelebt hatte; nicht mehr das, was ich in dieser Zeit beschützt, sondern das, was sich von mir ernährt hatte, ein völlig unbekanntes Wesen. Würde es ein Mann werden? Oder eine Frau? Ich wußte es nicht. Ich wußte überhaupt nichts von ihm. Bis zu diesem Moment hatte ich mich getäuscht, hatte in dem Glauben gelebt, es sei eins mit mir, mit seinem Vater, mit uns. Aber es war ein ganz anderes Wesen.

Ich lag ausgestreckt in meinem Bett, war hellwach und beobachtete aufmerksam meinen Organismus, der als erster gespürt hatte, daß ich mich nun von diesem Kind würde trennen müssen. Es war Nacht, Schatten über der Erde, die Stadt war still. Jean-François schlief im Nebenbett, auf der Seite, mit dem Gesicht zu mir. Wer sind wir eigentlich? Welche Bande halten uns zusammen? Handschellen, Ketten, Vorhängeschlösser, Schlingen? In diesem Moment schien es mir, als könnten wir nie mehr das Paar sein, das wir einmal waren. Denn da war dieses Kind, das jetzt geboren werden sollte, aus uns entstanden und doch ganz anders als wir. Während ich dies fühlte und meinen Mann schlafen sah, den Mund leicht geöffnet, ein bißchen Speichel im Mundwinkel, wurden mir plötzlich zwei Dinge bewußt: einmal, daß wir beide nie mit diesem dritten Wesen, das nun zur Welt kommen sollte, eins werden würden, denn ich wußte aus der Art, wie es sich ankündigte, daß es anders und fremd war. Und zum anderen, daß ich in diesem Moment allein war, daß ich unser Kind allein, physisch allein, zur Welt bringen würde. Ein Ablösungsprozeß, den ich spürte und von dem ich wußte, daß er uns voneinander befreien würde – das Kind von mir und mich von dem Kind.

Ich ließ meinen Mann schlafen und versank in das Unterseeboot der Natur, dieses Gefährt, so rund und glatt wie ein Getreidekorn, ein Regentropfen, ein Blutstropfen, ein Ei. In ihm begann ich die geheimnisvolle, rasende, endlose, unlogische und doch notwendige Seereise, bei der die Atome so hart aufeinanderstoßen. Meine Reise ging dorthin, wo die Planeten ihre Bahn ziehen, wo Wasser sich zu Wellen kräuselt, wo Strahlen die Atmosphäre durchdringen, wo Materie sich in Partikel spaltet. Ich erlebte die Entstehung des Lebens, den Moment, da die Zelle sich teilt. Aus eins wird zwei.

Er schlief, und auch wenn er wach geworden wäre, hätte er an diesem Vorgang nicht teilhaben, hätte sich nur vorstellen können, was ich erlebte. Der Körper eines Mannes kann kein Nest und keine Wiege sein.

EINHEIT, das Kind und seine Mutter. ZWEIGETEILT, das Kind und seine Mutter.

Ich war ein lebendes Laboratorium, Versuchskaninchen und Forschungsergebnis zugleich. Ich war nicht der, der durch das Okular des Mikroskops schaut, ich war das Präparat unter der Glasplatte.

Die Krämpfe kamen, ohne zu schmerzen, in kürzeren Intervallen. Ich wußte weder, wann sie kamen, noch konnte ich sie steuern. Das Kleine bewegte sich überhaupt nicht mehr, es duckte sich, wartete wie ein Pfropfen in meiner Gebärmutter, eine drückende Masse, die ich nur ertragen konnte, wenn ich die Beine auseinanderbog. Als die Wehen einsetzten und mein Bauch sich von selbst ruckartig zusammenzog, hart wurde, hoch wie ein Kirchdach, dachte ich an die Schleier der Medusen, die Tentakel der Kraken, die sich öffnen und wieder schließen und mit diesen instinktiven Bewegungen das Tier vorwärts bewegen. So glitt ich, ohne mich zu bewegen, durch die Nacht meiner ersten Geburt, mit langsamen, weit ausholenden Schwimmstößen, ein exotischer Fisch im Aquarium.

Dann graute der Morgen mit seinen dumpfen Geräuschen: erst vom Hafen und dann aus den Straßen. Echo fröstelnder, klammer Geschäftigkeiten, die sich Tag für Tag in der Stille des frühen Morgens wiederholen: das Tuten der ersten auslaufenden Schiffe, das Kreischen der ersten Straßenbahnen – von weit her. Der Tag brach an. Mein Kind würde im ersten Morgenlicht geboren werden, wenn die Gemüsekarren auf den Markt gefahren und in den ersten Buden säuberlich zerlegtes Lammfleisch und frische Blumen verkauft werden.

Das ganze Universum war erfüllt vom Schwingen, das von mir Besitz genommen hatte. Ich war mit ihm identisch geworden: Auch ich war Luft, Pflanze, Stein, Tier.

Ich irrte durch das Labyrinth des Lebens, durch die Tiefen, über die Gipfel und die Weiten der menschlichen Existenz. Mir schien, als könne ich Anfang und Ende, Tod und Ewigkeit umschließen, als wäre ich eins mit dem Endlosen, mit dem Niegezählten, und merkte dabei nicht, daß sich dieses Ich währenddessen verändert hatte.

Jetzt kamen die Wehen regelmäßig und häufig. Zäsuren in meiner Ausdauer, meiner Geduld. Mit einemmal wußte ich ganz sicher, daß diese Wehen das Wichtigste waren, was sich in diesem Raum ereignete, in dem ein Mensch schlief und ein anderer gebar. Ich war wie ein Metronom, Ordnung, gut funktionierende Mechanik.

Ich war etwas anderes geworden, war nur auf dieses Kleine

in seiner schwarzen Tiefe, in seinem Fruchtwasser konzentriert, in dieser Höhle, die ein Teil meines Körpers war und die mein Geist doch nicht fassen, nicht einmal erkennen, nur erahnen konnte.

Ein Gefühl der Demut überkam mich, die Größe dieses Mysteriums überwältigte mich. Und ich fühlte die Gefahr, daß ich vor mir selbst flüchten und mir einreden könnte: Das geht vorbei, das ist nun mal so, du kannst nichts daran ändern, versuch, wieder einzuschlafen, vergiß alles. Als wäre Vergessen eine Möglichkeit, Gefühle und Ereignisse ungeschehen zu machen. Vergessen – das ist wie die Höhle, die den Fötus umschließt – es ist auch ein Teil meiner selbst.

Doch jetzt war nicht mehr der Augenblick, diesen Gedanken nachzuhängen. Die Wehen kamen zu oft. Aber das Kind bewegte sich nicht! Ob es leidet? Ob es unglücklich ist? Mein Kind, das tief in meinem Inneren liegt, ist vielleicht in Not. Wie kann man nur so zusammen und gleichzeitig so getrennt voneinander sein? Ich mußte aufstehen, aktiv werden, in die Klinik fahren, zu den Ärzten, zur Hebamme, zu den Krankenschwestern.

Jean-François wurde wach und begann auch, sich fertigzumachen. Er bewegte sich wie ein Vogel, der ins Netz gegangen war, der bald hierhin, bald dahin flattert. »Bist du sicher? Ist es wirklich soweit?« Er wollte alles auf einmal, sich anziehen und gleichzeitig losfahren. »Vergiß deinen Koffer nicht.« Er war unglücklich und wagte nicht, mich anzusehen. Er versuchte, eine Situation in den Griff zu bekommen, die er nicht verstehen konnte, für die er keine Worte und keinen Ausdruck fand. In seinen Augen lag Ohnmacht und Verlegenheit. »Das Kleine bewegt sich ja wie wild, tut es dir weh?« – »Es bewegt sich überhaupt nicht.« Er wußte nun, daß das, was zwischen dem Kind und mir passierte, mehr war als die normalen Beziehungen zwischen Menschen. Es war etwas viel Wichtigeres, viel Tieferes, viel Innigeres – als wäre diese Einheit, die das Kind und ich bildeten, Teil des Universums, der Ewigkeit, der Unendlichkeit, Vollkommenheit. Jean-François stand außerhalb. Wir waren das Leben. Er hatte keinen Zugang dazu. Wie sollte er das begreifen.

Als wir aus dem Haus gingen, war es noch dunkel, doch die Schwärze der Nacht zerfloß schon in den Straßenschluchten, im Osten der Widerschein des Morgens. Woher wußten wir, daß diese Nacht keine Nacht mehr war? Waren wir Wölfe, die aus dem Wald geschlichen kamen, um die Milch der ersten Frühe zu trinken? Woher kam es, daß wir fühlten, wie die Menschen ihren Schlaf nicht aus den dunklen Räumen schleichen lassen wollten? Waren wir Fische, die aus den Tiefen aufsteigen, um an der Wasseroberfläche die winzigen Mücken der ersten Dämmerung zu schnappen? Woher kam es, daß wir wußten, daß unser Kind bald zur Welt kommen würde? Die Harmonie mit dem Universum ist etwas ganz Großes!

Für eine Entbindungsklinik gibt es nichts Alltäglicheres, als daß eine Frau wie ich mit ihrem Mann und ihrem Koffer mitten in der Nacht ankommt. Kein Mensch zeigt sich besonders interessiert. Man muß nur Formulare ausfüllen, den ganzen Papierkrieg über sich ergehen lassen. Man steht neben der Telefonistin, die in einer Frauenzeitschrift blättert und nicht einmal den Kopf hebt, um die Neuankömmlinge anzusehen. Warum kommen sie? Sie sehen alle gleich aus: die Frau mit Augen wie ein Inkubator, der Mann unrasiert, schuldbewußt. Künstliches Tageslicht, wenn man sich nach Dämmerdunkel sehnt, wenn man sich wünscht, durch Dampf und Nebel ans Ende dieser fabelhaften Schwangerschaft zu gelangen. Im Warteraum sitzt man wie beim Zahnarzt. Die Sessel sind zu tief, aber man nimmt eine korrekte, kontrollierte, zivilisierte Haltung ein, sitzt vor einem Tisch, auf dem sich monatealte Zeitungen häufen, die inzwischen voller Eselsohren und zerrissen sind.

Das Neueste von gestern, Mord, Kidnapping, eine Königin, Krieg, Schauspielerinnen. Verwelkte Geschichten, deren Anfang man kennt, vom Zahn der Zeit zernagt.

Aber in meinem Leib ist die Zukunft, er ist dick und hart wie ein zum Zerplatzen aufgeblasener Ballon, ich fühle, daß meine Scheide wie eine Dahlie aufblüht, daß ein unermeßliches Leuchten aus meinem Unterleib strahlt, sich meiner Knochen, meiner Eingeweide, meines Kindes bemächtigt ... meines Kindes, dieses neuen Menschen, der sich ganz allein durch eine Welt schlagen muß, die aus den Fugen geraten, voller Schrecken ist und sich ständig verändert.

Die Krankenschwester kommt. Sie ist alert, sicher, beruhigend. Sie will mich glauben machen, daß meine Geburt nicht anders ist, als wenn man ein Flugzeug besteigt: man schnallt den Sicherheitsgurt um und läßt alles Weitere auf sich zukommen. Kein Grund zur Beunruhigung. Sie werden jetzt rasiert. Der kahle Schamhügel ist schamlos. Die Scheide wird zu dem, was sie lange nicht mehr war: Tunnel, Wiege, Nachen. Weiße, farblose Finger, Leichenfinger, dringen in sie ein. Alles in Ordnung. Das Atemgerät wird eingeschaltet. Kleine Lokomotive, neueste Errungenschaft der modernen Geburtshilfe. Eine große durchsichtige Spritze wird in dieses zarte Versteck eingeführt, das plötzlich entdeckt, auf so schreckliche Weise aufgerissen und bloßgelegt ist. Die Fruchtblase wird durchstochen. Das Fruchtwasser läuft, schießt heraus. In dieser Flüssigkeit spiegelt sich das Wesentliche, es ist der Widerhall des Anfangs, es ist die Wärme, die das Leben zum Entstehen braucht. Gerade richtig, nicht mehr kalt, lauwarm. Nährflüssigkeit, in der ein Reifungsprozeß entstehen kann, in der Bewegungslosigkeit in Bewegung gerät, Lebloses zu leben beginnt.

Dann war plötzlich alles um mich herum verschwunden. Ich bringe mein Kind zur Welt. Ich bin die Geburt selbst. Mein Körper und ich strengen uns gemeinsam an, das Embryo auszutreiben. Es findet seinen archaischen Weg ganz mühelos, aber ich folge ihm ohne jede Orientierung, wie betäubt. Manchmal bewegt es sich so schnell, daß ich fast keine Luft mehr bekomme. Ich will nicht mehr, und ich kann nicht mehr. Mir ist, als würde mein Becken auseinanderkrachen. Das Embryo quält mich mit seiner Hartnäckigkeit, aber ich weiß nicht, ob nicht auch mein Kind leidet. Wie lange werden wir beide noch so aneinander gefesselt sein? Wann kommt endlich der präzise, unwiderrufliche entscheidende Moment?

Mir wird absolut klar, daß mein Körper und mein Ich nur gemeinsam den richtigen Rhythmus finden können. Aber mein Kopf sperrt sich dagegen, ist in Vorurteile und Erziehungsprinzipien verstrickt, verwundert und verwirrt darüber, wie es möglich sein kann, daß ich so ganz und gar mit diesem unglaublichen, schamlosen Schlund verbunden bin, der jetzt größer und größer wird und ganz gegen meinen Willen dieser Geburt Würde verleiht. Ich versuche, mich zu widersetzen, und spüre doch gerade dadurch, daß mein Leib zu zerspringen droht, daß er rissig wird und wie ein reifer Granatapfel platzt. Mein sinnloser Widerstand bereitet mir große Schmerzen, aber das Kind findet dennoch seinen Weg. Es wird zur Welt kommen, ob ich will oder nicht.

In manchen Momenten sehe ich das männliche Geschlechtsteil vor mir; es ist lang, seidig, dick und hart. Da unten war es vor neun Monaten in mich eingedrungen, tief in das Haus der Lüste, das hohe Gemach der Freuden, auf der Suche nach einem verborgenen Schatz. Lügner! Heuchler! In den Augenblicken, in denen Jean-François und ich uns näher waren als in jedem anderen, dachten wir nicht an unser gemeinsames Kind. Nie.

Endlich kamen die Preßwehen. Ich hatte gehört, daß man dazu auch »Austreibung« sagt. Drei riesige Wehen, drei Schübe wie aus der Tiefe des Magma. Etwas Unvorstellbares, Kolossales. Drei Schläge, als wollte etwas meinen Bauch mit dem Mörser zerstoßen. Ich wurde hochgetrieben und dann wieder auf den Rücken gestoßen. Ich war wie ein Schiff mitten in einem Orkan, dessen Balken krachen und dessen Segel alle eingeholt sind. Einsam, den Bug gegen die Wellen gestemmt, im Kampf gegen die Unendlichkeit, die so viel stärker und mächtiger ist.

Ein einziger Gedanke hält mich in diesem Alptraum aufrecht, der Gedanke, daß mein Kind, das ich mir so sehr gewünscht habe, bald geboren sein wird.

Und doch wehrt sich alles in mir gegen dies so heiß ersehnte Kind, weil es mir zu weh tut und einfach zuviel ist. Kampf gegen den geliebten Fremdling.

Pressen! Ja, ich presse, ich treibe dich aus, ich stoße dich von mir, mein Liebling! Mach, daß du raus kommst!

Pressen! Der Kopf ist schon durch. Ich will dich sehen, ich will wissen, wer mich so quält, wen ich so liebe.

Pressen! Du kommst auf die Welt! Rötlich, runzlig, verschmiert. Du mein häßliches Schönes, ich werde dich behüten! Hab keine Angst!

Er schreit! Was ist das für eine Stimme? Ich kenne sie nicht. Hört ihr die Stimme meines Kindes genauso wie ich? Für euch ist es der Schrei eines Neugeborenen, aber für mich ist es die Stimme, die Sprache, das Vertrauen und die Klage des Unbekannten, das so lange in meinem Leib gelebt hat.

Hier bin ich, hier bin ich. Gebt ihn mir, legt ihn auf mich, ich möchte ihn an mich drücken, ich will ihn mit meinen Armen und mit meinen Augen vor allem Unheil bewahren, weil ich zu schwach bin, um aufzustehen und mit ihm fortzugehen, weit weg. Wir wollen zusammenbleiben. Ich habe genug von dieser Sauberkeit, von all dem Weiß und Chrom, den Gerüchen und Desinfektionen, von dieser ganzen Hygiene. Ich will mit ihm Wurzeln schlagen im Mutterboden der Liebe, im Tau der Küsse, im Schmelz einer Berührung, im Humus der Blicke und Gerüche. Wir wollen atmen, spüren. Wir brauchen niemanden! Wir sind eins!

Marylin French

Mira

[...]

Das Überleben ist eine Kunst. Sie verlangt das Abstumpfen des Geistes und der Sinne und eine vorsichtige Einstimmung auf das Warten, ohne daß man auf einer Präzisierung dessen, worauf man wartet, besteht. Mira dachte verschwommen an »das Ende«, wenn nämlich Norm sein Studium und seine Pflichtassistentenzeit hinter sich haben würde. Aber das lag in so weiter Ferne, und der Gedanke, die augenblickliche Langeweile noch fünf Jahre ertragen zu müssen, war so schrecklich, daß sie es vorzog, überhaupt nicht zu denken.

Norm besuchte wieder die Vorlesungen, und wie sie erwartet hatte, sah er abends nicht mehr fern.

Aber sie stellte fest, daß sie sich trotzdem nicht konzentrieren konnte. Sie hatte den Verdacht, daß das Problem gar nicht die Erschöpfung war. Wenn sie ein ernsthaftes Buch zur Hand nahm, eines, das sie zum Nachdenken zwang, dachte sie nach, und das war unerträglich, weil jedes Nachdenken ein Nachdenken über das eigene Leben einschließt. Sie las am Abend, sie las viel. Wie am Anfang ihrer Jugendzeit. Sie las harmlose Sachen, Kriminalromane, leichte Satiriker wie O'Hara und Marquand und Maugham. Etwas, das mehr Wahrheit enthielt, konnte sie nicht an sich heranlassen.

Sie machte Norm keinen Vorwurf. Sie sorgte für ihn, sorgte sich um ihn, kochte ihm, was er gern mochte, und verlangte nichts von ihm. Sie haßte nicht Norm, sondern ihr Leben. Aber was für ein anderes Leben konnte sie haben, so wie die Dinge nun einmal waren? Obwohl Norm oft schlecht gelaunt war, beteuerte er, daß er sie liebe und glücklich mit ihr sei. Er haßte das stupide Büffeln, die stupiden, kleinlichen

Professoren. Er kam nicht gut voran – sein erstes Jahr schloß er mit schwachen Leistungen ab. Er gab den mäßigen Noten die Schuld daran, daß er sich über sie aufregte. Denn sie war schwanger.

Im Mai war ihre Blutung ausgeblieben. Das machte sie nervös, weil sie sonst regelmäßig war, aber sie war auch deshalb beunruhigt, weil Norm nach ihren ersten schrecklichen Versuchen mit einem Pessar gewollt hatte, daß sie auf die alte Art weitermachten. Er mochte es nicht gern, daß sie zehn Minuten im Badezimmer herumfummelte, wenn er voller Inbrunst wartete. Außerdem hatte sie den leisen Verdacht, daß er die Situation selber unter Kontrolle haben wollte. Sie machte sich Sorgen wegen des Risikos mit Kondomen, aber manchmal, wenn sie schon alt und brüchig waren, nahm Norm überhaupt nichts und zog sich vor dem Orgasmus zurück. Sie hielt das für riskant, er versicherte ihr, es könne nichts passieren.

Die Art, wie sie sich ihm in diesem Bereich überließ, sollte ihr in späteren Jahren sonderbar vorkommen. Tatsache war, daß sie es haßte, ein Pessar zu benutzen. Sie hatte allmählich einen regelrechten Widerwillen gegen Sex, denn Norm machte sie erst erregt und ließ sie dann unbefriedigt. Jetzt weinte sie, wenn sie masturbierte. Im Rückblick erkannte sie, daß sie ihm ihr Leben genauso überantwortet hatte, wie sie es zwangsläufig ihren Eltern überantwortet hatte. Sie hatte lediglich ihre Kindheit verlagert. Und Norm war nicht alt genug, um ein zwanzigjähriges Kind zu haben, obwohl er sieben Jahre älter war als sie, im Krieg bei der Army gewesen war und ein paar Abenteuer erlebt hatte. Vielleicht hatte sie sich in einem dunklen, verborgenen Winkel ihres Kopfes ein Kind gewünscht: vielleicht gehörte es dazu, zu dem, worauf sie wartete, was sie Reife nannte, vielleicht gehörte es dazu, ein Kind zu haben und auch das alles hinter sich zu bringen. Vielleicht.

Damals traf es sie wie eine Katastrophe. Wie sollten sie leben? Mit weißem, eingefallenem Gesicht ging sie zu einem

Gynäkologen. Sie kam mit der Nachricht an einem Abend nach Hause, an dem Norm für ein wichtiges Examen lernte. Sie war ausgelaugt von der Arbeit, den Busfahrten, dem stundenlangen Warten in der Praxis des Arztes. Als sie von der Bushaltestelle nach Hause ging, malte sie sich aus, Norm hätte etwas zum Abendessen gekocht. Aber er lernte und aß Käse und Cracker, als sie hereinkam, und war gereizt, daß sie so spät kam, obwohl er wußte, wohin sie gegangen war und warum. Als sie die Wohnung betrat, sah sie quer durch den Raum zu ihm hinüber – er starrte wortlos zurück. Drei Wochen lang hatten sie über nichts anderes gesprochen. Es war nicht nötig, etwas zu sagen.

Plötzlich warf er das Buch, das er in der Hand hielt, quer durch das Zimmer.

»Du hast mein Leben ruiniert, ist dir das klar?«

Sie setzte sich auf den Rand eines Schaukelstuhls. *»Ich* habe *dein* Leben ruiniert?«

»Jetzt muß ich das Studium hinschmeißen, wie anders wollen wir sonst leben?« Er zündete sich mit nervöser Intensität eine Zigarette an. »Und wie stellst du dir vor, daß ich für mein Examen lernen soll, wenn du mit so was nach Hause kommst? Wenn ich bei diesem Examen durchfalle, fliege ich raus. Ist dir das klar?«

Sie lehnte sich zurück, die Augen halb geschlossen, weit weg. Sie wollte ihn auf die Unlogik seiner letzten Sätze hinweisen. Aber die Tatsache, daß er sich im Recht fühlte, ihr Vorwürfe zu machen, daß er glaubte, er hätte rechtmäßigen Grund, sie wie ein unartiges Kind zu behandeln, überwältigte sie. Das war eine Gewalt, gegen die sie nicht ankam. Was er für sein Recht hielt, unterstützte die gesamte Außenwelt, und das wußte sie. Sie machte einen Versuch. Sie beugte sich vor.

»Habe ich dich etwa ums Bett gejagt? Du hast gesagt, deine Methode sei sicher. *Du* hast es gesagt, Mr. Medical Student!«

»Ist sie auch!«

»Aha. Deshalb bin ich also schwanger.«

»Sie ist sicher, ich sage es dir.«

Sie sah ihn an. Sein Gesicht lief an den Schläfen blau an, sein Mund war ein scharfer, grausamer, anklagender Strich.

Ihre Stimme stockte. »Willst du damit sagen, daß du nicht der Vater dieses Kindes bist? Willst du damit andeuten, es könnte anders passiert sein?«

Er starrte sie an, in bitterem Haß. »Wie soll ich das wissen? Du sagst, du hättest nie mit einem anderen als mit mir geschlafen, aber wie soll ich das sagen? Es hat weiß Gott genug Gerede um dich und Lanny gegeben. Jeder hat über dich geredet. Du warst sehr frei damals, warum sollte es heute anders sein?«

Sie lehnte sich wieder zurück. Sie hatte Norm von ihrer Angst vor Sex erzählt, ihrer Angst vor Männern, ihrer Schüchternheit in einem Teil der Welt, den sie nicht verstand. Und er hatte liebevoll zugehört, hatte ihr Gesicht gestreichelt und sie fest an sich gezogen. Sie hatte gedacht, er hätte alles verstanden, hatte es um so mehr gedacht, als er, trotz der Geschichten über seine Abenteuer bei der Army, ihre Scheu und ihre Angst und ihre Schüchternheit zu teilen schien. Sie glaubte, sie sei entkommen, und dabei hatte sie den Feind in ihr Haus gelassen, hatte ihn in ihren Körper gelassen, und dort wuchs er jetzt. Er dachte wie die anderen, er glaubte wie die anderen, er hätte angeborene Rechte über sie, weil er männlich war und sie weiblich. Er glaubte wie die anderen an das, was sie bei Frauen Jungfräulichkeit und Reinheit nannten, oder Verkommenheit und Hurerei. Aber er war freundlich und respektvoll, er war noch einer der besseren. Wenn er so war wie die anderen, gab es keine Hoffnung. Es lohnte sich nicht, in solch einer Welt zu leben. Sie lehnte sich noch weiter zurück und schloß die Augen und begann leise auf ihrem Schaukelstuhl hin und her zu schaukeln. Sie verkroch sich in einem stillen, dunklen Winkel ihres Inneren. Es gab viele Arten zu sterben, darüber brauchte sie sich jetzt nicht den Kopf zu zerbrechen. Sie hatte nur einen Ausweg finden müssen, und den hatte sie jetzt gefunden. Sie würde sterben, und all das würde aufhören. Es würde weggehen von ihr. Sie würde nie mehr das Gefühl haben müssen, das sie jetzt hatte – nämlich genau das, was sie seit Jahren fühlte, nur noch viel stärker. Die Raketen explodierten überall auf ihrem Körper. Ihr Herz tat ihr weh, aber ihr Magen oder ihr Gehirn nicht weniger. Alles explodierte in Feuer und Tränen, und die Tränen waren so brennend heiß wie die Feuer des Zorns. Da gab es nichts zu sagen. Er hätte es doch nicht verstanden. Es saß zu tief drinnen, und anscheinend war sie allein, war sie der einzige Mensch, der so empfand. Es konnte nur so sein, daß sie unrecht hatte, obwohl sie sich absolut im Recht fühlte. Es machte nichts aus. Nichts machte noch etwas aus.

Nach einer langen Pause kam Norm zu ihr. Er kniete sich neben ihren Stuhl. »Liebling«, sagte er zärtlich. »Liebling?«

Sie schaukelte.

Er legte seine Hand auf ihre Schulter. Sie zuckte zusammen.

»Laß mich«, sagte sie matt, die Zunge klebte ihr am Gaumen. »Laß mich allein.«

Er zog einen Schemel heran und setzte sich zu ihr, legte seine Arme um ihre Beine, legte seinen Kopf in ihren Schoß. »Liebling, es tut mir leid. Es ist nur, daß ich nicht weiß, wie ich das Studium hinter mich bringen soll. Vielleicht helfen uns meine Eltern.«

Sie wußte, es stimmte. Sie wußte, daß er nur erschrocken war, so erschrocken wie sie. Aber er fühlte sich berechtigt, ihr die Schuld zu geben. So bestürzt sie gewesen war, als sie die Nachricht hörte – es war ihr gar nicht in den Sinn gekommen, ihm die Schuld zu geben. Sie hatte es einfach als ein Unglück aufgefaßt, das sie beide betraf. Sie legte ihre Hand auf seinen Kopf. Es war nicht seine Schuld. Es lag einfach daran, daß alles vergiftet war. Es machte nichts. Sie würde sterben und alles hinter sich lassen. Als sie ihn berührte, fing er an zu heulen. Er war erschrocken, genauso wie sie, mehr noch vielleicht. Er umklammerte ihre Beine noch fester, er schluchzte, er entschuldigte sich. Er hatte es nicht so gemeint, er wußte nicht, was in ihn gefahren war, es war lächerlich kindisch gewesen, es tat ihm leid. Er umklammerte sie und heulte, und sie begann seinen Kopf zu streicheln. Er faßte wieder Mut, er sah sie an, er streichelte ihre Wange, er scherzte, er wischte das Wasser weg, das über ihr Gesicht rann, er legte seinen Kopf an ihre Brust. Sie weinte bitterlich, sie schluckte heftig, und er drückte sie verwundert an sich, er hatte es nicht gewußt, und sagte: »Liebling, es tut mir so leid, o Gott, es tut mir so leid.« Und sie stellte sich vor, daß er wahrscheinlich annahm, sie weinte über seinen Zweifel an ihrer Treue. Er wußte nichts, würde nie etwas wissen, würde nie begreifen. Zum Schluß sah er lächelnd zu ihr auf, als das Schluchzen nachließ. und fragte sie, ob sie nicht hungrig sei. Sie verstand. Sie erhob sich und machte Abendessen. Und im Januar bekam sie das Baby, und anderthalb Jahre später bekam sie ein zweites. Norms Eltern liehen ihnen Geld gegen einen Schuldschein: achttausend Dollar, zurückzahlbar, sobald er zu praktizieren begann. Danach bekam sie ein neues Pessar. Aber bis dahin war sie ein anderer Mensch geworden.

Norms unerschütterliche Überzeugung, irgendwie sei dieses Kind allein Miras Schuld, wirkte ansteckend auf sie. Bei nüchterner Überlegung wußte sie natürlich, daß das absurd war, aber Norms Verhalten – er tat so, als müßte er sich bei seinen Eltern für seine widerspenstige Frau entschuldigen, die genau das getan hatte, wovor man sie dringend gewarnt hatte, übte Mira gegenüber freundliche Nachsicht und schüttelte seine armseligen Prüfungsergebnisse am Ende des ersten Studienjahres mit der Bemerkung ab, sie könne ja nicht *wirklich* etwas dafür – war wirkungsvoller als jedes vernünftige Argument. Und inzwischen war es natürlich ganz ihre Sache: das Ding wuchs in ihr. Sie war sehr empfindlich, und ihr wurde leicht schlecht. Bei der Dachdeckerfirma, bei der sie arbeitete, sah man nicht gern schwangere Frauen im Büro – Schwangerschaft war etwas Obszönes, das man lieber versteckte wie benutzte Monatsbinden. Mira packte ihren restlichen Stolz in die kleine Andenkenschachtel, wo er hingehörte, und ging betteln. Sie erklärte, ihr Mann sei Student, Medizinstudent. Es war ein magisches Wort. Aus reiner Herzensgüte gestattete man ihr, bis zu ihrem achten Monat zu arbeiten, nicht ohne sie zu beschwören, immer sauber, adrett und gepflegt zur Arbeit zu erscheinen.

Während der ganzen Schwangerschaft fühlte sie sich elend, sie litt ständig unter Brechreiz und Magenschmerzen. Daß dies andere als physische Gründe haben könnte, kam ihr nie in den Sinn. Ihr kleiner Körper schwoll ungeheuer an, und vom siebten Monat an war ihr erbärmlich zumute. Um ihren Magen zu beruhigen, aß sie ständig und nahm dreißig Pfund zu. In den letzten beiden Monaten, nachdem sie mit der Arbeit aufgehört hatte, war sie so aus dem Gleichgewicht, daß sogar das Gehen sie anstrengte, und wenn sie lag, war es nicht viel besser. Meist saß sie im verdunkelten Wohn- und Schlafzimmer, den dicken Bauch von beiden Seiten her mit Kissen abgestützt, die Füße auf einer Fußbank, und las *Remembrance of Things Past*. Sie kaufte ein und putzte die Wohnung, kochte und brachte die Wäsche in den Waschsalon (nicht ahnend, daß dies nach der Geburt des Babys eines ihrer größten Vergnügen werden würde – die Chance, einmal aus dem Haus zu kommen, allein oder doch nur von einem großen, weißen, stillen, nichtbrüllenden Wäschesack begleitet). Sie bügelte Laken und Norms Oberhemden und bezahlte Rechnungen und las die Kochrezepte in den Zeitungen, immer auf der Suche nach interessanten oder einfach anderen, nicht zu teuren Gerichten, die sie auf den Tisch bringen konnte. Bemerkenswert war nur, wie wenig sie nachdachte. Ich weiß nicht, wie es ist, wenn eine Frau willentlich schwanger ist. Ich nehme an, es ist eine wesentlich andere Erfahrung als die der Frauen, die ich kenne. Vielleicht ist es schön – eine von der Frau und dem Mann geteilte Freude. Aber für die Frauen, die ich kenne, war die Schwangerschaft schrecklich. Nicht weil es so schmerzhaft wäre – das ist es gar nicht, es ist nur unbequem. Sondern weil es dich wegwischt, dich auslöscht. Du bist nicht mehr du selbst, du mußt dich vergessen. Wenn du in einem Park eine grüne Wiese siehst, und dir ist heiß, und du möchtest dich furchtbar gern ins Gras setzen, dich in der kühlen Feuchtigkeit wälzen, dann kannst du das nicht: Du mußt zur nächsten Bank watscheln und dich vorsichtig darauf niederlassen. Alles ist eine Anstrengung – eine Konservendose von einem hohen Fach herunterzuangeln, ist ein Unternehmen. Du darfst dich nicht fallen lassen, gleichgewichtsgestört wie du bist, weil du noch für ein anderes Leben verantwortlich bist. Durch einen winzigen Nadelstich in einem Kondom bist du in ein gehendes und redendes Vehikel verwandelt worden, und wenn das gegen deinen Willen geschah, ist es entsetzlich.

Schwangerschaft ist ein langes Warten, bei dem du lernst, was es heißt, völlig die Herrschaft über dein Leben zu verlieren. Es gibt keine Kaffeepausen, keine Feiertage, in denen du deine normale Figur und dein Selbst wiedergewinnst, um dann erholt wieder an deine Arbeit zu gehen. Nicht einmal für eine Stunde kannst du dir das Ding wegwünschen, das dich so aufbläht, das deinen Bauch dehnt und dehnt, bis du denkst, die Haut müsse platzen, und das dich von innen tritt, bis du schwarz und blau bist. Nicht einmal zurückschlagen kannst du, ohne dich selbst zu verletzen. Der Zustand und du, ihr seid identisch: Du bist kein Mensch mehr, sondern eine Schwangerschaft. Du bist wie ein Soldat im Schützengraben, dem es heiß und beengt ist und der das Essen haßt, der aber neun Monate lang aushalten muß. Es kommt der Augenblick, wo er die Schlacht herbeisehnt, selbst wenn er dabei vielleicht getötet oder verstümmelt wird. Du wartest geradezu sehnlich auf die Schmerzen der Geburt, weil sie dem Warten ein Ende machen werden.

Dieses Gefühl, kein eigenes Selbst mehr zu sein, bewirkt, daß die Augen schwangerer Frauen oft so leer aussehen. Sie dürfen sich nicht erlauben, darüber nachzudenken, weil es nicht zu ertragen ist und weil sie doch nichts daran ändern können. Selbst wenn sie nur über das Nachher nachdenken, ist es deprimierend. Schließlich ist die Schwangerschaft erst der Anfang. Wenn sie überstanden ist, geht es erst richtig los: Das Baby wird da sein, und es wird dir gehören, und es wird dich fordern für den Rest deines Lebens. Für den Rest deines Lebens: dein ganzes Leben dehnt sich vor dir in diesem großen von Kissen gestützten Bauch. Und es sieht aus wie eine unendliche Folge von Fläschchen und Windeln und Gebrüll und Fütterungen. Du bist nicht mehr du selbst, sondern nur noch das Warten, deine Zukunft sind Schmerzen, und du hast nichts anderes vor dir als die Last niedriger Arbeiten. Schwangerschaft ist der größte Drill- und Abrichtungstrick. Daneben ist die Disziplin beim Militär, die darauf abzielt, den einzelnen zu erniedrigen und so »auf Vordermann« zu bringen, daß er wie eine Maschine funktioniert, noch sanft. Der Soldat bekommt frei und kann zu sich selbst zurückkehren, er kann sich, wenn er das Risiko auf sich zu nehmen gewillt ist, gegen seine Vorgesetzten wehren, ja er kann sogar abhauen. Nachts, wenn er in seiner Koje liegt, kann er Poker spielen, Briefe schreiben, seinen Erinnerungen nachhängen, sich auf den Tag freuen, an dem er entlassen wird.

Über all dies dachte Mira nicht nach. Zumindest versuchte sie nicht darüber nachzudenken. Es geschah in diesen Monaten, daß sie den strengen Zug um den Mund und die Falten zwischen den Augenbrauen bekam. Sie sah den Zustand als das Ende ihres persönlichen Lebens. Seit Beginn der Schwangerschaft gehörte ihr Leben einem anderen Wesen.

Was ist denn los mit dieser Frau? fragst du. Die Natur hat es so eingerichtet, da ist nichts zu machen. Sie muß sich fügen und das Beste daraus machen – sie kann es doch nicht ändern. Aber der Verstand läßt sich nicht so leicht unterjochen. Wut und Empörung wachsen in ihm – Wut und Empörung gegen die Natur. Bei manchen wird der Wille gebrochen, aber in den anderen bleibt für immer die Saat des

Hasses. Alle Frauen, die ich kenne, fühlen sich ein bißchen als Geächtete.

Gegen Ende ihrer Schwangerschaft konnte Mira kaum noch schlafen. Ihr Körper war so dick und empfindlich, daß ihr in jeder Lage nach kurzer Zeit alles weh tat. Sie stand leise auf, damit Norm nicht aufwachte, zog sich ihren Morgenrock über, das einzige Ding, das ihr jetzt noch paßte, und schlich auf Zehenspitzen in die Küche. Sie machte sich eine Tasse Tee, setzte sich an den Küchentisch und trank und starrte die Wände an, die irgend jemand mit gelbem Wachstuch tapeziert hatte: gemustert mit kleinen roten Häusern, aus deren Schornsteinen Rauch aufstieg, und einem kleinen grünen Baum neben jedem Haus.

Eines Nachts konnte sie nicht sitzen. Eine Stunde lang ging sie in der Küche auf und ab, ohne zu denken, und horchte in ihren Körper hinein. Die Wehen fingen an, und sie weckte Norm. Er untersuchte sie, stellte fest, wie weit sie war, und witzelte über den glücklichen Zufall, der ihm im vorigen Semester einen Kurs in Gynäkologie beschert hatte. Es sei noch nicht soweit, sagte er, aber er werde sie ins Krankenhaus bringen.

Die Schwestern waren frostig und kurz angebunden. Sie mußte sich hinsetzen und Fragen beantworten: Name des Vaters, Name der Mutter, Adresse, Religionszugehörigkeit, Blutgruppe. Dann gaben sie ihr ein Krankenhausnachthemd und sagten ihr, sie solle sich ausziehen. Das Zimmer war kalt und feucht, und es sah so aus und roch so wie der Umkleideraum einer Turnhalle. Inzwischen hatte sie ziemliche Schmerzen, und allein schon die Luft in dem Raum machte sie frösteln. Sie mußte auf einen Tisch steigen, und man rasierte ihr die Schamhaare. Das Wasser war warm, erkaltete aber sofort auf ihrem ohnehin schon zitternden Körper. Dann machten sie ihr einen Einlauf, und sie drehte fast durch, sie konnte es nicht fassen, daß man ihr so etwas antat. Ihr Bauch und ihr Unterleib schmerzten immer heftiger, als ob Teile ihrer Eingeweide sich losrissen und die Organe mit sich rissen und stetig auf ihre Beckenknochen hämmerten. Es ließ keinen Moment nach, es ging ohne Pause ununterbrochen weiter. Und gleichzeitig pumpten sie ihr warmes Wasser in den Hintern. Es pulsierte in einem anderen Rhythmus aufwärts, und sie krümmte sich doppelt in einem anderen Krampf. Als es vorüber war, mußte sie wieder auf den Tisch steigen und wurde in einen anderen Raum gerollt. Kahl und zweckmäßig: weiße Wände und vier Betten, je zwei an beiden Längswänden, Fußende gegen Kopfseite. Sie stellten ihre Füße hoch, in eine Art Steigbügel, und legten ihr ein Laken über die Knie. Ab und zu kam eine Schwester oder ein diensttuender Arzt herein, lüftete das Laken und spähte hinein. Draußen im Flur standen Reihen rollbarer Betten vor dem Kreißsaal Schlange. Die Frauen darauf stöhnten, manche jammerten, manche waren still. Eine Frau schrie: »Morris, du verdammter Schuft!« Und eine andere wimmerte ununterbrochen: »O Gott, lieber Gott, Maria, Jesus, Joseph. Hilfe, Hilfe!« Die Schwestern schlängelten sich durch die Flure, ohne darauf zu achten. Als eine Frau gellend aufschrie, drehte sich eine der Schwestern um und fuhr sie an: »Hör auf, dich wie ein Säugling zu benehmen! Man könnte meinen, du liegst im Sterben!«

Das Bett hinter Mira war durch einen rosa Vorhang abgeteilt, der an Eisenringen von einer an der Wand befestigten Stange herunterhing. Die Frau in dem Bett stieß dauernd gewaltige Mengen von Luft aus: »Unnh! Unhh!« Sie rief nach der Schwester, aber niemand kam. Sie rief mehrere Male und gab schließlich einen gellenden Schrei von sich. Eine Schwester kam hereingerannt.

»Was ist denn los, Mrs. Martinelli?« Es klang gereizt und verächtlich. Mira konnte die Schwester nicht sehen, aber sie stellte sich vor, wie sie dastand, die Hände in die Hüften gestemmt, einen spöttischen Ausdruck im Gesicht.

»Es ist Zeit für die Narkose«, wimmerte die Frau in dem aufreizenden weinerlichen Ton eines Kindes, des hilflosen und ohnmächtigen und ergebenen Opfers. »Sagen Sie dem Doktor, er soll kommen, es ist soweit.«

Die Schwester sagte nichts. Ein Laken raschelte. »Es ist noch nicht soweit.«

Die Frau kreischte hysterisch. »Doch! Doch! Ich muß es schließlich wissen, ich hab schon fünf Kinder gekriegt. Ich merke, wenn es soweit ist. Sonst ist es zu spät, das ist mir schon einmal passiert, da war es zu spät, und sie konnten mir keine Narkose mehr geben. Sagen Sie dem Doktor Bescheid!«

Die Schwester verschwand. Nach einiger Zeit kam ein Mann mit einem grauen Gesicht und einem zerknitterten Kittel herein. Er trat an Mrs. Martinellis Bett. »Aber Mrs. Martinelli! Was höre ich da von Ihnen? Sie machen hier ein Spektakel? Ich dachte, Sie sind ein tapferes Mädchen.«

Die Stimme der Frau winselte unterwürfig: »Doktor, bitte, bitte, geben Sie mir die Narkose. Es ist soweit, ich weiß es, es ist soweit. Ich habe fünf Kinder gekriegt ... In der Sprechstunde habe ich Ihnen doch erzählt, was mir das letzte Mal passiert ist! Bitte!«

»Es ist noch nicht soweit, Mrs. Martinelli. Beruhigen Sie sich, und stören Sie die Schwestern nicht. Regen Sie sich nicht auf. Vertrauen Sie mir, es wird alles gut.«

Sie verstummte, und der Arzt schlurfte hinaus. Bestimmt rümpfte er verächtlich die Nase über diese lästige Person, dachte Mira. Sie preßte die Lippen zusammen. Ihr sollte das nicht passieren, beschloß sie. Sie würde sich nicht weinerlich und kindisch benehmen und schreien. Keinen Ton wollte sie herauslassen. Sie würde es gut machen. Wie weh es auch tat, sie würde ihnen beweisen, daß eine Frau tapfer sein konnte.

Mrs. Martinelli aber blieb halsstarrig. Sie war nur so lange still, bis der Doktor gegangen war. Wie ein Kind, dem man eine weitere Tracht Prügel angedroht hat, wenn es nicht aufhört zu schreien, und das nur wartet, bis die Eltern aus dem Zimmer sind, um dann erneut loszuheulen. Sie jammerte leise vor sich hin, sprach mit sich selbst, murmelte immer wieder, ohne Pause: »Ich muß es doch wissen, ich habe schließlich schon fünf gekriegt, nachher ist es zu spät, o Gott, bestimmt ist es dann zu spät, ich weiß es, ich weiß es.«

Mira versuchte, ihre Gefühle zu betäuben. Was sie quälte, waren nicht die Wehen. Es tat weh, aber nicht zu sehr. Das Schlimme war die ganze Situation – die Kälte und Sterilität, die verächtliche Haltung der Schwestern und des Arztes, die Demütigung, daß sie in Steigbügeln daliegen und fremde Leute auf ihre offenen dargebotenen Genitalien starren lassen mußte, wann immer es ihnen gefiel. Sie versuchte, sich in einen inneren Bereich zurückzuziehen, wo all dies nicht existierte. Ein Satz ging ihr immer wieder durch den Kopf: Es gibt keinen anderen Ausweg.

Plötzlich ein neuer Aufschrei von Mrs. Martinelli. Eine Schwester kam herein, schnaubte ärgerlich, sagte kein Wort. Mrs. Martinelli schrie jetzt nur noch. Die Schwester rannte hinaus. Dann kam sie mit einer anderen Schwester zurück. Hastig schoben sie den rosa Vorhang beiseite. Mira richtete sich halb auf. Eine dritte Schwester kam mit dem Arzt herein und sah sie.

»Setzen Sie sich, legen Sie sich hin!« schnauzte sie Mira an. Aber Mira setzte sich auf und drehte mühsam den Oberkörper, um zuzusehen. Sie schoben Mrs. Martinellis Bett aus dem Zimmer. Mira blickte hin – zwischen Mrs. Martinellis gespreizten Knien kam, aus einem rötlichen Durchgang, ein kleiner behaarter brauner Kopf zum Vorschein. Eine Schwester sah zu Mira hin und warf rasch ein Bettuch über Mrs. Martinellis Knie. Die Frau schrie jetzt nur noch. »O Jesus, hilf mir! Lieber Gott, hilf mir.« Es war zu spät für die Narkose, zu spät für Vorwürfe. Sie rollten sie in den Kreißsaal.

Anderthalb Stunden später schickten sie Mira nach Hause. Die Wehen hatten völlig aufgehört. Sie saß in der Wohnung, knetete ihre Finger. Norm ging zur Vorlesung. Er sagte, er werde den ganzen Tag in der Nähe eines Telefons sein. Sie saß in der Küche, starrte auf die Tapete. Am frühen Nachmittag fingen die Wehen wieder an. Sie rührte sich nicht. Sie aß und trank nichts. Als Norm, früher als gewöhnlich, nach Hause kam, sah er kurz nach und schrie: »Was machst du denn, Liebling? Du müßtest längst im Krankenhaus sein!« Er zog sie hoch und half ihr die Treppen hinunter. Sie ließ sich willenlos führen.

Sie stopften sie in dasselbe Bett, in dasselbe Zimmer. Sie wußte, das Baby kam. Es tat weh, aber es waren nur physische Schmerzen. In ihrem Kopf war ein anderer, schlimmerer Schmerz. Sie dachte immer nur: Wenn du da einmal drin bist, kommst du nie wieder raus. Sie lehnte sich auf. Sie weigerte sich, etwas damit zu tun zu haben. Es war ihr gegen ihren Willen widerfahren, ohne daß sie es wußte, und es mochte enden, wie es wollte, gegen ihren Willen, ohne daß sie es wußte. Das Zimmer, die stöhnenden Frauen, die Schwestern – alles versank. Gleich über dem Schmerz war ein klarer, weißer Raum, und sie reckte den Kopf, um dort zu atmen. Nebelhaft nahm sie wahr, daß jemand ihr eine Spritze gab, daß sie irgendwohin gerollt wurde. Sie hörte die Stimme ihres Arztes, die sie beschimpfte: »Sie müssen pressen! Pressen! Sie müssen mithelfen!«

»Geh zum Teufel«, sagte sie. Oder meinte, daß sie es sagte. Und verlor das Bewußtsein.

Sie holten das Baby mit der Zange. Es kam mit zwei tiefen Dellen an den Schläfen und einem Spitzkopf zur Welt. Früh am nächsten Morgen kam der Doktor, um nach ihr zu sehen.

»Warum haben Sie sich selbst hypnotisiert?«

Sie sah ihn ratlos an. »Davon weiß ich nichts.«

Sie lag, von rosa Vorhängen umgeben, in einem anderen Raum. Licht fiel durch die Vorhänge – die Welt war rosa.

Sie wollten ihr das Baby nicht zeigen. Nach ein paar Stunden fragte sie danach, und man sagte ihr, daß es ein Junge sei und daß es gesund sei. Aber sie brachten es nicht.

Sie richtete sich im Bett auf. »Schwester!« rief sie gebieterisch. Es war das erste Mal, daß sie so auftrat. Als die Schwester durch die rosa Vorhänge kam, sagte Mira mit verhaltener Wut: »Ich will mein Kind sehen! Es ist mein Kind, und ich habe ein Recht darauf! Holen Sie es!« Die Schwester sah sie erstaunt an und schoß davon. Nach ungefähr zwanzig Minuten erschien eine andere Schwester mit einem in eine Decke eingewickelten Säugling. Ungefähr einen halben Meter von Mira entfernt blieb sie stehen und zeigte es ihr, wollte aber nicht, daß Mira es anfaßte.

Mira tobte. »Holen Sie meinen Arzt!« schrie sie. Glücklicherweise war er im Krankenhaus und kam nach etwa einer halben Stunde angerannt. Er sah sie besorgt an, er stellte ihr verschiedene Fragen. Warum sie das Baby sehen wolle?

»Weil es mein Baby ist!« explodierte sie. Als sie sein kummervolles Gesicht sah, legte sie sich auf ihr Kopfkissen zurück. »Die Art, wie man es mir vorenthalten will, legt den Verdacht nahe, daß irgend etwas mit ihm nicht in Ordnung ist«, sagte sie mit ruhiger Stimme.

Der Arzt nickte verständnisvoll. »Ich werde dafür sorgen, daß es gebracht wird«, sagte er freundlich und tätschelte ihre Hand.

Allmählich verstand sie, daß man sie wegen ihres Verhaltens bei der Geburt für verrückt hielt und fürchtete, sie würde dem Kind etwas antun. Später in der Woche bestätigte ihr eine Schwester, daß so etwas manchmal vorkam. Manchmal brachten sich Frauen sogar um oder versuchten es zumindest. Die Sache hatte auch einen Namen: post partum-Depression. Sie lächelte bitter. Wahnsinn war es, eindeutig. Alle Frauen waren begeistert, schwanger zu werden, waren überglücklich, in die Wehen zu kommen, und strengten sich mächtig an, um dem reizenden Doktor zu helfen. Sie waren alle brave kleine Mädchen, und sie waren so glücklich, wenn ihre Babys dann geboren waren! Und herzten ihre kleinen Lieblinge und liebkosten sie. Natürlich. Und wenn du das nicht tust, dann bist du verrückt. Es kam niemandem in den

Sinn, danach zu fragen, warum Frauen ihre Babys töten wollten, die sie so viele Schmerzen gekostet hatten, oder warum sie sich umbringen wollten, nachdem die Schmerzen überstanden waren. Aber sie hatte ihre Lektion gelernt. Sie hatten die Macht. Du mußt dich so verhalten, wie sie es von dir erwarten, sonst können sie das Kind, das du unter Schmerzen geboren hast, von dir fernhalten. Du mußt dir ausrechnen, was sie von dir erwarten, und dich ihren Wünschen anpassen. Wenn du das tust, kommst du vielleicht in dieser Welt zurecht. Als die Schwester wieder mit dem Kind erschien, sah Mira sie lächelnd an. Sie erkundigte sich noch einmal nach den Dellen und dem spitzen Kopf, weil sie dem, was die Morgenschwester ihr erzählt hatte, nicht traute. Sie verstand, daß diese Male ein Schandfleck waren, der sie beschmutzte, nicht das Kind: *Sie hatte nicht gepreßt.* Schließlich legte ihr die Schwester den Säugling in die Arme, und nachdem sie sie ein paar Minuten beobachtet hatte, ging sie hinaus. Es war ein komisches Gefühl. Die Schwester hatte gesagt, man dürfe den Nacken nicht ungestützt lassen, denn das Baby könne seinen Kopf noch nicht allein hochhalten. Und oben durfte der Kopf nicht berührt werden, weil er noch weich, weil der Schädel noch nicht ganz geschlossen war. Es war erschreckend. Das Baby sah alt und verschrumpelt aus wie ein Greis. Es hatte flaumiges Haar auf dem Kopf. Als sie sicher sein konnte, daß die Schwester fort war, hörte sie mit dem Lächeln auf und öffnete die Decke. Sie spähte hinein. Zwei Arme, zwei Beine, Hände und Füße heil. Sie waren etwas blauer als der übrige Körper, der rot und blau gefleckt war. Nervös, und immer mit einem Auge Ausschau haltend, ob die Schwester schon zurückkam, öffnete Mira die Sicherheitsnadeln auf einer Seite der Windel. Ein Penis, winzig wie ein Wurm, schoß plötzlich auf und pißte ihr direkt ins Auge. Sie mußte lachen.

Sie machte die Windel wieder zu und betrachtete das Baby. Sie sah Ähnlichkeiten mit der Familie, vor allem mit einem verstorbenen Onkel von ihr. Es lag mit geschlossenen Augen da, aber der Mund bewegte sich, und die winzigen Händchen schlossen sich krampfartig. Wahrscheinlich war es verstört, dachte sie, nach all der Zeit im warmen Dunkel. Als sich die winzige Faust einen Moment öffnete, schob sie ihren kleinen Finger hinein, und das Baby umklammerte ihren Finger und hielt ihn fest. Die winzigen Finger wurden blau vor Anstrengung, die Nägel waren durchsichtig weiß. Irgend etwas durchzuckte ihren Körper, als es ihren kleinen Finger so preßte. Anscheinend versuchte es, ihn an seinen Mund zu kriegen. Sie lächelte: immer, immer, vom allerersten Anfang an: Haben, haben! Sie ließ ihren Finger in seiner kleinen Faust und half ihm, ihn zum Mund zu führen. Das Baby versuchte, daran zu saugen, obwohl es nicht recht zu wissen schien, wie. Sie hielt es ganz dicht an ihre Brust und legte sich zurück und ruhte sich mit ihm aus. Es lag ganz dicht an ihr, fast wandte es sich ihr zu und erschlaffte. Nach einer Weile kam die Schwester und nahm es mit.

Mira legte sich ins Kopfkissen zurück, ihr Körper lag still da. Ihre Arme fühlten sich leer an. Sie spürte, daß in ihrem Körper irgend etwas vorging. Es war ein Ziehen, das von der Gegend der Genitalien ausging und ihren Magen durchzuckte, ihre Brust, ihr Herz, bis oben in die Kehle. Ihre Brüste schmerzten. Sie wollte sie ihm in sein Mündchen stekken, sie wollte es in ihren Armen halten. Sie wollte ihren Finger in seine Hand stecken und es bei sich liegen lassen, wollte es wärmen, wollte, daß es ihren Herzschlag spürte. Sie wollte für das Baby sorgen. Sie wußte, was sie fühlte, war Liebe, eine Liebe, noch blinder und irrationaler als sexuelle Liebe. Sie liebte es, weil es sie brauchte. Es war nebensächlich, daß es durch Zufall ihr gehörte, aus ihrem Körper gekommen war. Es war hilflos, und es bewegte sich an ihr, als ob ihr Körper der seine wäre, als ob sie eine Quelle all dessen wäre, was es wollte. Sie wußte sehr wohl, daß ihr Leben von jetzt an von dieser winzigen Kreatur beherrscht würde, daß seine Bedürfnisse das Wichtigste in ihrem Leben sein würden, daß sie sich immer und ewig mühen würde, diese krampfartig zupackenden Hände, dieses rosenknospige Loch von Mund zu füllen, während sie sich Urin aus dem Auge wischte. Aber irgendwie war es in Ordnung wegen dieser Liebe, die nicht einfach nur Liebe war, die sogar mehr noch war als Notwendigkeit: absoluter Wille und die Antwort auf alle Schmerzen.

Den ganzen Tag lang hatte sie außerhalb des rosa Vorhangs Stimmen gehört. Es waren leise, ja, flüsternde Stimmen, und sie hatte nicht verstanden, was sie sagten. Aber jetzt zog die Schwester, die augenscheinlich beschlossen hatte, sie doch nicht für verrückt zu halten, die Vorhänge um ihr Bett zurück. Sie lag mit drei anderen Frauen in einem geräumigen hellen Zimmer; die Betten standen alle mit der Kopfseite an den Wänden. Die Frauen begrüßten sie wie einem späten Gast, auf den sie lange gewartet harten.

»Oh, Sie sind wach! Wir haben uns Mühe gegeben, Sie nicht zu stören.«

»Wie geht es Ihnen? Tun Ihnen die Nähte weh?«

»Ein schönes Baby haben Sie! Ich habe gesehen, wie die Schwester es Ihnen brachte. Das wird ein richtiger Schreihals. Letzte Nacht hat er die ganze Entbindungsstation aufgeweckt.« Sie lachte und zeigte dabei mehrere Zahnlücken.

Auch Mira lachte. »Danke, ich fühle mich prima. Und Sie?«

Sie fühlten sich alle prima. Sie waren mitten in einer Unterhaltung. Später konnte Mira sich nicht erinnern, worüber sie gesprochen hatten. Es war gleichgültig: Ihre Gespräche verliefen nie linear, sie hatten weder Anfang noch Ende, noch ein bestimmtes Ziel. Sie drehten sich im Kreis, immer wieder. Sie konnten über alles, alles reden, denn das Entscheidende war nicht, was gesprochen wurde. Vier Tage lang hörte Mira ihnen zu, beteiligte sich sogar an ihren Gesprächen. Sie verglichen die Anzahl Stiche, mit denen sie genäht worden waren, beklagten sich aber nie darüber. Nur einmal, als Amelia von der Schwester hinter dem geschlossenen Vorhang gebadet wurde, hörte Mira sie ängstlich flüstern, daß sie »da unten« ziemliche Schmerzen hätte. Sie verglichen Pfund und Gramm der von ihnen produzierten Kinder und hatten viele Oohs für den Dreizehnpfünder der zierlichen Amelia. Sie verglichen Zahl und Reihenfolge der Kinder. Grace hatte sieben, Amelia vier, Margaret zwei, und für Mira war es das erste. »Ihr erstes!« riefen sie und lächelten voller Freude, als hätte sie eine unerhörte Heldentat vollbracht. Und das hatte sie. Jetzt war sie eine von ihnen.

Sie sprachen über ihre anderen Kinder. Margaret sorgte sich um ihren Dreijährigen: ob er das neue Baby akzeptieren würde? Grace lachte, dann hielt sie jäh inne und preßte ihre Hand stöhnend an ihren Leib. Sie hatte mit Kaiserschnitt entbunden. Sie mache sich wegen solcher Sachen keine Sorgen mehr, erklärte sie. Ihre Kinder würden die Welt nicht mehr verstehen, wenn sie nicht alle zwei Jahre ein neues Baby im Kinderbettchen vorfänden. Wie alt ihr ältestes Kind sei, wollte Mira wissen. Sechzehn, sagte sie. Mira hätte sie gern gefragt, wie alt sie selbst sei, unterließ es aber. Sie könnte zwischen vier- und fünfunddreißig und fünfzig gewesen sein, schätzte Mira, aber sie sah wie über fünfzig aus. Grace war die mit den Zahnlücken. Als Mira ihren Mann sah, der sie an diesem Abend besuchte, wußte sie, daß Grace um die dreißig sein mußte: Ihr Mann sah jung aus.

Sie redeten und redeten, waren aber sehr feinfühlig. Wenn sich eine von ihnen in ihr Kissen zurücklegte und die Augen schloß, senkten die anderen die Stimme, und manchmal schwiegen sie. Sie redeten über Kinder, Ausschläge, Koliken, Säuglingsnahrung, Krankenkost, wunde Stellen. Sie sprachen darüber, wie sie am besten einen zerrissenen Teppich reparierten, wie sie Hamburger am liebsten zubereiteten und wie sie ohne viel Mühe ein Spielhöschen nähen konnten. Sie hatten ihre Kinder eingeteilt und sprachen über sie etwa so: eines hatte Launen, ein anderes war schüchtern, ein drittes war gescheit, ein viertes kam mir seinem Vater nicht zurecht. Aber sie schienen über diese Eigenschaften kein Urteil zu fällen. Sie erweckten nie den Eindruck, daß sie erfreut oder unzufrieden waren über Launen, Schüchternheit, Intelligenz oder Unverträglichkeit. Ihre Kinder waren ganz einfach – sie waren so, wie sie waren, und die Frauen liebten sie, einerlei wie sie waren. Ihre Kinder beschäftigten sie – ihre Männer erwähnten sie nur selten. Und wenn sie die erwähnten, dann beiläufig, wie sie die Bestimmungen einer Institution erwähnt hätten, in der sie eingesperrt waren. Ehemänner waren seltsame, unerklärliche Wesen, denen sie nachzugeben hatten, äußere Zwänge, mit denen sie zurechtkommen mußten. Der eine aß keinen Fisch, der andere kein Gemüse, wieder einer weigerte sich, abends mit den Kindern bei Tisch zu sitzen. Einer ging an drei Abenden in der Woche zum Bowling und mußte früh essen. Ein anderer duldete nicht, daß Staub gesaugt wurde, während er zu Hause war. Ihre persönlichen Beziehungen zu ihren Männern, ihre Gefühle blieben verborgen, und Mira spürte sehr deutlich, daß sie nebensächlich waren gegenüber der großen, alles in Anspruch nehmenden Aufgabe, für die Kinder dazusein.

Sie fühlte sich hingezogen zu diesen Frauen, wegen ihrer Wärme und weil sie so freundlich zu ihr waren. Hätte sie mit einer von ihnen im nächsten Wohnblock gewohnt, wäre sie vielleicht nicht so freundlich zu ihr gewesen. Die Station, das Krankenhaus schafft mühelos eine freundliche Gemeinschaft, wie jedes künstliche Kollektiv. Ihre Gespräche langweilten sie oft, obwohl sie daraus lernte: wieder zu Hause, besserte sie den Teppich im Wohn- und Schlafzimmer aus, wie Amelia ihr geraten hatte, und siehe, es ging. Aber es war eigentlich auch nicht die Unterhaltung, der sie zuhörte – sie horchte auf das, was darunter lag. Als es ihnen wieder besser ging und die Nähte nicht mehr weh taten, lachten sie öfter und ausgelassener. Ehemänner, Schwiegermütter, Kinder – alle waren Gegenstand von Witzen. Aber niemals sprachen sie über sich selbst.

Sie beklagten sich nicht, sie beharrten auf nichts, sie forderten nichts – für sich selbst wollten sie anscheinend nichts. Mira, an die selbstgefällige männliche Welt mit ihrem endlosen »ich« gewöhnt und selber ein Teil dieser Welt, war erstaunt über die Selbstlosigkeit dieser Frauen. Sie hatte es immer genossen, *ihre* Intelligenz, *ihre* Ansichten, *ihr* Wissen zur Geltung zu bringen. Doch als sie jetzt diesen Gesprächen zuhörte, die sie noch vor einem Monat als dummes Geschwätz bezeichnet hätte, hörte sie heraus, was die Frauen wirklich sagten, und es beschämte sie. Es hieß: Ja, ich bin wie du. Ich mache mir Gedanken um die gleichen Sachen wie du – das tägliche, das unbedeutende, das kleinliche Sparen und die kleinen »Reparaturen«. Und ich weiß wie du, daß diese irdischen Dinge mehr bedeuten als die großen, umfassenden Aktionen, die Firmenfusionen, die wirtschaftlichen Invasionen und Depressionen und die Beschlüsse des Präsidenten. Nicht daß die Dinge, mit denen ich mich herumschlage, irgendwie bedeutend wären. Himmel, nein, es sind nur Kleinigkeiten, aber sie zählen, verstehst du, sie zählen mehr als alles andere im Leben. In meinem Leben, im Leben meiner Kinder und sogar im Leben meines Mannes, auch wenn er es nie zugeben würde. Mein Mann bekam neulich morgens einen Wutanfall, weil kein Kaffee im Haus war! Würdest du das für möglich halten? Ein erwachsener Mann. Ja, diese Dinge sind sehr wichtig für sie. Und mein eigenes Leben – nun ja, mein Leben wird von kleinen Dingen beherrscht. Wenn Johnny in der Juniorenliga einen schönen Tag hatte, wenn die Sonne an einem Herbstmorgen auf eine bestimmte Art durchs Küchenfenster scheint, wenn es mir gelingt, aus billigem Fleisch ein köstliches Gulasch zu machen oder unsere schäbige Bude in ein fast – wenn auch nicht ganz – schönes Zimmer zu verwandeln – das sind die Augenblicke, in denen ich glücklich bin. Wenn ich mich nützlich fühle, wenn Eintracht in meiner Welt herrscht.

Sie hörte zu, und sie hörte die Bereitwilligkeit der Frauen heraus, ihre Liebe, ihre Selbstlosigkeit, und zum erstenmal in ihrem Leben dachte sie, daß Frauen großartig waren. Neben ihrer Größe wirkten alle Heldentaten von Kriegern und Herrschern wie pompöse Versuche, sich selbst zu erheben, und sogar die Dichter und Maler wirkten daneben wie geltungsbedürftige Kinder, die auf und nieder hopsten und riefen: »Guck mich mal an, Mami!« Ihre Schmerzen, ihre Probleme waren für die Harmonie des Ganzen nebensächlich. Dieselben Frauen, die einen Stock tiefer im Kreißsaal gestöhnt und geflucht hatten, hatten beschlossen, den Schmerz, die Bitterkeit zu vergessen. Tapfer waren sie. Tapfer, gutwillig und bereitwillig. Sie lasen die gezogenen Fäden vom Boden auf und strickten für jemanden einen warmen Pullover, ließen ihre eigenen Zähne verfaulen und sparten an Kleidung, um Johnnys Zahnarztrechnung bezahlen zu können, sie legten ihren Wunschtraum beiseite – wie eine gepreßte Blume vom ersten verliebten Spaziergang, die nun zwischen den Seiten eines Säuglingspflegebuches lag.

Sie sah sie an, mit Augen, die vom Sonnenlicht geblendet waren, und lächelte, wenn sie hörte, wie Margaret sich schon wieder Gedanken machte, ob ihr Dreijähriger auch nicht zu unglücklich war ohne sie, und wie Amelia sich sorgte, ob ihre Mutter auch nicht vergaß, Obst statt Süßigkeiten in Jimmys Lunchbox zu tun, oder wie Grace still und mit Sorgenfalten auf der Stirn hoffte, daß Johnny sein Fahrrad hatte flicken können und daß Stella mit dem Kochen zurechtkam. Sie lächelte mit ihnen, lachte mit ihnen über die Absurditäten der großen Welt. Es war ihr nicht möglich, mehr als mit dem Herzen bei ihnen zu sein, aber das war sie. Sie spürte, daß sie endlich Frau geworden war.

Dea Trier Mørch

Winterkinder
(Auszug)

Sonntag, den 5. Januar

In der Nacht zwischen Sonnabend und Sonntag, als alles noch dunkel ist, erwacht Veronica in ihrem Bett auf der Intensivstation. Ein Geräusch oder der Eindruck eines Geräusches hat sie aus dem Schlaf gerissen. Die Spannung in ihrem Leib läßt nach, und das Bett wird warm. Sie richtet sich auf, jäh hellwach, knipst die Bettlampe an und schlägt die Decke zur Seite. Das Laken ist naß. Fruchtwasser ist ausgetreten.

Das Fruchtwasser ist abgegangen, die Zeit ist heran. Nach den vielen Monaten – wie herrlich! Veronica zieht an der Schnur neben dem Kopfende. Lautlos tritt die Nachtwache ein.

»Ich glaube, mein Fruchtwasser läuft aus.«

»Darf ich mal sehen?«

»Es ist leicht hellrot, nicht?«

»Das ist gut so, dann ist es bald soweit.«

Veronica geht in ihrem orangefarbenen Frotteemantel im Kreißsaal auf und ab. Sie beginnt ihre Tour an der Tür, geht an dem hochbeinigen Bett vorbei zum Fenster und vom Fenster wieder zurück zur Tür. So pendelt sie langsam hin und her, damit die Wehen in Gang kommen.

Vom Fenster aus kann sie die vagen Umrisse mehrerer anderer Gebäude wahrnehmen. Einige Räume sind erleuchtet. Das sieht im Dunkeln gemütlich und anheimelnd aus.

Die Nachtschwester öffnet die Tür. »Na, wie ist es? Haben Sie schon Wehen?«

»Ja, bestimmt.«

»Achten Sie darauf, in welchen Abständen sie kommen.«

An der Wand gegenüber dem Bett hängt eine Uhr. Es ist fünf Minuten nach acht. Nun herrscht im Krankenhaus mehr Betrieb. Gestalten in weißen Kitteln hasten paarweise quer über den Hof.

Veronica hört leises Gurren. Ob das Tauben sind? überlegt sie. Ist vor dem Fenster ein Sims? Oder ist es das Stöhnen von anderen Frauen? Rundherum gibt es ja Räume, in denen bestimmt auch Gebärende liegen. Von dort möchte sie lieber nichts vernehmen.

Wenn eine Wehe kommt, stützt sie die Unterarme aufs Bett und beugt sich darüber, zur Entspannung, wie sie es gelernt hat.

In der Ecke steht ein kleines Kinderbett auf Rädern. Sie hat schon mehrmals hineingeschaut. Es hat einen rotkarierten Bezug und eine gelbe, langhaarige Decke. Am Rand hängt ein weißes Bändchen mit einer handgeschriebenen Nummer.

Sie rechnen also ganz selbstverständlich damit, daß sie ein richtiges Kind zur Welt bringen wird?

»Sind Sie müde?«

»Ja, die Beine werden mir so schwer.«

Die Schwester schließt die Tür. »Wir haben beschlossen, Sie an den Tropf zu hängen, um die Wehen zu stimulieren. Wenn das Fruchtwasser abgegangen ist, sollte es möglichst nicht mehr so lange dauern, bis die Geburt einsetzt. Ich möchte noch einmal Ihre Daten durchgehen.«

Sie klappt die Krankengeschichte auf. »Veronica Andersen, Sekretärin. Ja. Geboren am zweiten Januar 1944 in Hellerød? Ja. Soll Ihr Mann bei der Geburt dabei sein? Ja. – Möchten Sie, daß wir ihn anrufen?«

Es ist neun Uhr. Es wird hell.

Endlich darf Veronica ins Bett. Man befestigt ein Stativ am Kopfende, hängt eine Flasche mit einer klaren Flüssigkeit, den Boden nach oben, hinein und schiebt ihr an der Oberseite der rechten Hand eine Kanüle unter die Haut. Durch einen Schlauch wird dem Körper ein Stoff zugeführt, der die Wehen stimuliert.

Veronica sehnt sich nach der Erlösung. Seit Monaten hat sie diesem Tag entgegengefiebert.

Eine junge, magere und farblose Schwester nimmt schweigend auf einem Stuhl neben dem Bett Platz. In der einen Hand hat sie einen schwarzen Kugelschreiber, mit der anderen registriert sie die Kontraktionen in Veronicas Leib. Vor ihr liegt eine Stoppuhr. Jedesmal wenn der Bauch hart wird, schreibt sie eine Zahl auf einen Zettel.

Veronica kann mit ihr nicht ins Gespräch kommen. Entweder ist sie zu schüchtern oder einfach schlechter Laune, denkt Veronica. Auf jeden Fall ist sie für diesen Job nicht geeignet.

Die Minuten kriechen viel zu langsam dahin. Die Zeiger quälen sich förmlich über das Zifferblatt der Wanduhr. Wenn eine Wehe kommt, hat Veronica Schmerzen in der Steißgegend. Es spannt, als hätte sie ihre Menstruation. Veronica denkt daran, wie schön es wäre, wenn man ihr jetzt eine Geschichte vorlesen würde.

Die Schwester mustert ihre Nägel.

Zwischen den Wehen fühlt sich Veronica ganz so wie sonst. Dann hört der Schmerz auf, und sie kann die Augen ein wenig schließen.

Die junge Schwester steht auf und verläßt den Raum, ohne ein Wort zu sagen.

Angst beschleicht Veronica. Sie ist allein. Ihr wird kalt. Wenn nur nichts passiert!

Sie hat gehört, daß man Frauen in der Geburtsklinik sich selbst überließ und lediglich sagte: »Wenn Sie Preßwehen haben, müssen Sie klingeln.«

Die werden mich doch nicht im Stich lassen?

Sie greift nach der Schnur am Kopfende und zieht. Die Tür geht auf, ein Luftzug dringt in den Raum.

»Ich halte es nicht aus, allein zu sein.«

»Das sollst du ja auch nicht«, sagt eine freundliche Stimme.

Eine junge, schlanke Hebamme sitzt neben Veronica und hält ihre Hand. Veronica ist glücklich. Man erlebt es nicht oft, daß einem fremde Menschen die Hand halten.

»Was für einen Dialekt sprichst du eigentlich?«

»Ich bin von den Färöern«, antwortet die Hebamme.

Veronica spürt, daß sie einen Menschen neben sich hat, der mit ihr fühlt, freundlich und kameradschaftlich ist. »Wie lange kannst du bleiben?«

»Bis zwölf Uhr«, antwortet die Hebamme, »dann ist mein Dienst zu Ende. Aber ich will sehen, ob ich ein bißchen länger bleiben kann.«

Bredo, Veronicas Mann, kommt. Schaut sich um und lächelt. Er hat sich beeilt und ist außer Atem. Man hat ihm einen hellblauen Papierkittel angezogen und hinten mit einer Schleife zugebunden. Er beugt sich über Veronica und küßt sie auf den Mund. Seine Wangen sind kalt und die Lippen weich.

»Wie geht's?«

»Gut.«

»Tut es weh?«

»Ja. Aber das muß es auch.«

Der Morgenhimmel füllt sich wie ein klares Glas mit einer roten Flüssigkeit – es ist das Licht der Sonne, die aufsteigt und den Tag ankündigt. Der Erdball hat sich still seitwärts gedreht, und nun werden die Gebiete, die vorher im Schatten lagen, von Helligkeit überflutet.

Die Wehen verdrängen alles andere. Jetzt sind sie stark und kommen in kürzeren Abständen. Veronica empfindet eine völlig neue Art von Selbstvertrauen und Freude. Die Wehen tragen sie wie muntere Meereswellen davon. Veronicas Gebärmutter zieht sich regelmäßig zusammen, sie arbeitet zum erstenmal in ihrem Leben und öffnet langsam und stetig den Muttermund.

Veronica bemüht sich, richtig zu atmen, so wie sie es bei den Vorbereitungen im Laufe der letzten Monate gelernt hat. Die Hebamme hilft ihr, die Entspannungsübungen jetzt in der Praxis anzuwenden. Wenn die Kontraktionen kommen, holt Veronica tief Luft und läßt sie dann langsam wieder hinaus. So wird das Kind am besten mit Sauerstoff versorgt, und Veronica behält zugleich die Kontrolle über ihren Körper.

»Ulkig. Das ist eigentlich eine russische Methode, nicht?«

»Ja«, antwortet die Hebamme, »sie wurde in den dreißiger Jahren in der Sowjetunion entwickelt, kam aber erst in den fünfziger Jahren nach Westeuropa.«

Der leuchtend klare Himmel wird von den kräftig blauen Gardinen des Fensters eingerahmt.

»Was seid ihr eigentlich von Beruf?«

»Ich bin Sekretärin in einer Gewerkschaft«, sagt Veronica. »In einem Büro.«

»Und ich arbeite in derselben Gewerkschaft«, sagt Bredo.

Die Färöerin setzt Veronica aufs Becken und fühlt mit ihrer glatten, behandschuhten Hand. »Nun bist du sieben Zentimeter offen, es fehlen nur noch die letzten drei.«

Diese merkwürdige Frauenwelt, wo die eine Frau die Hand in die Vagina der anderen steckt.

»So, und nun streng dich an, daß noch ein paar kräftige Wehen kommen, damit es weitergeht.«

Bredos Gesicht nähert sich dem Veronicas. Er küßt sie auf den Mund. Sie umschlingt seinen Hals.

»Na, na«, sagt er und blinzelt ihr zu, während er sich vorsichtig von ihr löst.

Ob wir je wieder zusammen schlafen können? denkt sie.

Er stützt sie oberhalb der Lende, preßt seine warme, breite Hand fest in ihr Kreuz. Jetzt hat sie nicht mehr dieses Gefühl, als würden ihre Knochen auseinandergetrieben.

In Veronicas Körper arbeitet es unaufhörlich. Kalter Schweiß bricht ihr aus. Sie ist einem Naturgesetz unterworfen, dem sie nicht entrinnen kann. Und wenn sie sich dem noch so entgegenstemmen und schreien würde. »Schluß, ich will nicht. Ich bereue es!« oder:«Gönnt mir wenigstens eine halbe Stunde Pause!« – es hätte keinen Zweck. Sie ist völlig in der Gewalt ihres Schicksals.

Sie ist ihrem Körper sowie dem Verständnis und der Berufserfahrung ihrer Umgebung ausgeliefert, sie muß durchhalten und kann sich nur darauf verlassen, daß die anderen schon das Richtige tun werden.

Hoffentlich schnauzt mich keiner an, denkt sie, hoffentlich bleiben alle freundlich, dann gibt es nichts, was ich nicht bewältigen werde. Sie erträgt keine barschen Zurechtweisungen. Wenn sie mit ihren Geburtshelfern uneins würde, wäre die Schlacht verloren, und das hätte unübersehbare Konsequenzen. Bis weit in die Zukunft hinein.

Die Färöerin beugt sich über sie und wischt ihr die Stirn ab. »Es tut mir leid. Nun ist es schon dreizehn Uhr. Jetzt muß ich gehen. Ich habe so gehofft, dein Kind würde in meiner Schicht zur Welt kommen. Also, alles Gute. Morgen bin ich wieder da und schaue mir an, was es geworden ist.«

Was es geworden ist? Sie ist sich also völlig sicher, daß ich etwas bekomme, was des Anschauens wert ist, denkt Veronica.

In der Mittagspause taucht eine große, kräftige Gestalt im Flur der Schwangerenstation auf, sie trägt einen braunen Mantel, geht leicht nach vorn gebeugt, schwankt ein wenig und schiebt einen kleinen Wagen oder ein Bettchen vor sich her. Langsam und schwerfällig bewegt sie sich auf den Glaskäfig zu.

»Du meine Güte! Ist das nicht Olivia?« Die Krankenschwester läßt beinahe das Becken fallen, das sie in der Hand hält. »Du bist aber tüchtig.«

Die Patientinnen kommen aus den Zimmern und versammeln sich um Olivia. »Dürfen wir es sehen? Dürfen wir es sehen?«

Olivia sagt »au« und faßt sich an den Leib. Eine Hilfsschwester plappert aufgeregt: »Nun werde ich ..., nun werde ich ...« Sie hebt das Bündel hoch und zeigt es den anderen.

Eine kleine Rothaut mit schwarzem Strubbelhaar. Ein lebendiges Menschlein mit hellroten Fingern, winzigen Nägeln, zarten Ohren und feinen Brauen – kurz, mit allem drum und dran.

»Nein, wie ist sie süß.«

»Darf ich sie nehmen?«

»Erst bin ich an der Reihe.«

Olivia ist bleich, hält sich aber gut.

»Dürfen wir uns deine Narbe anschauen?« fragt Marie.

»Bitte sehr.« Olivia knöpft das Hemd auf und zeigt auf ihren Bauch. »Schön, was?«

Man kann auf dem eingesunkenen Leib nur ein hellrotes, senkrecht aufgeklebtes Pflaster erkennen.

»Ist das wirklich alles? Das ist ja gut gemacht. Die sind wirklich tüchtig.«

»Und was sagt dein Mann?«

»Der ist durch nichts zu erschüttern.«

»Nährst du die Kleine?«

»Aber ja. Das Dingelchen ist vielleicht gescheit, sage ich euch. Mächtig gescheit. Sie nimmt ihre Rechte verdammt wahr.« Olivia berichtet, daß sie bereits zusätzlich etwas gibt, das habe man ihr auf der Wöchnerinnenstation geraten, damit die Kleine nicht gelb wird.

»Paß auf mit dem Zusätzlichen«, ruft Signe und hebt den Zeigefinger. »Das stammt vom Teufel.«

»Holger wird uns abholen.«

»Wie ist es denn da auf der Wöchnerinnenstation?«

»Die sind da drüben sehr tüchtig. Man kann ihnen wahrhaftig nichts nachsagen.«

Olivia ist stolz, sie lächelt, daß ihre blauen Vorderzähne sichtbar werden. Für die anderen ist sie wie ein Nachschlagewerk, aus dem man alles erfahren kann.

»Haben die auch nicht vergessen, dich zu sterilisieren?« fragt Marie.

»Ach wo. Olivia kneift ein Auge zu. »Das ist eine verdammt gute Sache.«

»Wie zum Teufel bist du überhaupt hierhergekommen?«

»Ganz einfach. Ich bin mit dem Fahrstuhl zu den unterirdischen Gängen runter und bis zu unserem Keller gegangen. Da unten habe ich dann einen Pfleger erwischt, der hat mir geholfen, und so bin ich raufgekommen. Das ist doch ein Klacks.«

Während der Wehen umgibt kosmische Einsamkeit die Gebärende. Eine Einsamkeit ganz anderer Art, als Veronica sie je kennengelernt hat.

Ob der Tod dem Gebären gleicht? Ob der natürliche Tod ebenso ist wie die natürliche Geburt? So streng? So ernst und unerbittlich? Bredo streicht Veronica über die Stirn.

Sie hört sich selbst merkwürdige Laute ausstoßen. »Der Rücken schmerzt so.«

»Versuch, dich zu entspannen! Ja, so ist es schön.«

Die neue Hebamme steht neben ihr. Sie legt ihre Hand leicht auf Veronicas Schulter und lächelt ihr zu. Ihre Augen sind dunkel und lebhaft.

»Nein, nein, das schaffe ich nicht.«

»Aber natürlich schaffst du es. Versuch mal, dich ein wenig im Bett aufzurichten. Ja, so.«

Ein Glück, daß sie mir nicht recht gibt, denkt Veronica. Wenn sie nun gesagt hätte, das schaffst du bestimmt nicht, dann wäre ich gestorben.

»Ich muß brechen.«

Der Pappteller füllt sich mit einer merkwürdigen Brotsuppe aus Veronicas Magensack.

»Sehr schön«, sagt die Hebamme. »Nun geht es wohl bald los.«

Veronica ist nicht mehr sie selbst. Die Wehen kommen in immer kürzeren Abständen. Sie hatte geglaubt, alles ruhig und gefaßt über sich ergehen lassen zu können, aber das ist unmöglich. Wenn das doch nur einen Augenblick aufhören wollte, denkt sie verzweifelt, wenn ich doch nur einen Augenblick Ruhe hätte. Aber ihr ist keine Pause vergönnt.

Wenn das Kind nun nicht heraus kann? Wenn es nicht genügend Sauerstoff erhält? Wenn sich nun die Nabelschnur um seinen Hals wickelt? Wenn …

Die Hebamme horcht den aufgewühlten Leib ab. Das Kind tritt mit den Füßen. Selbst während der Wehen beult sich die Bauchwand immer wieder nach außen.

»Deinem Kind geht es gut.«

»Wo bist du her, du Hebamme. Wohl aus Südjütland?«

»Ja, aus Sønderborg«, antwortet sie, völlig auf ihre Aufgabe konzentriert. Veronicas Leben liegt in ihrer Hand.

»Ich habe Durst.«

»Spül den Mund mit Wasser aus. Schluck aber nichts runter!«

Veronica wimmert. Die Schmerzen sind unerträglich. Ihr ist, als würde sie von Lokomotiven überrollt. Ob einem so zumute ist, wenn man vergewaltigt wird? Sie klammert sich an den Arm der Hebamme, die ihr übers Haar streicht. Ich liebe dich, denkt Veronica, du bist für mich da, du sprichst so sanft und vergnügt mit den beiden Schülerinnen, die an meinem Bett stehen, meine Hebamme, meine Amme, was für ein schönes Wort, geh nicht weg, ohne dich bewältige ich das nicht … Aber warum denn nicht? In Vietnam wurden Kinder mitten im Bombenhagel geboren, im Warschauer Ghetto haben ausgemergelte Frauen gesunde Nachkommen zur Welt gebracht, ohne ärztliche Hilfe, meine Großmutter hat acht Kinder geboren, zu Hause im Bett … Was andere können, werde ich doch wohl auch …

Sie sieht den schwarzen Himmelsraum vor sich. Sterne funkeln. Ein Komet saust durch das kalte Universum.

»Ich muß pressen!« schreit Veronica.

»Einen Augenblick. Halt den Atem an, ja, so ist es gut. Nein, nicht pressen, es ist noch zu früh!«

Sie erblickt einen Planeten, beleuchtet vom Mond.

»Schau mich mal an.«

Veronica hebt die Lider, sieht in zwei braune, lächelnde Augen.

»Du mußt hecheln.«

Ja, hecheln wie ein Hund, das hat sie gelernt. Sie hechelt, während die Wehen durch ihren Körper rasen, von oben nach unten, von unten nach oben, sie hechelt, während sich alles in ihr zusammenzieht, hechelt um nicht zu pressen, bevor der Muttermund und die Scheide genügend geweitet sind. Ihre Zunge ist trocken. Die Zähne sind belegt. Der Hals ist wie zusammengeschnürt. Es zerrt und reißt in ihrem Körper.

»Du mußt aufs Becken, damit ich nachschauen kann.«

Die Hebamme befühlt die Vagina, sagt »Ja« und entfesselt dadurch jäh Aktivität im Kreißsaal.

Ein kleiner Tisch wird ans Fußende des Bettes gerollt. Ein paar Leute kommen herein, bleiben stehen und starren mit kugelrunden Augen auf Veronica, wie Eulen, die auf einem Ast hocken.

»Jetzt mußt du dich herbemühen, wenn du etwas sehen willst.«

Bredo erhebt sich von seinem Stuhl am Kopfende des Bettes und stellt sich neben die Hebamme; er ist bleich und hat ein unsicheres Lächeln auf den Lippen.

»Faß mit beiden Händen unter die Kniekehlen und zieh die Beine an«, fordert die Hebamme Veronica auf. Ja, so ist es gut. Nun mußt du pressen, wenn ich es sage.«

Rote und blaue Schleier legen sich über Veronicas Augen. Die Preßwehe setzt ein, steigert sich, ragt wie eine Felswand vor ihr auf.

»Nein«, schreit Veronica, »nicht, ich kann nicht!«

Die Felswand steht senkrecht da.

»Ich kann das Haar sehen«, flüstert Bredo.

Vor Veronicas Augen tanzen Sterne.

Auf einmal klingt die Wehe ab. Veronica fällt mit geschlossenen Augen aufs Bett zurück.

»Du mußt *ganz* bei der Sache sein, die *ganze* Zeit über«, sagt die Hebamme energisch.

Eine neue Wehe steigt auf.

Etwas wird gesprengt. Felsbrocken rollen die Wand herab und stürzen ins Meer.

»Nun schneidet der Kopf durch!« ruft die Hebamme. »Preß, so sehr du kannst.«

Veronica schlägt die Hände vor das Gesicht. Ihre Knochen knacken, schieben sich auseinander. Der Körper des Kindes zwängt sich durch den letzten, weichen Teil des Geburtsweges. Gleich einem Baumstamm, den man über ein kiesbedecktes Ufer zum Meer zieht, wird etwas Großes, Festes und Dunkles aus ihrem Körper gestoßen, ein blutiger Klumpen. »Greif selbst zu!« ruft die Hebamme. »Heb es hoch!«

»Nein, ich trau mich nicht.«

Ein Reißen, ein merkwürdiger Schlupflaut. Dann wird es still. Die Meeresfläche wird zu einem Spiegel.

»Rate einmal, was es ist.«

Das Geschlecht des Kindes, wie ein gespaltenes Blatt. Ein Mädchen. Nein, das ist nicht wahr. Es ist nicht wahr.

Das Neugeborene zappelt wie ein Fisch, der an Land geworfen wurde. Es schreit. Die kleinen, kräftigen Glieder strampeln, verspritzen Fruchtwasser. Die bläulich-weiße Haut ist fettig. Noch ist das Neugeborene mit einer Trosse an das Mutterschiff gebunden, an das Raumfahrzeug – mit der dicken, gelbweißen, pulsierenden, gewundenen Nabelschnur.

Ein Schnitt! Es ist für immer zu einem selbständigen Menschen geworden.

Veronica sitzt halb aufrecht, Tränen strömen ihr über die Wangen. Sie schaut zu, wie dieser kleine, dunkle Raummensch, dieser kleine vollkommene Tutenchamun abgenabelt und gewogen wird. Alle Schmerzen sind vorbei. 3 600 Gramm schwer und zweiundfünfzig Zentimeter lang. Besser kann es gar nicht sein.

Eine Heizröhre wird über das Bett geschwenkt, und die Hebamme legt das nackte Neugeborene der Mutter in den Arm. Mein kleiner Gast, denkt Veronica, mein Erdenwesen. Ich wage nicht, dich zu berühren, du bist so vollkommen.

Sie küßt den kleinen, langen, kühlen, hellvioletten Fuß. Der feine, säuerliche Geruch des fremden Landes, aus dem das Kind gekommen ist, wird spürbar. Veronica kann es noch immer kaum fassen, daß sie dieses Menschlein zur Welt gebracht hat.

Auf einmal ruckt es in ihrem Unterleib, in der Gebärmutter. Abermals kriecht eine Wehe heran. Die Hebamme legt ihre Hand auf den gewölbten Leib und drückt langsam und kräftig zu, im Rhythmus der Wehe. »Preß jetzt.«

Die Nachgeburt wird ausgestoßen, der Mutterkuchen. Die Hebamme betrachtet ihn forschend. Er ist groß und furchteinflößend. Ein Tier vom Boden des Ozeans. Rubinrot, mit weißen und blauen Blutadern und Häuten. Durchsichtig. Glänzend.

»Wie spät ist es?«

»Fünf Minuten nach drei.«

Elf Stunden sind verstrichen, seit das Wasser am Morgen ausgetreten ist. Veronica umfaßt den Arm der Hebamme und küßt ihr die Hand. »Tausend, tausend Dank.«

»Hör mal her«, sagt Marie, obwohl sie weiß, daß Tenna müde ist. Aber sie hat etwas gefunden, das sie ihr unbedingt vorlesen muß.

»Ja?« Tenna dreht sich um.

»Radioteleskope haben das Geräusch der Explosion aufgefangen, durch die das Universum geschaffen wurde. Hochempfindliche Geräte haben etwas aufgefangen, das man für das Geräusch der Erschütterung hält, die entstand, als vor zehn Milliarden Jahren eine Feuerkugel ihre unfaßbare Ausdehnung begann.«

»Na, was sagst du nun?«

»Lies weiter.«

»Vor zehn bis fünfzehn Milliarden Jahren war alles im Raum in einem unfaßbar kompakten Superstern vereinigt. Aus unerklärlichen Gründen explodierte er plötzlich. Bei der Urexplosion wurden seine Teile mit unterschiedlicher

Geschwindigkeit in alle Richtungen geschleudert. Daraus entstanden Milchstraßen, Galaxien, die sich heute noch mit schwindelerregendem Tempo von uns entfernen. Die Urexplosion schreitet in dem Maße fort, in welchem sich das Universum weiterhin heftig ausdehnt.«

»Du mußt gleich genäht werden. Da drin ist ein ziemlicher Riß.«

»Ach nein, ich war gerade so froh.«

Man gibt Veronica die Maske.

»Mehrmals tief durchatmen. Wir machen dir den feinsten Kreuzstich, den du dir denken kannst.«

Veronica spürt längst wieder ihren Damm. Bei jeder Berührung ist ihr zumute, als stäche man sie mit glühendem Draht.

Wie blaue Blitze durchzucken die Schmerzen ihren Körper. Am liebsten hätte sie den weißen Gestalten Fußtritte versetzt. Diese Nadel im Fleisch – in dem gemarterten Fleisch! Sie atmet heftig unter der Maske, gleitet weg, schwebt zwischen Himmel und Erde, sinkt aus bläulichen Schichten in dunkle Höhlen, wird von einem riesigen gespannten Tuch hochgeschleudert. Auf einmal kommen am Ende eines langen Tunnels zwei weiße Engel in Sicht – es sind die Hebamme und die Hebammenschülerin, die zwischen ihren Beinen stehen.

»Lieg doch mal ruhig, wir hantieren hier doch deinetwegen.«

»Warum betäubt ihr mich denn nicht, verflucht noch mal!«

»He, he, redet ihr so in eurer Gewerkschaft? Wir tun das nicht, weil dann das Fleisch anschwillt und wir die Nahtstelle nicht richtig sehen. Dann würde die Narbe nicht gut werden. Nimm die Maske. Kein Grund zur Besorgnis – das ist Katzendarm, der von selbst verschwindet.«

»Himmeldonnerwetter!«

»Was für eine Ausdrucksweise du hast. Denk an das Kleine.«

»Zum Teufel, ihr ahnt ja nicht, wie verdammt weh das tut.«

»Dein Mann wird uns dankbar sein.«

Wieder atmet sie so heftig, daß sie auf einmal ins Niemandsland versetzt wird. Sie glaubt, die Geburt sei noch im Gange. Sie hat Wehen. Angst erfaßt sie. Irgend etwas stimmt nicht. Das Kind liegt quer. Sie schreit auf – jemand schüttelt sie.

»Wach auf. Du hast ein Mädchen bekommen. Der Vater sitzt mit der Kleinen am Fenster. Dort drüben.«

»Das ist Lüge. Herrgott, *wie ihr lügt*!«

»So, ich lüge?«

Die Hebamme steht neben ihr., »Du hast viel zuviel inhaliert!« Veronica stützt sich auf die Ellbogen und richtet sich auf. Vor dem Fenster zeichnet sich eine schwarze Silhouette ab. Es ist Bredo, und er hat tatsächlich ein kleines Bündel auf dem Arm.

Es ist also wahr! schießt es Veronica durch den Kopf. Und: Mein Gott, er hat alles mit angehört.

Veronica umarmt die Hebamme so ungestüm, daß sie fast umgeworfen wird.

»Du bist ein Schatz.«

»Ganz und gar nicht.«

»Doch.«

Bredo tritt mit der Kleinen ans Bett. Veronica küßt sie. Die Haut ist wie Flaum oder wie feines Fell. Wie weich du bist, meine Kleine, denkt Veronica, so aufgeweicht von all dem Fruchtwasser, das dich neun Monate umgeben hat. Neun Monate – was für eine Ewigkeit!

Das Neugeborene blinzelt ins Licht. Wellen von Zärtlichkeit durchfluten Veronica. Sie schaut auf die kleinen Hände und wundert sich, welche Kraft darin steckt.

»Na, willst du ein bißchen Milch?« fragt der Vater und legt die Kleine an die Mutterbrust. »Dann gib dir mal Mühe. Schnapp zu, du kleines Ding.«

Es bedarf keiner Nachhilfe. Das kleine Wesen beginnt sofort zu saugen und laut zu schmatzen. Woher kannst du das bloß? denkt Veronica. Wie tüchtig du bist. Und klug. Und wie gut du aussiehst. Einfach rührend mit deinem kleinen verschlossenen Gesicht.

»Stell dir vor«, sagt Bredo, »als ich vorhin sah, wie der Kopf zum Vorschein kam, dachte ich zuerst, ich hätte einen kugelrunden Stein vor mir. Nase und Ohren waren platt angedrückt, so daß ich es schon mit der Angst zu tun kriegte und mich fragte, ob das Kleine überhaupt lebt. Es wirkte so steinern. Doch als ich merkte, daß die anderen nicht im mindesten besorgt waren, beruhigte ich mich auch. Und kaum war der Kopf heraus, da hob sich das Näschen, und die Ohren richteten sich auf – wie bei einer Blütenknospe, die sich öffnet. Ja, und dann war das Kleine schon draußen.«

»Wie war dir denn dabei zumute?«

»Ich empfand es als völlig natürlich. Vorher hatte ich einen ziemlichen Bammel, aber das war schnell vorbei. Da waren keine Instrumente in Aktion, und es gab fast kein Blut. Nur die Hände der Hebamme waren ununterbrochen tätig. *Es war irgendwie schön.*«

Die Hebammenschülerinnen räumen den Kreißsaal auf, schieben die Rolltische zur Seite, entfernen Becken, löschen Lampen.

Eine von ihnen streift Veronicas frisches Hemd herunter und wäscht sie mit einem großen, gelben Schwamm. Das kühle Wasser ist angenehm. Wie gut, denkt Veronica, daß man danach gewaschen wird. Ein Pflaster klebt auf ihrer Hand, dort, wo man die Kanüle hineingeschoben hatte.

Froh, alles überstanden zu haben, legt sie sich zurück.

Ein Arzt betritt das Zimmer. Er hört Veronicas Herz und Lungen ab, fühlt den Puls und geht wieder.

Bredo und Veronica sind zum erstenmal mit der Kleinen allein. Der Wintertag neigt sich schon seinem Ende entgegen und saugt das Licht aus dem Raum. Dunkelheit kriecht um das Bett zusammen. Der gelbe Kegel einer Tischlampe drängt sie zurück. Bredo hebt das Bündel hoch.

Seine Augen strahlen. Für ihn ist das kleine Sonntagskind wie ein Wunder. Er nimmt es auf den Arm, küßt es, streicht ihm ganz vorsichtig über Stirn und Haar. Spricht leise mit ihm, wie mit jemandem, der ihm schon lange vertraut ist. »Monatelang hast du im Mutterleib gelegen, bist zu einem Mädchen geworden. Das schönste von allen. Du gehörst uns, bist unser Kleines. Früher waren wir nur zu zweit, jetzt sind wir zu dritt. Früher hatten wir nichts, jetzt haben wir alles. Einen Menschen, dem wir die Welt erschließen können.«

Er legt das Kleine Veronica an die Brust. Es sieht so aus, als versuchte es den Kopf zu heben. Wie kräftig es schon ist, denkt der junge Vater. Die Augen sind tiefblau und ruhig, die Pupillen groß. Es blinzelt fast nicht. Schaut nur gerade vor sich hin. Der Mund gleicht einer Seidenschleife, die kleinen Hände und Füße haben winzige Muschelschalen, kaum sichtbare Nägel. Noch bewegt sich das Geschöpf traumhaft langsam, als würde es im Film mit einer Zeitlupenkamera vorgeführt. Noch ist es mit dem unbekannten Land verbunden, aus dem es soeben gekommen ist.

Noch ist es – in dieser kostbaren Stunde – auf der Grenzscheide zwischen Embryodasein und Menschenleben.

Eine Hilfsschwester tritt ein, sie trägt ein Tablett. »Hier, iß etwas. Unser Vati ist vielleicht auch hungrig? Greifen Sie ruhig zu. Es ist noch genug da.«

Nie hat es Veronica so gut geschmeckt. Nie ist Tee so heiß gewesen. Nie im Leben war sie so glücklich.

Alberto Moravia

Sieben Kinder

Ich habe mit achtzehn Jahren geheiratet und in zehn Jahren sechs Kinder gehabt. Jetzt erwarte ich das siebente. Sechs Kinder mit achtundzwanzig Jahren und das siebente unterwegs, das ist doch recht eindrucksvoll, es ist wohl angebracht, das zu sagen. So gratuliert mir jeder, der uns besucht, sofort pflichtschuldig zu der zahlreichen Familie. Alle geben ziemlich dieselben konventionellen und wahrscheinlich wenig aufrichtigen Phrasen von sich: »Was für hübsche Kinder ... welch schöne Familie ... welche Befriedigung für Sie, Signora ... was für prächtige Kinder.« Nur ein alter Maler, ein Freund meines Vaters, hat versucht, den eigenen Eindruck genau zu formulieren. Er hat uns lange angeschaut, mich und meine Kinder, und dann hat er verblüfft gemurmelt: »Die Mutterschaft ... in gewissem Sinne, in der Mutterschaft verändern sich Menschen und Tiere ... ja, eine Tigerin allein ist ein prächtiges wildes Tier ... eine Tigerin mit ihren Jungen ist etwas völlig anderes ... gerade so ... sogar das Huhn, das armseligste und dümmste Tier, das es gibt, mit seinen runden Augen, die wie Knöpfe aussehen, und seinen ruckhaften Bewegungen, wie ein gefiederter Automat, sogar das Huhn wird, sobald es gluckt und, steif dahinstelzend, eine Schar Küken hinter sich herzieht, etwas – wie soll ich sagen? – etwas sehr, aber auch sehr Anmutiges.«

Was denke ich von diesen Kommentaren? Ich denke nichts oder fast nichts, vor allem weil ich sie als abgegolten betrachte: Man muß einer Mutter ja zu sechs Kindern gratulieren. Außerdem, weil mich mein Zustand (ich bin im siebenten Monat) in eine Art beschauliche Betäubung versetzt, ohne alles Denken, schwebend, unbestimmt glücklich. Da wir Frühling haben und die Luft mild ist, sitze ich meist auf der Veranda unseres kleinen Hauses und betrachte verwundert meine Kinder, die um mich sind. Die größeren laufen und zanken sich; die kleineren bewegen sich auf den Knien oder in Laufgittern; das letztgeborene liegt auf dem Rükken, in wollenem Strampelanzug, mit bloßen Ärmchen und Beinchen. Umringt von Kindern, Spielzeug, Wäsche, Puppen, halte ich die Hände auf dem Leib verschränkt und fühle die Bewegungen des siebenten Kindes, das ich in zwei Monaten zur Welt bringen werde.

Wenn ich die Augen von meinen Kindern abwende und über die Veranda hinausschaue, dann erhält meine staunende Glückseligkeit neue Bestätigung. Ich sehe ein weites, mit Klee bestelltes Feld in glänzendem Grün, dann eine lange Reihe Pappeln, übersät mit hellen, fast weißen Knöspchen, schließlich die dreieckigen Dächer einer Fabrik. Es ist die Kühlschrankfabrik, in der mein Mann beschäftigt ist. Der Anblick der Fabrik macht mich froh wie der meiner Kinder, obschon auf andere Weise und aus anderen Gründen. Von dort kommt das Geld, von dem wir leben. Von dort das Gefühl der Sicherheit und des Vertrauens in die Zukunft, das uns gestattet hat, eine so zahlreiche Familie zu gründen. Es besteht nicht eine mehr oder weniger verborgene Verbindung, sondern eine ziemlich klare Beziehung zwischen der Fabrik und uns. Die Fabrik existiert und ist in Betrieb, damit unsere Familie und viele andere Familien wie die unsere leben und gedeihen.

Eines Morgens fuhr ich mit dem Wagen in die Stadt, um die wöchentlichen Einkäufe im Supermarkt zu erledigen; auf dem Rückweg wollte ich meinen Mann aus der Fabrik mitnehmen. Aber er war nicht im Büro; er war auf dem Bahnhof, um den Direktor abzuholen. Nur der Zimmerkollege meines Mannes war da, Piero, ein langer, dürrer Brillenträger, der als junger Mensch in mich verliebt war und um mich angehalten hat. Er ist der beste Freund meines Mannes; doch er und ich versuchen immer, nicht miteinander allein zu sein; noch heute, nach all den Jahren, sind wir verlegen und wissen uns nichts zu sagen.

So war es auch an diesem Vormittag. Piero erkundigte sich, wie es mir und den Kindern gehe; dann räusperte er sich und fragte mich mit verzweifelter Miene, ob ich nicht, während ich die Rückkehr meines Mannes abwartete, die Fabrik besichtigen wolle. Das interessierte mich nicht, und ich hatte sie tatsächlich noch nie besichtigt. Aber um ihm einen Gefallen zu tun, stimmte ich hastig zu.

Wir verließen also das Büro, und Piero führte mich durch die einzelnen Abteilungen. Ich erinnere mich dunkel an diese Besichtigung, denn weil ich immer bei meinen Kindern auf der Veranda saß, war ich es nicht mehr gewohnt, die Wirklichkeit zu betrachten. Aber zwei Abteilungen der Fabrik berührten mich ganz besonders: die Fertigung und die Montage. In der ersten bemerkte ich gleich, daß alle diese Maschinen, diese Arbeiter, diese Bewegungen der Maschinen und die Handgriffe der Arbeiter genaugenommen auf eine einzige Maschine, einen einzigen Arbeiter, eine einzige Bewegung, einen einzigen Handgriff reduziert werden konnten. Die Fertigung spaltete sie auf, aber es gelang ihr nicht, die grundsätzliche Übereinstimmung zu verbergen: Es hätten mehr oder weniger sein können, und nichts wäre anders gewesen. Die zweite Abteilung ergänzte und umfaßte im Grunde zugleich die erste: Maschinen, Arbeiter, Bewegungen der Maschinen, Handgriffe der Arbeiter nahmen nach einem bestimmten Entwurf Form an in dem zusammengesetzten und bis zu einem gewissen Grad autonomen Gegenstand, eben dem Kühlschrank. Es war ein langer, komplizierter und undurchschaubarer Prozeß voller schleierhafter Arbeitsgänge des Einrichtens und des Zusammenbaus; aber schließlich vermittelte das Montageband, das sich in einer Folge kleiner Rucke in die letzte Abteilung weiterbewegte und den geschlossenen weißen Kühlschrank, fertig zum Verpacken und Versenden, auf den Boden absetzte, den Eindruck, daß – wie soll ich es sagen? – etwas Lebendes geschaffen worden war. Ja, nun genügte es, den Stecker anzuschließen, die elektrische Energie in den Kühlschrank strömen zu lassen, und die Maschine würde sofort zu arbeiten beginnen; beinahe war ich versucht zu sagen, daß sie zu leben beginnen würde.

Wir gingen über die Höfe ins Büro zurück. Kaum war Piero mit mir allein, da war er wieder schüchtern. Er räusperte sich und sagte: »Es geht ständig aufwärts mit uns. In den letzten beiden Jahren hat sich die Produktion verdoppelt.«

Ich dachte an meinen Mann und an unsere Familie und sagte: »Und du glaubst, daß diese Aufwärtsbewegung anhalten wird?«

»O ja, alles deutet darauf hin.«

»Ich habe immer Angst, daß die Fabrik aus irgendwelchen Gründen zumachen könnte und mein Mann entlassen würde. Du verstehst, wenn er unverheiratet wäre wie du … Aber mit dieser großen Familie.«

Er lachte kurz auf mit gesenktem Kopf. Dann antwortete er: »Die Steigerung der Produktion hängt zum Teil von der Qualität unserer Erzeugnisse und zum Teil vom steigenden Wohlstand ab, vor allem aber, auf lange Sicht, vom Bevölkerungswachstum. Ohne die enorme Zunahme der Bevölkerung seit einem Jahrhundert hätte es niemals die industrielle Revolution gegeben. Deshalb kannst du sicher sein. Solange es Frauen wie dich gibt, die in zehn Jahren sechs Kinder in die Welt setzen, wird weder unsere noch werden andere Fabriken zumachen. Die Frauen produzieren Konsumenten, vergiß das nicht. Du zum Beispiel hast allein für eine nicht allzu ferne Zukunft die Produktion und den Konsum von wenigstens zwanzig Kühlschränken gesichert, um nur von den Erzeugnissen dieser einen Fabrik zu sprechen.«

»Aber wieso denn?«

»Nun, deine Kinder werden heiraten, Familien gründen. Jede dieser Familien wird einen oder mehrere Kühlschränke brauchen. Die Vermutung, daß die Produktion konstant steigen wird, ist also, wie du siehst, nicht unbegründet.«

So unterhielten wir uns noch eine Weile. Dann kam mein Mann, und wir fuhren nach Hause. Nach dem Essen ging mein Mann wieder in die Fabrik, und ich setzte mich wie üblich zu meinen Kindern auf die Veranda.

Ich schaute zur Fabrik hin. Der Himmel über den Dächern der Werkhallen war schwarz; aber es war ein Schwarz, das froh machte, das dunstige, vergängliche Schwarz des Aprilhimmels. Dieses Schwarz hatte feine weiße Streifen: Dort regnete es. Aber auf die Kleewiese und die Pappelreihe schien die Sonne, schräg, gebündelt, blendend wie das grelle und unechte Licht eines Scheinwerfers. Ich hatte die Fabrik bisher stets mit dankbarem Herzen betrachtet, denn ich hatte gespürt, daß es zwischen ihr und uns das Bindeglied der Wohltätigkeit gab: Die Fabrik gewährte uns den Unterhalt, gestattete uns zu existieren. Doch nun, nach den Gesprächen mit Piero, bemerkte ich, daß an die Stelle der Dankbarkeit ein leichtes Angstgefühl getreten war. Ich begriff, daß die Beziehung umgekehrt war oder sein könnte: Nicht wir waren es, die von der Fabrik gestützt und erhalten wurden; es war die Fabrik, die von uns gestützt und erhalten werden mußte. In besonderem Maße von mir, die ich so viele Kinder zur Welt gebracht hatte, das heißt so viele Konsumenten, wie Piero vielleicht nicht ohne unbewußte Bosheit bemerkt hatte.

Meine Gedanken verloren sich in diesen Überlegungen. Ich fühlte, daß in meiner Schlußfolgerung etwas fehlte. Wie ein Glied in einer logischen Kette. Dann fand ich allmählich zu dem verzückten Staunen zurück, in dem ich seit einiger Zeit lebte. Rings um mich sah ich meine sechs Kinder. Und dort, hinter der Veranda, das Kleefeld und die Pappelreihe. Da waren die Dächer der Fabrik. Und da war der schwarze Frühjahrshimmel. Plötzlich gab es einen kurzen, heftigen Windstoß, und gleich darauf fielen die ersten Tropfen. Der Regen war da.

Arvo Valton

Liebe in Mustamäe

Als Ingenieur Mihkel Jürimäe, Konstrukteur im Tallinner »Ilmarise«-Werk, sich von seiner Frau trennte, überließ er ihr alles, bis aufs letzte Stück. Es geschah am Morgen eines gewöhnlichen Arbeitstages, daß sie ihn endgültig rausschmiß, nachdem beide die ganze Nacht hindurch ihre Beziehungen zueinander zu klären versucht und sich gegenseitig charakterisiert hatten. Keiner von ihnen sah sich so, wie sein Lebensgefährte ihn sah, und dieses Scheitern der Kommunikation machte ein weiteres Zusammenleben unmöglich.

Mihkel Jürimäe wußte dieses Ereignis nicht besser zu würdigen, als pünktlich wie immer um halb neun zur Arbeit zu erscheinen. Er ging die Treppe hinunter und trat durch die Hoftür auf die Straße, da fiel ihm aus einem Fenster im dritten Stock sein alter Reisekoffer vor die Füße. Das geschah in der Kunder-Straße, wo sie damals wohnten, und eine Ecke des Koffers wurde eingebeult. Mihkel Jürimäe nahm ihn auf, denn er hatte den Wünschen seiner Frau stets mehr oder weniger Rechnung getragen, und schritt zur Straßenbahnhaltestelle. Beim Passieren des Werktores war ihm der Koffer zwar ein wenig peinlich, er ließ sich aber nicht auf Erklärungen ein. Erst zum Ende des Arbeitstages fragte er seinen Arbeitskollegen Guido Ooter, ob dieser ihn als Schlafgast aufnehmen könne. Guido Ooter, Junggeselle und Inhaber eines Zimmers, stellte die Bedingung: wenn er, Ooter, ein Mädchen mitbringe, müsse Mihkel Jürimäe für diese Zeit verschwinden oder sich hinter dem Wandschirm ganz still verhalten.

So wurde Mihkel Jürimäe, was ihn sehr bedrückte, seinem Arbeitskollegen Guido ein Klotz am Bein. Die Werkleitung brachte Verständnis für diese Situation auf und stufte ihn in die erste Kategorie der Wohnungssuchenden ein. Volme Tomp, der Technologe, empfahl ihm Bestechung. Das brachte Mihkel Jürimäe jedoch auch nicht weiter, weil Amtspersonen bei uns ja nur ungern Schmiergeld nehmen.

Mihkel Jürimäe bemühte sich um größte Rücksicht seinem Obdachgeber gegenüber und durchdöste einige Nächte auf dem Baltischen Bahnhof; dort lernte er zwar einige neue Seiten des Lebens kennen, doch ließ als Folge seine Arbeitsfähigkeit nach. Guido Ooter wiederum konnte wegen dieser Verhältnisse nicht heiraten und mußte mit Zufallsliebchen vorliebnehmen, was seine Gesundheit gefährdete. Zum Glück war er tatkräftig veranlagt und suchte unermüdlich nach Möglichkeiten, wie für seinen Freund eine Wohnung zu beschaffen wäre.

Da kam Mihkel Jürimäe der Zufall zu Hilfe. Es starb ein entfernter Verwandter, der im Neubaugebiet Mustamäe eine Einzimmer-Genossenschaftswohnung hatte. Mihkel Jürimäe wurde zur Beerdigung eingeladen und betrauerte den Verwandten sehr, denn der Tod hat immer etwas Ungerechtes an sich; wenn man Gott oder der Natur Glauben schenken darf. An die Wohnung des Verwandten dachte jedoch nicht er, sondern Guido Ooter, der sich in der freien Zeit, die Arbeit und Liebe ihm ließen, einzig und allein mit der Wohnungsbeschaffung befaßte.

Die unmittelbaren Erben des Verwandten räumten die Wohnung aus, bauten die Deckenleuchten und Gardinenstangen ab, die Wohnung selbst konnten sie jedoch nicht gebrauchen, weil sie selbst eine hatten und die Bewerbung um die Wohnung des Toten mit viel Hinundhergerenne verbunden gewesen wäre. Mihkel Jürimäe hatte natürlich keinerlei Anrecht auf die gerade frei gewordene Wohnung, aber auf Guido Ooters dringendes Anraten reihte er sich in die Schlange der Bewerber ein. Guido Ooter nutzte überaus geschickt seine zahlreichen Bekanntschaften, und allmählich rückte Mihkel Jürimäe zum Anwärter Nummer eins auf. Natürlich fallen in unserer Gesellschaft nicht Bekanntschaften ins Gewicht, sondern das Gesetz, aber in gewissen verschwommenen Situationen hilft eine Bekanntschaft, das Gesetz auszulegen. Und die mit einer Wohnungszuweisung verbundenen Umstände sind fast immer verschwommen.

So verging nicht einmal ein Jahr, und Mihkel Jürimäe war Besitzer einer eigenen kleinen Wohnung, natürlich auf genossenschaftlicher Grundlage. Die Erben hatten einen wackligen ramponierten Hocker im Zimmer stehenlassen, auf den keiner erpicht war. Mihkel Jürimäe schlug drei Nägel in den Hocker, wonach dieser auch längerem Sitzen standhielt.

So setzte sich Mihkel Jürimäe gleich am ersten Tag mit seinem Wohnungsinhaberhintern auf den Hocker mitten im Zimmer und betrachtete die Wände. Er tat dies lange und sehr gründlich, bis ihn schließlich Trauer erfaßte, weil er sein Glück dem Tod eines nahestehenden Menschen verdankte, der irgendwann einmal in der Kindheit bei ihnen auf dem Lande zu Besuch gewesen war und dem kleinen Mihkel einen Gummihund als Geschenk mitgebracht hatte.

Aber Mihkel Jürimäes Leben wollte gelebt sein, und er kaufte sich in einem alten Kramladen ein eisernes Bettgestell mit vernickelten Knäufen. Diese Wahl traf er, weil die Arbeitskollegen die Frage diskutiert, sich jedoch nicht geeinigt hatten, ob dunkelrot oder giftgrün Mode sei. Mihkel Jürimäe wollte weder modisch noch altmodisch sein, und ihm gefiel der Sprungfederboden. Ihm gefiel auch, daß Toivo Kelp aus der Absatzabteilung, der ihn zusammen mit anderen zum Einzugsfest besucht hatte, Mihkel Jürimäe als einen Mann bezeichnete, der immer das tat, was er für richtig hält.

Er lebte sich in seinem neuen Alltag ein, hatte von Zeit zu Zeit Kummer wegen des Vergangenen, dachte aber manchmal mit Interesse daran, was ihm wohl bevorstand. Das Zimmer füllte sich allmählich mit den unentbehrlichen Gebrauchsgegenständen, auf dem Ehrenplatz stand der alte graue Koffer, in den seine Frau wahrscheinlich schon viel früher vorsorglich seine gelbgefleckte Unterwäsche, altes Rasiergerät, einen Wollschal, Socken, ein Bündel Briefe und sonstigen Krimskrams sowie eine Medaille gepackt hatte, die er vor langer Zeit für die Rettung eines Ertrinkenden bekommen hatte.

Ab und zu kam er mit dreckigen Schuhen ins Zimmer, ging genüßlich umher, ohne auch nur eine Ecke auszulassen, es war ja keiner da, der ihm deswegen ein böses Wort sagen konnte, nahm die ausrangierte, zerschlissene Unterhose, die er als Wischlappen benutzte, und wischte den Fußboden auf.

Dann trat eine Frau in sein Leben.

Maire Look lebte in Mustamäe in der Allee der Freundschaft 249 ein einsames, von Sehnsucht erfülltes Leben. Sie hielt sich für ein ordentliches Mädchen mit festen Grundsätzen und befand sich deshalb bereits in gereiftem Alter. Die jungen Männer, die sie kennengelernt hatte, wollten gar zu schnell alles haben, und nach Maire Looks Ansicht wäre danach nichts von den wundersamen Geheimnissen übriggeblieben, für die zu leben sich lohnte. Die Männer hielten sie deswegen für schnippisch oder albern, doch die wahre Liebe begehrte auch in ihre Seele Einlaß.

Maire Look, in der Strumpfabteilung des Werkes »Punane Koit« beschäftigt, wo sie recht gut verdiente, hatte die Gewohnheit, abends am Fenster zu träumen. Das tat sie stehend und beobachtete dabei die Menschen, die an ihrem Haus vorbeikamen; denn diejenigen, mit denen sie zusammen arbeitete, waren ihr vertraut und hatten wenig Geheimnisvolles an sich. Außerdem waren sie meist weiblichen Geschlechts, dazu kamen lediglich ein paar Männer: Elektriker, Schlosser oder Kesselheizer. Die Leute, die an ihrem Haus vorüberschritten, waren dagegen rätselhaft, und Maire Look konnte ihnen Charaktere, ein Schicksal, interessante Beziehungen, ein sonderbares Zuhause oder ein zielstrebiges Leben andichten. Anfangs hatte sie mehr die Passanten im Auge, die schnell aus dem Gesichtskreis verschwanden. Einige galten ihr bald als alte Bekannte und erhielten von ihr sogar Namen wir Roter Hut, Gaffer oder Fröhlicher.

Anders waren ihre Bindungen zu den Bewohnern des gegenüberliegenden Genossenschaftshauses. Zu jedem Fenster gehörten bestimmte Menschen, ihnen Namen zu geben war nicht notwendig. Sie waren beständiger als die Vorübergehenden, um die sich Maire Look, bis auf ein paar alte Bekannte, nicht mehr sonderlich kümmerte, nachdem sie auf den Geschmack gekommen war, die Fenster zu betrachten.

Das gegenüberliegende Haus war weit genug entfernt, daß Maire Look das Leben hinter vielen Fenstern verfolgen konnte. Die Vielfalt der Details hielt sie für unwesentlich, da sie eine blühende Phantasie hatte. Es gab dort Familien, die alltäglich und langweilig lebten, wahrscheinlich solche, die man als glücklich bezeichnet. In anderen wurde gefeiert, gestritten und vehement alles zur Schau getragen. Maire Look gefiel es, das Gesehene in Gedanken zu ganzen Romanen auszuwalzen, das befriedigte sie.

Anfangs hatte Maire Look im Dunklen gestanden und die beleuchteten, meist mit Gardinen verhängten Fenster betrachtet. Sie sah Schatten, die sich bewegten, oder für einen Moment eine Gestalt, die an einem Spalt der Gardine vorbeihuschte. Mehr bot sich tagsüber dem Auge, wenn die Kinder und Alten ans Licht drängten, die Fenster weit öffneten und ihr Leben in einer großen Gemeinschaft lebten. Mit der Zeit trat ein neuer Zug in Maire Looks abendliches Fensterstehen: Häufig vergaß sie, das Licht in ihrem Zimmer zu löschen, und stand als erwartungsvolle Silhouette da. Mit bitterer Selbstironie dachte sie: Das sind schon die Tage eines späten Mädchens, sie will gesehen werden und hofft, ein Prinz werde sich ihrer traurigen Gestalt erbarmen.

Eines Abends sah Maire Look an einem Fenster des Hauses gegenüber einen Mann stehen, der ihr angemessen groß und angemessen traurig vorkam. Dieser Mann fesselte ihre

Aufmerksamkeit, weil er in einem Fenster aufgetaucht war, das noch nichts offenbart hatte, seit sie in Mustamäe lebte. Monatelang war es sogar ohne Gardinen, völlig leblos gewesen. Und an diesem leblosen Fenster war nun plötzlich ein Mann erschienen. Maire Look spürte instinktiv, daß es ein alleinstehender Mann war, der sein Leben erst aufbaute. Und nicht zu jung und nicht zu schön und nicht zu draufgängerisch war. Alle diese Eigenschaften paßten zueinander und konnten ausreichen, einander zu bemerken. Der Mann war neu hier, und nur mit einem neuen konnte Maire Look ihre Träume und Hoffnungen verbinden, alle alten Bekannten waren durchschaut und in ihrem Bewußtsein registriert.

Der Leser, der bereits in dieser Erzählung geblättert hat, ahnt schon, daß dieser Mann Mihkel Jürimäe war. Das Leben ist vielseitig, es wiederholt sich in ständiger Erneuerung und scheint ziemlich in die Länge gezogen, in der Literatur jedoch wird Wiederholung übelgenommen, da muß man aus allen Rohren feuern, da müssen die Zufälle zueinander passen, die handelnden Personen einander begegnen und etliche Seiten lang die Knotenpunkte ihres Lebens durchschreiten. So lautet das Gesetz des Schreibens, und nur wenige wollen dagegen absichtlich verstoßen. Wenn bislang von einer Frau und einem Mann die Rede war, weiß jeder gescheite Leser sogleich, wie es weitergeht, ihn vermag nur zu interessieren, wie das alles geschieht.

Maire Look und Mihkel Jürimäe standen sich also an ihren Fenstern schräg gegenüber, und ein gewisses Gefühl ließ daher nicht lange auf sich warten. Ein armes, aber ehrliches Mädchen, das schön ist und dessen Vermögen ein reiches Innenleben ist, trifft einen wohlsituierten Herrn aus guter Familie, dessen bisheriges Leben in einer feinen, ihm aber unangenehmen Gesellschaft gescheitert ist und der jetzt wahren Trost nur bei einer reinen Seele finden kann. Ein Ingenieur mit Hochschulbildung und dürftigem Gehalt bewahrt seine Autorität gegenüber einem noch nicht völlig emanzipierten Arbeitermädchen, das auf garantierte Arbeit und guten Verdienst verweisen kann.

Schon an mehreren Abenden war Mihkel Jürimäe die Frau aufgefallen, die lange am Fenster stand und herausschaute. Er hatte gerätselt, wem in seinem Haus der Blick der Frau gelten mochte, doch er entdeckte keinen Anhaltspunkt. Eines Abends, als es ihm in seinem Zimmer langweilig wurde, blieb er am Fenster stehen, um seine inhaltslosen, trüben Gedanken zu verscheuchen. Es konnte gar nicht anders sein, sie bemerkten einander, und nun sahen sie sich mit vollem Bewußtsein an. Mihkel Jürimäe schien es unhöflich, als erster vom Fenster wegzutreten, und er blieb tapfer bis zu dem Augenblick stehen, als die Frau schließlich entschied, jetzt sei es genug. Später am Abend huschte ihr Schatten ein paarmal am Fenster vorbei, und Mihkel Jürimäe wurde bewußt, daß dort ein lebendiger Mensch mit eigenem Tun und eigenen Gedanken war. Am nächsten Abend verspürte er den starken Wunsch, ans Fenster zu gehen, er hielt sich aber zurück. Schließlich erschien die Frau auf ihrem Wachposten, und auch dem Ingenieur Mihkel Jürimäe blieb nichts anderes übrig, als seine Stellung am Fenster zu beziehen. Mit Befriedigung merkte er jetzt, daß ihn die Frau unverwandt ansah und nur ab und zu, wie bei einem routinemäßigen Revisionsgang, andere Fenster inspizierte.

So standen sie sich Abend für Abend gegenüber, und schon gegen Ende der Arbeitszeit, wenn sie ihre Maschine säuberte und er seine schöpferischen Gedanken einstellte, dachten sie erwartungsvoll an das abendliche Gegenüberstehen.

Eines Abends erschien die Frau nicht am Fenster. Weder Arbeiten noch Lesen gingen Mihkel Jürimäe von der Hand, immer wieder zog das vertraute Fenster gegenüber seinen Blick an. Erst jetzt wurde ihm endgültig klar, daß diese Frau in sein Leben getreten war. Ziemlich spät am Abend wurde das Fenster hell. Mihkel Jürimäe lag schon und las; mit einem undeutlichen Gefühl des Beleidigtseins im Herzen beschloß er, zur Strafe nicht ans Fenster zu gehen. Der Schatten der Frau bewegte sich rasch, es war zu erkennen, wie sie ihr Bett machte, dann etwas aus der Küche holte und im Gehen aß. Als sie dann für einen Augenblick ans Fenster trat, blieb Mihkel Jürimäe nicht stur, sondern richtete sich im Bett auf, doch er zauderte, weil er nicht wußte, ob es schicklich sei, sich ihr im Pyjama zu zeigen. Er kam nicht dazu, das zu entscheiden, die Frau verschwand vom Fenster, und bald darauf erlosch das Licht in ihrem Zimmer.

In Mihkel Jürimäes Brust tobten wirre Gefühle. Was habe ich von dieser fremden Frau, soll sie doch leben, wie sie will, sagte er sich, er fühlte aber, daß dies unaufrichtig war. Ihm kam der plötzliche Gedanke, sie sei mit einem Verehrer gekommen, und schon begann sich böse Eifersucht seines Herzens zu bemächtigen. Aber dann wäre sie doch überhaupt nicht am Fenster erschienen, dachte er und beschloß, als kluger und lebenserfahrener Mann abzuwarten, was weiter werde. Und zu seiner Freude merkte er, wie die Entscheidung ihm nicht die erhoffte apathische Ruhe brachte.

So ging es eine ganze Woche weiter, die Frau kam erst spät nach Hause, und Mihkel Jürimäe begriff: Das nennt man Spätschicht. Er hatte nie gedacht, daß eine solche Erkenntnis ihm so viel Freude bereiten könnte.

In der folgenden Woche standen sie wieder getreulich auf ihrem Posten. Das Schicksal hatte ihnen die Liebe geschenkt. Sie hatten das Gefühl, ohne diese Abendstunden, ohne sich gegenseitig zu sehen, könnten sie nicht mehr leben.

Mihkel Jürimäe nahm diese Gefühlswoge ein wenig bitter auf, von Zeit zu Zeit fielen ihm alte Wunden und Enttäuschungen ein, er zweifelte an sich selbst und an allen Frauen, zweifelte an der Möglichkeit des Glücks überhaupt; er war etwas über vierzig und meinte, für ihn könne es kein Verliebtsein mehr geben, und manchmal erfaßte ihn unerklärliche Eifersucht auf alle möglichen Männer, die mit der Frau vom Fenster gegenüber bekannt waren, mit denen sie sich unterhielt, denen sie zur Begrüßung die Hand reichte, dann tobte es in seinem Innern, und er dachte verächtlich über die eben noch Geliebte, beschimpfte sie mit häßlichen Worten, ging sogar ans Fenster, um seine Wut zu zeigen, aber wenn er dann die Frau gegenüber glücklich und traurig nur ihn und keinen anderen anschauen sah, wurde er endgültig weich, und sein Gefühl schlug ins andere Extrem um, plötzlich fand die ganze Welt, fanden alle Gedanken und Ideen Platz in dieser Blickverbindung. Das intensive Gefühlsleben ermüdete ihn, zuweilen meinte er jedoch, gerade dadurch ein lebendiger Mensch zu sein und kein Roboter aus dem »Ilmarise«-Werk.

Maire Looks Gefühle waren sauber und ungetrübt. Dieser Mann, offenbar älter als sie, sagte ihr kein häßliches Wort wie jene Männer, die sie manchmal aus Langeweile oder Jagdvergnügen begehrten. Der Mann stand nur für sie am Fenster, störte durch nichts ihre Vorstellungen von ihm, hatte von Anfang an kein Auge für andere. In seiner Vergangenheit mußte es irgendeinen Zusammenbruch, ein tragisches Ereignis geben, das fühlte Maire Look ganz deutlich, und sie stellte es sich lebhaft und in den verschiedensten Varianten vor. Der Zusammenbruch hatte den Mann niedergedrückt, aber auch erneuert, und seine Lebenskraft trieb neue Sprosse, sein Lebensbaum füllte sich mit Liebessäften für Maire Look. Einen idealeren Mann konnte sie sich nicht vorstellen, und so gab sie sich voller Leidenschaft ihren Gefühlen hin. Ihr schien, sie sei zum erstenmal im Leben wirklich verliebt, ein Gefühl, das von der Realität nicht verunglimpft wurde. Sie öffnete diesem Fenstermann ihr Innerstes, es tat ihr nicht leid, ihm auch den geheimsten Winkel ihrer Seele zu offenbaren. Jetzt hatte Maire Look einen Mann, den Mann fürs Leben, die Wahl war getroffen, etwas anderes konnte weder sein noch kommen. Sie überlegte nicht mehr, hegte keinen Zweifel, forderte keinerlei Formalität und nichts Reales. Dieser Mann verkörperte ihr weiteres Leben, ihre Zukunft, den Gegenstand ihrer Fürsorge und die Verwirklichung ihrer Mutterschaft.

Maire Look wurde froh, denn sie war sich bewußt, eine natürliche Estin mit schöner Seele zu sein, für die der Mann kein Mittel zum Zweck bildet, die selbst frei und würdevoll ist und sich aus freiem Willen hingibt, nicht aus süßer Furcht vor der Gewalt, nicht aus Berechnung, um ihr Leben einzurichten, nicht zur billigen Befriedigung des Ehrgeizes. Sie gibt sich hin, ohne zu fragen, ohne etwas zu fordern, sauber, einzig und allein dem eigenen Gefühl folgend.

Das abendliche Einanderansehen war beider Leben und Liebe mit so vielen Nuancen, daß ein Außenstehender sie überhaupt nicht hätte erfassen können. Da gab es kaum merkliche Stimmungswechsel, leidenschaftliche Liebe, Befriedigung, manchmal auch ein wenig Zank, Vergebung und die alles besiegende Versöhnung. Auch wenn Maire Look Spätschicht hatte, fanden sie danach noch ein wenig Zeit, am Fenster zu stehen, da waren sie füreinander nur Silhouetten, das machte ihr Leben abwechslungsreicher und gestattete ihnen nicht, der gegenseitigen Wahrnehmung müde zu werden.

Eines Tages verspürte Maire Look ein sonderbares Unwohlsein, und eine glückliche Ahnung erfüllte sie. Die Tage der Übelkeit vergingen, Maire Look wartete ein paar Wochen ab und begab sich dann zur Frauenberatungsstelle an der Pärnu-Chaussee. Dort sagte man ihr, sie sei in anderen Umständen und stellte ihr einen Schwangerenausweis aus. Nun stolzierte sie von früh bis spät herum, und ihr Gesicht strahlte unaufhörlich in einem unwillkürlichen Lächeln.

Lange vermochte sie das Geheimnis nicht für sich zu behalten. Eines Abends, als sie einander gegenüber am Fenster standen, zeigte Maire Look auf ihren Bauch und lächelte dem Mann zu. Aufgeregt wartete sie, wie er reagieren würde. Zunächst schien er erschrocken – vielleicht verhalten sich die meisten Männer so, selbst wenn sie ein Kind von ihrer Liebsten wollen –, dann erwiderte er ihr Lächeln, vielleicht ein wenig gezwungen, aber Maire Look verurteilte ihn deshalb nicht, beim ersten Aufwallen der Gefühle kann ein bißchen Schauspielerei nicht ausbleiben. Sie lächelte ihm nun mit der gütigen Überlegenheit der künftigen Mutter zu und zeigte ihm, wie sehr sie ihren Einzigen liebe.

Mihkel Jürimäe war im ersten Augenblick wirklich erschrocken, vielleicht in Anbetracht der Verantwortung, die für einen anderen zu empfinden er längst nicht mehr gewohnt war. Die Zeichnung eines Rußgebläses auf seinem Tisch in der »Ilmarise«-Konstruktionsabteilung war leblos und abstrakt, wie anders waren da jene junge Frau und sein zukünftiges Kind! Die Lebenserfahrung half Mihkel Jürimäe jedoch schnell über den Schreck hinweg, befand er sich doch in dem Alter, da man angesichts seines qualvollen Erlöschens Nachkommen ersehnt und die Notwendigkeit fühlt, seine wertvollen Gene nutzbringend anzuwenden.

Während der Schwangerschaft veränderte sich Maire Look schnell. Ihr Glücksgefühl blieb stabil, aber in den ersten Monaten wurde ihr oft schlecht, und sie mußte das Fenster verlassen. Mihkel Jürimäe lächelte ihr dann verständnisvoll und ermunternd zu, anders konnte er ihr nicht helfen. In den letzten Monaten der Schwangerschaft wurde Maire Looks Gesicht fleckig, in ihrer Natürlichkeit schämte sie sich jedoch nicht, sich dem Mann zu zeigen. Ihre Schmerzen waren schließlich auch seine Angelegenheit, sollte er ruhig an ihnen teilhaben.

Eines Tages, kurz vor dem Schwangerenurlaub, als Maire Look mit ihrem schwerfällig gewordenen Gang von der Arbeit kam, konnte sie nicht widerstehen, sie ging in Aufgang drei des Genossenschaftsblocks und sah sich die Hausbewohnerliste an. Der Inhaber der mittleren, also der Einzimmerwohnung im vierten Stock, hieß Mihkel Jürimäe. So erfuhr Maire Look den Namen ihres geliebten Mannes. Zu Hause angekommen, schrieb sie ihn in großen Buchstaben auf einen Bogen Papier und legte ihn aufs Radio. In Gedanken wiederholte sie: Mihkel, Mihkel, Mihkel. Das klang zumindest ihrer Ansicht nach wunderschön, wie Musik aus alter Zeit.

In den letzten Tagen konnte Maire Look mit ihrem großen Bauch nicht mehr am Fenster stehen, und sie holte sich einen Stuhl, aber das Sitzen war ihr noch beschwerlicher. So saß und stand sie abwechselnd und lächelte ab und an ihrem Liebsten zu, der in seinem Zimmer getreulich Wache hielt, während ihre Gedanken jetzt mehr dem Kind zugewandt waren, das in ihrem Bauch strampelte.

In einer solchen Abendstunde setzten die Wehen ein. Als sie heftiger wurden, klingelte Maire Look an der Tür der Nachbarn, die ein Telefon hatten, und bald darauf rollte ein Krankenauto vor das Haus Nummer 249.

Mihkel Jürimäe bekam Herzklopfen, er stand zeitweise wie erstarrt, dann knetete er seine Finger, bangte um die Frau, obwohl er verstandesmäßig wußte: Das ist alles etwas ganz Natürliches, das Leben und die Geburt. Die Frau wurde ins Auto gebracht und weggefahren.

In dieser Nacht bekam Mihkel Jürimäe kein Auge zu. Er dachte an die Frau, wollte mit ihr leiden, aber von Zeit zu Zeit überkamen ihn eigenartige hellgrüne Visionen, die weder mit der Geburt noch mit der Zukunft etwas zu tun hatten.

Vielleicht war er doch eingenickt, denn am Morgen fühlte er sich nach der kühlen Dusche und dem Kaffee ganz frisch, und als er zur Arbeit ging, ergriffen klare und Antwort erheischende Probleme von ihm Besitz. Sie ließen ihn keinen Augenblick los, auch nicht während der Abteilungsberatung, an diesem Tag fügte er seinen Berechnungen keinen nützlichen Strich hinzu.

Am Abend hatte es keinen Sinn, am Fenster zu stehen, er tat es nur kurz und aus Gewohnheit, sein Dasein war auf einmal von unerklärlicher Leere erfüllt. Alles, was sein Inneres nun schon über ein Jahr bewegte, war mit dieser Frau und ihrem Fenster verbunden, sie befand sich jetzt an einem sicheren Ort, umgeben von helfenden Ärzten, ihr Zimmer war leer. Mihkel Jürimäe spazierte eine Weile in der Wohnung umher, dann ging er hinaus, blieb vor dem Haus 249 stehen und nahm sein Fenster in Augenschein, er versuchte sich in das Gefühl zu versetzen, das jene Frau empfinden mochte, wenn sie ihn ansah.

Am nächsten Tag war Lohnzahlung bei »Ilmarise«. Mihkel Jürimäe kaufte im Blumenladen einen Armvoll Nelken, blickte sich ängstlich um, stopfte die Blumen in die schwarze Aktentasche und ging zum Entbindungsheim in der Sakala-Straße. Im Empfangsraum studierte er die Namenlisten und stellte verwundert fest, daß er den Namen seiner Heißgeliebten nicht wußte. Er las schöne Namen estnischer Frauen, die alle so tüchtig waren, ihrem kleinen estnischen Volk neue Angehörige zu schenken, es war wie ein fröhlicher Reigen, bei dem bunte Volkstrachten schillern, aber er konnte diese Einzige unter den vielen nicht herausfinden.

Leider sind Männer in solchen Dingen nicht besonders hell, aber Mihkel Jürimäe traute sich dennoch, eine Frau im weißen Kittel, die Pakete in den Krankensaal brachte, zu fragen, ob sie ihm nicht helfen könne, er wisse den Namen der Wöchnerin nicht, der er die Blumen bringen wolle. Die sehr beschäftigte Frau wollte ihm natürlich erwidern, hier gehe es nur nach dem Namen, doch als sie sich sein Gestotter weiter anhörte, ihn näher betrachtete und seine Unbeholfenheit erkannte, erfaßte sie für einen Augenblick jenes überlegene Mitleid, das Frauen manchmal für das armselige Männergeschlecht aufbringen, und sie beschloß, Mihkel Jürimäe zu helfen. Zum Glück hatte sie, wie alle echten Frauen, eine lebhafte Phantasie, und sie fragte nicht nach dem Woher und Wohin, sondern legte sich schnell eine rührende Geschichte zurecht, wie dieser Mann einer Frau geholfen hat, die direkt von der Straße ins Entbindungsheim gebracht werden muß. Sie fragte ihn, wann die Wöchnerin eingeliefert worden sei, was Mihkel Jürimäe fast auf die Minute genau sagen konnte.

Er mußte lange warten, bis die Frau im weißen Kittel zurückkam, und nun erfuhr er, zur betreffenden Zeit seien mindestens drei Gebärende eingeliefert worden. Da er aber den Wohnort der Frau und sogar die Hausnummer angeben konnte, hielt die Frau die Angelegenheit für geklärt und versprach, die Blumen persönlich abzugeben. Auf die Frage, ob er nicht auch einen Brief oder wenigstens eine Visitenkarte übergeben wolle, zögerte Mihkel Jürimäe so lange mit der Antwort, bis die Schwerbeschäftigte keine Zeit mehr hatte, auch die Pakete anderer mußten überbracht werden, und sie verschwand hinter der Tür, die für Nichtentbindende verboten war.

Voller sonderbarer Gefühle schlenderte Mihkel Jürimäe zur Obushaltestelle, und Maire Look erhielt einen Armvoll schöner Nelken, die sie mit Glück erfüllten und ihre Aufregung dämpften; sie war beunruhigt, weil das Töchterchen noch nicht zum Stillen gebracht wurde.

Bald fuhr Maire Look mir dem Taxi nach Hause. Mihkel Jürimäe war gerade auf Arbeit. Am Abend, als er aus Gewohnheit zu dem in letzter Zeit leeren Fenster blickte, erschien die Frau. Sie war jetzt ganz wie früher, blieb aber nur recht kurze Zeit dort, sie hatte immer etwas zu tun. Mihkel Jürimäe verstand das und ärgerte sich nicht darüber.

Und dann kam sie mit einem winzigen Bündel im Arm ans Fenster, wegen der großen Entfernung sah Mihkel Jürimäe nichts außer einer buntgemusterten Decke. Dennoch versuchte er ihr glücklich zuzulächeln, weil sie ihm das Kind zeigte.

Danach erschien Maire Look noch so manches Mal mit dem Kind am Fenster, einmal gab sie ihm dort sogar die Brust, doch dann erschrak sie und zog die Gardine zu.

Als die Zeit der Namensgebung heranrückte und sie auf dem Standesamt gefragt wurde, wer der Vater des Kindes sei, sagte Maire Look sicher undeutlich: Mihkel Jürimäe. Aber mehr wußte sie nicht von ihm, weder den Geburtsort noch die Arbeitsstelle und so weiter. Das Mädchen hieß von nun an Inge Look.

Für Mihkel Jürimäe waren es Tage angestrengten Nachdenkens. Sein Leben schien in Ordnung zu sein und doch wieder nicht. Er hatte eine Frau, er hatte ein Baby, aber niemand drängte ihm seinen Willen auf. Er ging ans Fenster, wann immer er wollte, und wenn sie jeden Tag wie auf Verabredung erschien, war das ihre eigene Angelegenheit, es demonstrierte lediglich ihrer beider Frische und die Beständigkeit ihrer Gefühle, das Bedürfnis nach einem Partner, den Wunsch nach Bindung. War das nicht die ideale Ehe, von der Männer so oft träumen; sich einer Frau sicher und zugleich frei zu sein. Dennoch schien ihm manchmal etwas zu fehlen. Besonders sonntagmorgens im Bett, wenn sich sein Körper nach Kontakt sehnte.

Am ersten Geldtag steckte Mihkel Jürimäe ein Viertel des erhaltenen Geldes in einen Briefkasten des vierten Aufgangs im Haus 249. Als Maire Look das klägliche Ledigenmuttergeld angeboten wurde, lehnte sie es daher stolz ab und teilte mit: Der Vater zahlt.

Die Ehe hielt. Bald erschienen am Fenster gegenüber zwei Frauen – eine alternde und eine, die zunächst winzig war, dann aber wuchs und immer schöner wurde.

Manchmal ergriff den Mann in den Fünfzigern eine sonderbare Sehnsucht, diese seine zwei Frauen ganz aus der Nähe zu sehen, sie sogar zu berühren.

Elda Bossi

Die Tata

Sie verließ ihren Heimatort zum erstenmal, und sie war fünfzehn Jahre alt, hatte ein rundes sommersprossiges Gesicht und zwei dicke, schwere Zöpfe, die ihr steif wie Besenstiele auf dem Rücken hingen. Auf diese Zöpfe, die am Ende mit zerschlissenen Schleifen gebunden waren, war sie besonders stolz; die Signora aber verlangte von ihr, daß sie sie am Hinterkopf hochsteckte, und das war der erste Schmerz in ihrem neuen Leben, ein so tiefer, stiller, aber wilder Schmerz, daß sie tagelang alles und alle haßte: die Stadt, in der sie keine Freundinnen hatte, das Haus mit den glänzenden Fußböden, die Signora und selbst Ninin.

Die Signora hatte das Mädchen mit wohlwollender Herablassung aufgenommen. Sie war eine junge Frau wie alle jungen Stadtfrauen – die kleine Tata hätte sie in den ersten Tagen auf der Straße schwerlich erkannt. Ihre Röcke reichten knapp unter das Knie, sie hatte helles, in Wellen auf die Schultern fallendes Haar, dünne, bogenförmige Augenbrauen, die ihrem Gesicht einen träumerischen, leicht stumpfsinnigen Zug verliehen, und einen Mund, den der Lippenstift wulstiger, doch kleiner machte. Sie ähnelte eigenartig einem zu rasch gewachsenen Mädchen, wie all die hochaufgeschossenen, unmöglich gekleideten Backfische, die jeden Nachmittag mit ernster und sorgenvoller Miene durch die Kramläden schlendern. Sah man sie von nahem, so entdeckte man auf ihrem Gesicht einen ebenfalls merkwürdigen Ausdruck frühzeitigen Alterns, Zeichen des Verfalls an den Lidern, unter den Augen, an nicht mehr ganz festen Halspartien. Ninin war das erste Kind nach jahrelanger egoistischer Unfruchtbarkeit. Aber schließlich mußte es sein, denn eine Ehe ohne Kinder ist sinnlos, und dann bindet ein

Kind einen Mann weit stärker als Kirche und Gesetz. Und so kam Ninin, im stillen unerwünscht, aber mit lauter Freude und mit Erleichterung aufgenommen. So, auch das war jetzt erledigt.

Nun war Ninin über ein Jahr alt und wagte noch nicht einmal die ersten Schritte. Er war dick, kräftig und eigensinnig. Allein schaffte es seine Mutter nicht mehr, zart und nervös, wie sie war, zumal da sie sich schier umgebracht hatte, als sie ihn drei oder vier Monate lang gestillt hatte. Besonders zum Spazierenführen war ein Mädchen erforderlich; ja, wenn es sich nur darum gehandelt hätte, den Sportwagen auf einer richtigen Straße zu schieben, wie es sie in allen zivilisierten Städten gibt (die Signora stammte aus dem »Unterland«), doch hier ging es ständig auf und ab, über Treppen und Brücken, und man mußte das Kind tragen.

Deshalb wurde die Tata aus ihrem Dorf in die Stadt geholt. Sie war frühmorgens in den Bus gestiegen, nachdem sie ihre Familie verlassen hatte, zu jener trüben Stunde, da die Erde weder dem Tag noch der Nacht gehört; und ihr schien, daß auch sie sich zwischen Tag und Nacht bewegte, daß sie weder in der Wirklichkeit noch im Traum handelte. Schweigend und widerstrebend war sie der geheimnisvollen Stadt entgegengeeilt, im Obus, der die lange Brücke über die Lagune verschlang. Sie hatte weder nach links noch nach rechts gesehen, obwohl sie vorher nie ein größeres Wasser erblickt hatte als den Dorfteich. Schweigend und widerstrebend war sie vor die Signora hingetreten, ihr armseliges Bündel unter dem Arm.

Und gleich rollten Tränen wegen der Zöpfe, die sie hochstecken sollte, hochstecken wie ihre Mutter und alle »alten Weiber« im Dorf. Sie weinte, ohne es recht zu ahnen, über ihre zu Ende gehende Kindheit. Und sie weinte mehr, aber nur nachts, viele Nächte lang auf dem eilig in einer Ecke des Eßzimmers aufgestellten schmalen Feldbett.

Wenn sie dann frühmorgens das Zimmer aufräumte und die zusammengeklappte Liege unter der Treppe verstaute, dann verstaute sie gewissermaßen auch ihre Tränen und die heiße Sehnsucht nach dem Heimatort und der Mutter. Sie hatte keine Zeit zu weinen, Ninin beanspruchte sie den ganzen Tag. Doch die erste Woche war auch Ninins wegen besonders hart. Das Kind schrie und strampelte, wenn sie es auf den Arm nahm, und am liebsten hätte sie es wie einen gefährlichen Gegenstand zu Boden fallen lassen. Aber sie tat es nicht, sondern drückte es mit ganzer Kraft an die Brust, schüttelte es heftig von oben nach unten, von rechts nach links und schrie lauter als der Kleine: «Oh, oh, oh, oh!«

Wirklich eine vom Lande, dachte die Signora.

Und sie nahm ihr das Kind ab, beruhigte es mit Liebkosungen und zärtlichen Worten: »Mein Herzchen«, »mein Häschen«, »mein Süßer«.

Auf einmal schien sich Ninin an die Tata gewöhnt zu haben. Mehr noch, die Tata gefiel ihm, er zog sie allen anderen vor. Der Erd- und Stallgeruch, der noch den Bauernkleidern anhaftete, war ihm angenehmer als der aufreizende Parfümgeruch der mütterlichen Kleider. Er konnte mit seinen Grapschhändchen in das dichte, derbe Haar greifen und an den Strähnen reißen, das breite, friedliche und sommersprossige Gesicht kneifen und zerkratzen – die Tata ertrug all das mit der Geduld und der Ausdauer mancher Haustiere, die Tata gehörte ausschließlich ihm, sie war sein Spielzeug, sein Eigentum.

Das spürte die Tata, und in ihrer Einsamkeit überflutete sie plötzlich eine Welle des Glücks. Es gefiel ihr, jemandes Willkür ausgesetzt, begehrt, also geliebt zu sein; das Herz schwoll ihr vor Stolz, Dankbarkeit, Zärtlichkeit. Allmählich wurde das Kind für sie etwas sehr Wichtiges, ihm galt ihre große Liebe, wie sonst nur dem Heimatort oder dem Vaterhaus inmitten der Felder; denn es war ihre tägliche Mühe, ihr Schmerz, ihre Freude, ihr Leben in dieser fremden und feindseligen Stadt.

Doch lange hinderte sie ihre natürliche Schüchternheit besonders der Signora gegenüber, ihre Liebe zu zeigen. Sie lächelte das Kind scheu an, kitzelte es mit dem Zeigefinger unter dem Kinn.

Sie hat nicht mehr Gefühl als ein Stück Holz, dachte die Signora. Dabei wußte sie nicht, daß die Tata und Ninin einander längst liebten und das Mädchen nur für das Kind lebte. Daß die Tata geduldig jede Quälerei und freiwillig jede Mühsal ertrug, ja sogar ungeduldig und ärgerlich war, wenn andere sich um Ninin kümmerten, galt als Bauernstolz. Und daß Ninin sich nur von der Tata ausziehen, ankleiden und füttern ließ, daß er von morgens bis abends von ihr auf den Arm genommen werden wollte, galt nur als Laune eines verwöhnten Kindes.

Niemand ahnte, daß die kleine, magere, aber kräftig gebaute Tata dieses Gewicht stundenlang tragen konnte. Aber sie hielt es aus und wurde nie müde. Sie war mit dieser Last vertraut geworden, und zwar mehr mit dem Herzen als mit den Armen. Zu Hause hatte sie nie Kinder gehütet – sie war die Jüngste in der Familie –, und alles an diesem Gefühl war ihr neu: die lebende Wärme an der Brust, das zarte, elastische, glatte Fleisch der unruhigen Beinchen und das traute, zartgelockte Köpfchen, das im Schlaf auf der Schulter, an den Hals geschmiegt, ruhte.

Die Frage, was sie empfand, hätte sie nicht zu beantworten vermocht; sie war sich keines besonderen Gefühls bewußt. Im stillen wiederholte sie nur unablässig, mit seltsamer Leidenschaft: »Mein« Kind! »Mein« liebes Kind!

Anfangs ließ die Signora sie nicht allein mit Ninin ausgehen. Doch nachdem sie sich eine Zeitlang eine Besorgnis eingeredet hatte, die sie im Grunde gar nicht empfand, verzichtete sie darauf, den Kleinen auf seinem täglichen Nachmittagsspaziergang zu begleiten. Die Tata war zwar primitiv, gewiß, doch auf ihre Weise vernünftig.

Die Tata ging langsam, trug das Kind auf dem linken Arm und hielt sich dadurch im Gleichgewicht, daß sie den Oberkörper nach hinten beugte und den Bauch vorstreckte, wobei sich auf dem breiten sommersprossigen Gesicht kindliche Scheu und fraulicher Ernst mischten. Sie schritt vorsichtig über alle Stege und sah weder nach rechts noch nach links. Nichts konnte sie ablenken, der Weg in den Park war weit. Dort gab es Gott sei Dank Blumen, Bäume und Gras, dort gab es Erde.

Sie wandte dem blauen, grünen oder grauen Wasser der Lagune den Rücken und vertiefte sich mit Ninin in lange, geduldige Spiele mit Steinchen, Blättern und Sandhäufchen. Ninin stammelte erst ein paar Silben, die Tata sprach nur den Heimatdialekt, und so verstanden sie einander. Freude, Schmerz, Liebe, die ursprünglichsten Empfindungen einer jeden Kreatur, spürten und teilten sie, fast ohne sie auszudrücken. War Ninin müde, so baute die Tata ihm aus ihren holzdürren Armen ein Nest und sang halblaut ein Schlaflied von daheim:

Dindolondon, dindolondon,
hört die Glocke von San Bruson,
sie läutet so stark, sie klingt so laut,
da fällt sogar die Tür aus dem Haus ...

Bei diesen Worten fühlte sich die Tata in ihr Dorf zurückversetzt, auf die Schwelle eines Hauses. Drinnen hört man, gleich dem Hufschlag eines störrischen Pferdchens, das rhythmische Klopfen der Stuhlbeine auf den Steinfliesen der Küche, wo eine junge Mutter ihr Kind in den Schlaf wiegt ... Und wie so oft, malte sich das Mädchen die sonderbare Kirche aus und jene schreckliche Glocke, die lauter ist als die Posaunen des Jüngsten Gerichts.

War Ninin besonders unruhig, dann ließ sie ihn auf ihren Knien reiten und sang:

Hopp, hopp, hopp, mein Kindlein,
die Mutter muß gleich dasein
mit milchgeschwellter Brust,
denn das Knäblein hat Durst ...

Die »milchgeschwellte Brust« verursachte ihr ein stilles Unbehagen, eine geheime Sehnsucht nach etwas Unbekanntem. Und sie senkte den Blick auf das Baumwollkleidchen, dorthin, wo die ersten schüchternen Rundungen sich abzeichneten. Dann flammte das breite sommersprossige Gesicht voller Scham auf, und die mausgrauen Augen wandten sich von Ninin ab, denn irgendwie hatten Sehnsucht und Scham etwas mit Ninin zu tun.

Im Park saßen die Ammen immer zu zweit oder zu dritt beisammen. Meist stammten sie aus demselben Ort und schwatzten unermüdlich über ihre Leute, die Kinder, die daheim geblieben waren, sprachen über die Felder und die Tiere. Die Tata setzte sich nie zu ihnen, sondern immer auf eine Nachbarbank, und während Ninin im Sand wühlte und vor sich hin plapperte, beobachtete und belauschte sie sie stundenlang. Ihre Redeweise war ihr vertraut, ihr Dialekt ähnelte dem ihres Dorfes, die Dinge, über die sie sprachen, waren Dinge aus ihrem Leben: Schafe, Kühe, Mais, Küken, das Hausschwein, die Bodenpacht, die zu hoch war, das Gras, das nicht wuchs, weil der Regen fehlte, die Schulden beim Schankwirt.

Am liebsten schaute sie den Frauen zu. Sie waren auch schön anzusehen mit ihren farbenfreudigen, schweren Röcken, den großen musselin- und spitzenbesetzten Schürzen, mit den üppigen, blühenden Brüsten, den blauen oder roten Seidentüchern, den langen Ohrgehängen und den goldenen und silbernen Filigranketten. Jede Amme war auf »ihr« Kind stolz, doch die kleine Tata meinte, dazu hätten sie gar keine Veranlassung, denn das schönste von allen sei »ihr« Kind.

Hin und wieder stillte die eine oder die andere Amme. Sie nahm das brüllende, vor Wut knallrote Kind auf den Schoß und hob die Hand ans Mieder. Die Tata glaubte das Geräusch der Knöpfe zu hören, die aus dem Knopfloch sprangen. Weiß und prall, mit der Gewalt eines unbelebten Gegenstandes, schnellte die Brust hervor, manchmal spritzte ein Strahl schimmernde Milch heraus, die braune Brustwarze schwankte ein Weilchen vor dem verzerrten Gesicht des Säuglings und verschwand plötzlich in seinem gierigen Mund. Dann saugte das Kind voller Seligkeit, prustete, schnaubte laut mit dem Näschen, lief Gefahr, vor lauter Gier, den schlimmsten Hunger zu stillen, schier zu erstikken. Das Patschhändchen drängte gegen die Brust, griff in dieses weiche, warme Etwas.

Die Tata schaute wie gebannt zu, schämte sich dann und wandte den Kopf ab.

Doch sie sah immer wieder hin. Und sie wurde einen Gedanken nicht los, der sicherlich eine Sünde war, denn sie wurde davon abwechselnd bleich und rot. Wenn es nämlich eine Todsünde ist, ein Kind zur Welt zu bringen, bevor man einen Ehemann hat, ist es dann nicht auch eine Sünde, daß man sich ausmalt, Ninins Amme zu sein? Die Tata wußte, daß es eine Sünde, aber auch, daß dieser Gedanke völlig abwegig war, denn Ninin wurde seit vielen Monaten nicht mehr gestillt.

Aber es war eine Sünde. Und das erfüllte sie mit Schrekken, der nicht ohne Süße war. Sie wollte die Amme nicht mehr anschauen, vermochte aber nicht wegzublicken. Sie müßte ihr zumindest sagen, sie solle die Brust mit einem Tuch bedecken.

Der Säugling hatte die Brustwarze losgelassen, er wiegte ängstlich den Kopf wie ein Wurm, der seinen Weg auf einem Halm sucht. Die Tata wäre am liebsten zu Hilfe geeilt. Aber schon gab die Amme dem Kind wieder die Brust, indem sie sie zwischen Zeige- und Mittelfinger nahm, ohne auch nur einen Augenblick ihren Schwatz mit den Freundinnen zu unterbrechen.

Dann aber brachen die Frauen auf, und die Tata nahm Ninin auf den Schoß. Sie drückte das Köpfchen, die Wangen, das Mündchen an die Brust, an die harten, kaum sprießenden kleinen Brüste. Und sie kam sich verloren vor, spürte etwas wie eine wehe Freude, die in der Lendengegend entstand. Mit zitternder Hand griff sie zaghaft nach den Knöpfen ihres schwarzen Kleidchens. Aber sie öffnete es nicht, das wäre eine Todsünde gewesen. Sie versuchte sich vorzustellen, wie sie unter dem groben Unterrock aussah, aber es gelang ihr nicht. Sie hatte sich nie genau betrachtet, das schickte sich nicht. Eins war sicher: Sie hatte keine Brustwarzen, nur zwei winzige Knöpfchen, an denen kein Kind hätte saugen können. Drei, vier Jahre mußte sie noch warten, dann würde sie eine richtige Frau sein, imstande, ein Kind zu stillen.

Aber nein, ihr Kind war ja Ninin, nie würde sie es verlassen, und einen Mann wollte sie nicht.

Sie nahm Ninins beide Händchen und drückte sie an ihr Herz, die Hände »ihres« Kindes, als könnten sie die Milchquelle hervorbringen. Sie schloß die Augen, ganz erfüllt von dem sonderbaren, unaussprechbaren Wunsch, die beiden Händchen möchten wie die des Säuglings gegen die Brust drängen, sich in das Fleisch drücken, sie zu ihrer Dienerin, ihrer Sklavin, einem ihnen gehörenden Gegenstand machen.

Doch Ninin war daran nicht im geringsten interessiert, er machte sich gewaltsam los und forderte ein Spiel. Die Tata fühlte sich schuldig und errötete; dann lachte sie laut auf, um dieses Gefühl zu überwinden, und ließ Ninin zwischen ihren Armen springen. Wieder sang sie dazu ihre Lieblingsstrophe, senkte aber nach den ersten Zeilen die Stimme, aus Angst, jemand außer Ninin könnte sie hören.

Hopp, hopp, hopp, mein Kindlein,
die Mutter wird gleich dasein
mit milchgeschwellter Brust,
denn das Knäblein hat Durst.
Das Kindlein ist jetzt satt ...

Dann war es Zeit, nach Hause zu gehen, und die Tata belud sich mit ihrer Last, aufmerksam und ernsthaft, den Oberkörper nach hinten gebeugt, den Leib vorgewölbt. Sie ging nach Hause, weil es sein mußte, aber mit heimlichem Widerstreben. Nur im Park gehörte Ninin ihr ganz, zu Hause war seine Mutter.

Seine Mutter, die ihn jederzeit für sich beanspruchen konnte; seine Mutter, die ihn liebkoste und küßte, wenn sie Lust dazu hatte; seine Mutter, an deren Seite er nachts schlief (doch die Tata auf ihrem Feldbett streckte im Dunkeln die Hand aus und bildete sich ein, Ninin in seiner Wiege zu streicheln); seine Mutter, die ihn unter Schmerzen zur Welt gebracht hatte; seine Mutter, die ihn gestillt, ihn an der Brust gehalten hatte.

An jener schlaffen Brust, die unter dem leichten Morgenrock zu sehen war, wenn die Signora sich noch nicht zurechtgemacht hatte, eine Brust, die die Tata mit Haß anblickte.

Schließlich lernte Ninin laufen. Anfangs trippelte er schwankend durchs Haus, dann spazierte er, an den Zeigefinger der Tata geklammert, auch kräftig im Freien umher.

Jetzt war die Tata nicht mehr unentbehrlich. Und die Signora merkte plötzlich voller Eifersucht, daß sie in Ninins Herzen an zweiter Stelle stand. Und der Kleine fing an zu sprechen, aber alle seine Worte stammten aus dem Dialekt der Tata, dem Gebirgsdialekt, der neben der Stadtsprache so rauh klingt. Und dann neigte sich der Hochsommer dem Ende zu, und wollte man wenigstens für September eine Strandhütte am Lido mieten, so mußte man etwas sparen.

Deshalb wurde beschlossen, die Tata in ihr Dorf zurückzuschicken. Die Signora brachte es ihr schonend bei: »Schau mal, jetzt kann der Kleine laufen ...« Ja, sie sagte es ihr rücksichtsvoll. Aber war das überhaupt nötig? Die Tata hatte nicht einmal geantwortet, nicht ein Wort des Bedauerns geäußert (dabei hatte sich Ninin ihr mit soviel Liebe angeschlossen!), sondern nur gebeten, im Tabakladen eine Postkarte holen zu dürfen, um nach Hause zu schreiben. »Gefühllos wie ein Stück Holz«, sagte die Signora immer wieder.

Was fühlte die Tata? Vielleicht wirklich nichts: eine Art Taubheit, Blindheit, Leere. Die Zunge war stumm, gehemmt, aber das Herz war fast ebenso gehemmt, denn es wiederholte immer nur – und es tönte wie das Hämmern einer Glocke: »Mein« Kind! »Mein« Kind! »Mein« Kind!

Das Heimatdorf, das Vaterhaus, die Gesichter der Angehörigen, all das stand nach den langen sechs Monaten fast außerhalb von Zeit und Raum. Ihre Welt war ein Stück Park, die grüne Bank, die Hecke, die Stelle, wo man die Lagune nicht sah und wo sie ein ganzes Leben lang mit Ninin gespielt hatte. Daß man sie jetzt von Ninin trennen wollte, mochte wahr sein, doch sie konnte es nicht glauben.

Auch dieser Nachmittag im Park verlief wie alle anderen. Aber beim Gehen klammerte sich Ninin nach wenigen Schritten weinend an den Rock der Tata; und wie immer fügte sich die Tata ohne großen Widerstand dem Willen des kleinen Tyrannen. Er wollte getragen werden, dabei war er jetzt schwer. Was wohl die Signora täte mit diesem Gewicht von fünfzehn Kilo auf dem Arm!

Zu Hause machte die Tata, die nie sprach, den Mund auf. »Der Kleine hat nicht laufen wollen. Er ist schwer.«

Die Signora sah sie mißtrauisch an. Doch weder Versprechen noch Drohungen halfen: Ninin verlangte bis zur Schlafenszeit, auf den Armen getragen zu werden.

Als die Tata ihn auszog, entdeckte sie die Ursache: Ein spitzes Steinchen war vorn in den Strumpf gerutscht. Sie schüttelte den Strumpf. Doch dann nahm sie aus einem unerklärlichen, aber unwiderstehlichen Impuls heraus das Steinchen und steckte es in die Tasche.

»Sieh mal, das Kind läuft wieder ...«

Doch auch am nächsten Tag, nachdem die Tata es für den Spaziergang fertiggemacht hatte, wollte es nicht laufen. Die Tata brachte es nur mit Mühe die Treppe hinunter; und die Signora folgte ihr vom Fenster aus mit dem Blick, bis sie in den dunklen Arkaden verschwand.

Sobald die Tata außer Sichtweite war, setzte sie den Kleinen auf eine Stufe, schnürte den Schuh auf, zog den Strumpf vom Fuß, schüttelte ihn und versteckte den spitzen Stein sorgfältig in der Schürzentasche. Ihr Herz klopfte laut vor Gewissensbissen und Angst. Am liebsten hätte sie Ninin geküßt, was sie sonst nicht tat. Aber Ninin stieß sie zurück, er mochte gewisse Gefühlsäußerungen nicht, und ihre Freundschaft brauchte das auch nicht. Als sie zurückkehrten, sah ihnen die Signora wieder vom Fenster aus entgegen. Die knochige Figur der Tata kam mühsam näher, sie hielt den Leib vorgestreckt, die Rückenmuskeln gespannt und trug ihre Last von fünfzehn Kilo auf dem Arm.

Einige Tage später stellte sich heraus, daß Ninin nicht laufen wollte. Zu Hause trottete er fröhlich umher, aber wenn die Stunde des Spazierganges nahte, wollte er nichts davon wissen. Vielleicht hatte ihn die Tata überanstrengt. Oder war es nur Faulheit? Er war ja so schrecklich dick, du liebe Güte!

Eine weitere Postkarte ging in das Dorf ab. Vielleicht war es noch etwas verfrüht. Vielleicht sollte man noch etwas warten.

Allem Anschein nach hatte sich Ninin sehr gut an diese Zeremonie, das Steinchen hineinzustecken und zu entfernen, gewöhnt. Er protestierte nicht, sondern fügte sich willig, zumindest völlig gleichgültig. Vielleicht hielt er das Ganze für einen dieser zahlreichen unangenehmen Vorgänge, mit denen die Erwachsenen die Kinder plagen, so das Abreiben nach dem Bad, das Ohrenreinigen. Vielleicht aber meinte er auch, es lohne sich für ihn, denn die Tata zog mit dem Steinchen immer ein Bonbon aus der Tasche, und schließlich trug sie ihn ein ganzes Stück, und das mochte er gern.

All das wickelte sich in einem Schweigen ab, wie unter Komplizen oder Eingeweihten. Wahrscheinlich hätte die symbolische Geste genügt, selbst ohne Steinchen, und das Kind hätte die Ärmchen gehoben und sich geweigert, allein zu laufen. Es war eine Abmachung.

Doch die Tata weinte nachts, zusammengerollt auf ihrem schmalen Feldbett, und schwor sich, es nicht mehr zu tun, das Kind aufzugeben, sich für immer von ihrem Ninin zu trennen. Aber wenn sie es dann frühmorgens auf dem Arm trug, noch warm vom Schlaf, wenn Ninin ihr mit seinen ungeduldigen Händen über das Gesicht und den Hals fuhr, dann wurde ihr, die Zärtlichkeiten nicht gewohnt war, das Herz weich. Und beim Nachmittagsspaziergang wollte Ninin wieder nicht laufen.

Da aber alles ein Ende hat, wurde die Tata eines Nachmittags überrascht, als sie das Steinchen in den Strumpf des Kindes steckte. Das Ganze war so sonderbar, daß die Signora nichts begriffen hätte; auch die ausführlichen Erklärungen Ninins, der plötzlich sehr gesprächig wurde, hätten nicht genügt, weil sie nur unvollständig waren, doch da war das Gesicht des Mädchens. Dieses Gesicht war erdfahl, starr und stumpf, Tränen, die die Tata nicht abwischte, weil sie nichts davon merkte, rannen über die Wangen.

»Du hast Steine in den Strumpf gesteckt, damit er nicht laufen konnte?«

Keine Antwort. Es gab nichts zu sagen. Der Sturm von Anklagen, Vorwürfen, Beleidigungen konnte ihr nichts anhaben. Sie empfand nichts. Nur eins: Ninin war verloren, wie gestorben. Erst als die Signora am Fuß des Kindes eine winzige Abschürfung entdeckte oder etwas, was man dafür halten konnte, streckte sie instinktiv die Hand aus, um zu streicheln, zu trösten. Aber sie wurde hart abgewiesen.

Weg von hier, ins andere Zimmer, nur fort von dem Kind! Sie sollte ihre Sachen packen!

Vom Nebenzimmer aus hörte sie, daß Ninin mit Küssen, Zärtlichkeiten, liebevollen Worten überschüttet wurde; die ganze Familie umringte ihn, als wäre er einer schrecklichen Gefahr entronnen. Und die Kinderstimme erhob sich hell, ungestüm, zufrieden über soviel Aufmerksamkeit. Würde er einmal die Tata rufen! Nein, er rief nicht nach ihr.

Das Bündel war geschnürt, gut und fest in dem schwarzen Tuch. Die Tata setzte sich ans Fenster, das Bündel zu Füßen, und wartete geduldig. Die Stunde des Nachmittagsspaziergangs war längst vorüber, niemand dachte daran, das Kind an die frische Luft zu bringen. Der Tag war heiß, doch dort, unter den Bäumen, gab es Schatten. Auf der Parkbank hatte Ninin viele Sandhäufchen hinterlassen, und auf jedem steckte eine Blume oder ein Grashalm wie eine Fahne. Sicherlich hatte der Parkwächter saubergemacht und alles weggefegt.

Anscheinend hatte man vergessen, daß sie neben ihrem Bündel saß und wartete. Vielleicht hätte sie melden müssen: »Ich bin fertig.« Nein, lieber nicht. Sie hatte keine Eile. Ihr blieb genügend Zeit, Ninins Sachen auszuwaschen. Aber würde man ihr erlauben, seine Kleider anzufassen? Und was nützte es jetzt! Es war auch schön, einmal nichts zu tun. Sie war müde. Vielleicht kam das vom Sitzen, vom Nichtstun. Wenn man viel zu tun hat, merkt man gar nicht, daß man müde ist. Sie sah ihre Hände an, die offen auf dem Schoß lagen: dicke, rote und rissige Hände, die nach Waschpulver rochen. Sie hatte gearbeitet. Jetzt kehrte sie nach Hause zurück. Das war gut. Sie hatte gearbeitet, hatte Geld verdient, aber sie würde nie wieder bei jemandem dienen. Lieber wollte sie auf dem Feld arbeiten.

Allmählich verschwand die Sonne von den Fenstern gegenüber, zog sich von den Giebeln, den Dächern und den Schornsteinen zurück. Ninin war sicherlich beim Abendbrot. Heute war er brav, er rief nicht nach der Tata, sie wurde wirklich nicht gebraucht. Nein, sie wurde nicht gebraucht.

Plötzlich kam ihr ein Gedanke, packte sie wie ein harter, brutaler, fast körperlicher Schmerz. Wenn sie Ninin nicht jetzt sah, bevor er ins Bett gelegt wurde, dann würde sie ihn nie mehr sehen. Ihr war, als wäre sie sich zum erstenmal im klaren, was geschehen war. Sie würde ihn nie mehr sehen. Sie lief an die Tür, blieb dort aber stehen, die Hand auf der Klinke. Durfte sie das Zimmer betreten? Würde sie ihn sehen dürfen? Würden sie zulassen, daß sie ihn berührte?

Sie zögerte lange. Dann setzte sie sich geduldig wieder auf ihren Stuhl.

Der Abend war endlos und die Nacht dornenvoll auf dem schmalen Feldbett, das sie zum letztenmal aufnahm. Im Morgengrauen stand die kleine, knochige Gestalt der Tata an Ninins Bett. Die Signora entdeckte sie dort, als sie aufwachte, und stieß einen Entsetzensschrei aus. Die Tata stand steif und stumm, einer Erscheinung gleich, in dem spärlichen Licht, das durch die Fensterläden sickerte. Sie hatte ihr Bündel unter dem linken Arm, und ihre grobe rechte Hand lag offen auf dem Gesicht des Kindes, leicht und zart wie eine Blume. Aber das ahnte die Signora natürlich nicht. Sie zündete erschrocken das Licht an. Aber die Erscheinung war schon verschwunden, und man hörte leise und rasche Schritte auf der Treppe, und dann fiel die Haustür zu.

Draußen begann es eben erst zu tagen, und die Straße war leer. Die Tata setzte sich mit ihrem Bündel auf die Schwelle, verbarg das Gesicht in den Händen und konnte endlich weinen. Sie schluchzte und rief nach der Mutter, genauso wie in jener ersten Nacht in der Stadt.

Der Milchmann trat aus den Arkaden hervor, als hätte die Nacht ihn geboren. Er schritt mit gesenktem Kopf unter der Last der beiden schweren Milchkannen dahin und lärmte mit den Holzschuhen auf dem Pflaster. Er füllte die ganze Leere und das Schweigen des aufgehenden Tages. Er kam an der sonderbar zusammengekrümmten Gestalt vorbei und murmelte vor sich hin: »Eine Diebin.«

Und er spuckte aus.

Christine Nöstlinger

Aus den Aufzeichnungen eines Neugeborenen

1. Tag

Heute, gegen 0 Uhr 30, hat man mich aus dem dunklen Warmen ins helle Kalte hinausgepreßt. Zuerst wollte ich mich gegen diesen Transport zur Wehr setzen, weil ich mich in meiner Lage recht ordentlich etabliert hatte und auch weil ich ein Geburtstrauma für mich befürchtete. Doch dann kapierte ich, daß ich eine sogenannte »Hausgeburt« war, und beschleunigte meinen Austritt aus dem Mutterleib, so gut und so heftig ich nur konnte, um das erhöhte Risiko, das Hausgeburten für Mutter und Kind darstellen, in erträglichen Grenzen zu halten.

Mein Vater war bei meiner Austreibung zugegen und begrüßte mich gleichermaßen verstört wie freundlich. Die Anwesenheit und Mithilfe dieses Mannes bei meiner Geburt war mir sehr willkommen, weil es ihm dadurch besser gelingen wird, eine Beziehung zu mir aufzubauen, und ich von Anfang an also zwei fixe Bezugspersonen haben werde; was vor allem dann sehr nützlich werden könnte, wenn meine Mutter einmal abhauen sollte.

Dann sitze ich wenigstens nicht mit einem Vater da, der mit mir nichts anzufangen weiß. Für den Fall allerdings, daß es mein Vater sein sollte, der einmal abhauen wird, stehe ich dann schön blöd da und wesentlich belämmerter als andere Kinder, die von Anfang an zu ihren Vätern keine Beziehung haben. Ihr Leid nämlich hält sich durch diesen Umstand bei seinem Abgang in erträglichen Grenzen.

Im Moment ist mir ziemlich langweilig. Ich liege nackend auf meiner Mutter nacktem Bauch, der noch ein ziemlich faltiger ist, herum. Das ist wichtig für mich, sagen sie. Zuerst im Bauch, dann auf dem Bauch! So werden bei mir Entzugserscheinungen vermieden, die ich kriegen könnte, wenn ich plötzlich das mütterliche Herzens-tick-tack nimmer hören kann.

7. Tag

Da ich ausschließlich mit Muttermilch ernährt werde, dürfte ich eigentlich weder Blähungen noch Leibschneiden haben. Da ich aber trotzdem Blähungen und Leibschneiden habe, diskutieren meine Eltern und mehrere Freunde von ihnen im Nebenzimmer darüber, ob man mir Kümmeltee oder Kamillentee verabreichen solle. Aber auch die Kümmelanhänger und die Kamillenanhänger haben untereinander Differenzen. Sie sind sich nicht einig, ob man mir ganz normale, also chemisch gespritzte Ware aufkochen darf, oder ob man aus einem Reformhaus biologisch reinen Tee holen soll.

Außerdem ist Streit um meine Verpackung ausgebrochen. Um die Windeln geht es! Mein Vater möchte mich ohne diese aufziehen. Er sagt, ich läge in ihnen wie in einem permanenten Priesnitz-Umschlag, und das müsse sich – auf die Dauer gesehen – feucht auf mein Gemüt legen. Meine Mutter versteht das, aber sie wendet ein, daß man mir, hielte man mich windellos, ein Stück Plastik zwischen Laken und Matratze schieben müßte. Und da meine Mutter für Jute statt Plastik ist, was aber in diesem Falle keine Lösung sein kann, beharrt sie auf der Windelverpackung.

Ungewiß ist auch noch, ob sie mich bei einer Religion einschreiben lassen werden. Eigentlich wollen sie nicht. Doch meine Mutter hat eine Großmutter, und die ist bereit, mir als Starthilfe fürs Leben zwei Hektar Fichtenwald zu überschreiben. Meine Mutter meint, daß ihre Großmutter einem ungetauften Kinde keine Starthilfe wird geben wollen. Mein Vater will deshalb auf meinen Wald verzichten. Der Preis sei zu hoch, sagt er.

Ich hätte gern zwei Hektar Fichtenwald! Es beruhigt, ein wohlhabendes Kind zu sein. So oft mein Vater zu diesem Problem seine Meinung kundtut, schreie ich aus Leibeskräften. Leider versteht er mich nicht.

14. Tag

Mein Nabel bekümmert meine Eltern. Er näßt gelblich. Weh tut er nicht. Die alte Frau, die die zwei Hektar Wald anzubieten hat, will meinen Nabel mit Cibazol-Puder einstäuben. Meine Mutter blättert in einem Buch, das ein sehr »natürliches« ist, und liest aus diesem vor, daß Zinnkrauttee gegen Gelbes, Nässendes anzuwenden sei. Die alte Frau, die mich bei einer Religion haben will, protestiert gegen den Zinnkrauttee, weil Tee naß ist und mein Nabel trocken traktiert werden soll. Sie schimpft auf das natürliche Buch. Nie im Leben, sagt sie, hätte sie das Studium ihrer Enkeltochter subventioniert, wenn sie geahnt hätte, daß schließlich und endlich nichts rausschaut aus der Bildung als ein unwissenschaftlicher Rückschritt auf Zinnkraut.

Mir ist mein Nabel Wurscht! Viel mehr stört mich, daß sie mir eine leere Klopapierrolle in die Windel gepackt haben. Die steckt quer vor meiner Möse und spreizt mir die Beine. »Breit gewickelt« heißt das und wirkt vorbeugend gegen Hüftluxation.

Gebe der Himmel oder sonst wer, daß sie mir nicht auch noch Hakenfüße diagnostizieren! Sonst kriege ich Bandagenklumpfüße, die mir zwar für spätere Zeiten einen aufrechten Gang garantieren, mich aber im Moment am lustbetonten Strampeln hindern würden.

Gestern war die Katze bei mir im Bett. Sie ist länger und breiter und höher als ich. Sie hat sich quer über meinen Bauch gelegt und geschnurrt. Als mein Vater die Katze in meinem Bett endlich bemerkte, hat er sie weggenommen und sie in ein anderes Zimmer getragen. Aber mit Bekümmerung mußte ich feststellen, daß er die Sache nicht ernst genug genommen hat. Die Katze nämlich, davon bin ich überzeugt, will mir ans Leben! Wenn sie wiederkommt und sich nicht quer, sondern längs auf mich drauf legt, ist es aus mit mir, Ehrenwort!

28. Tag

Die Haut am Bauch meiner Mutter macht mir Sorgen. Die Falten nämlich verschwinden nicht. Und häßliche violette Streifen sind auch am Bauch; obwohl die Frau dreimal am Tag turnt und Creme in den Bauch einmassiert. Wenn der Bauch so bleibt, wie er ist, kann sie nie mehr einen Bikini tragen und wird mir das – völlig unterbewußt natürlich – auf ewig zum Vorwurf machen.

Meine Mutter ist überhaupt viel hintergründiger, als von innen her zu ahnen war. Wenn nur die Hälfte von dem stimmt, was ihr mein Vater heute vorgehalten hat. Er hat behauptet, der Wunsch nach mir sei in ihr eigentlich bloß durch berufliche Frustration entstanden. Weil man sie – als Frau – daran hindere, wirklich »Karriere« zu machen, habe sie nach anderen »Werten im Leben« ausgeschaut. Ich bin so ein Wert. Andererseits behauptet eine Freundin meiner Mutter, daß ich nur deswegen auf der Welt bin, weil meine Mutter die Pille gegen die »Lunaception« eingetauscht hat und die Lunaception nicht funktioniert hat, obwohl sie die beste und natürlichste Empfängnisverhütung ist, weil sie mit dem Mond und den Gezeiten arbeitet.

Mich kränkt dieses Gerede ein wenig. Was freilich etwas zu sentimental ist. Schließlich ist statistisch längst erwiesen, daß das Quantum von Zuneigung, das ein Kind im Leben erhält, nicht von dem Quantum an Sehnsucht abhängt, mit dem es herbeigesehnt wurde.

56 Tag

Seit vorgestern bin ich ein römisch-katholisches Kind. Meine Mutter und ich haben den Wald gegen meinen Vater durchgesetzt. Die kalte Kirche und das kalte Wasser, das mir der Pfarrer über den Kahlschädel geschüttet hat, haben mir einen Schnupfen eingetragen. Für jemanden, der das Schneuzen noch nicht erlernt hat, ist ein Schnupfen die Hölle!

Ich sollte in viel frische Luft, sagt meine Mutter. Frische Luft ist gut gegen den Schnupfen. Aber die Luft, die es hierorts gibt, ist nicht sehr frisch. Fährt man mich im Kinderwagen herum, bin ich so weit unten am Boden, daß ich die ganzen Abgase in die Lunge kriege. Mein Vater hat gemeint, es sei klüger, mich gar nicht auszufahren, sondern mich bloß auf den Balkon zu stellen. Der Balkon ist im achten Stockwerk. Da sind die Abgase schon etwas dünner. Doch leider werden unser Haus und alle anderen Häuser rundherum mit Schweröl beheizt. Wie sie mich vom Balkon hereingeholt haben, war ich von Rußflankerln schwarz getupft. Dabei ist der Dreck, den man sehen kann, hat meine Mutter gesagt, noch gar nicht der wirklich gefährliche Dreck.

Meine Mutter träumt davon, einen Bauernhof zu kaufen, damit ich eine ordentliche Luft kriege. Einen in einer kalkreichen Landschaft. Wegen der Bäume. Wo nämlich viel Kalk im Boden ist, wird der saure Regen besser neutralisiert. Dort sind die Nadelbäume fast noch ganz grün.

Mein Vater sagt, er muß sich erst einen anderen Beruf ausdenken, damit er auch von einem Bauernhof träumen kann.

112. Tag

Ich hege den Verdacht, daß meine arme Mutter einen echten »Still-Tick« entwickelt. Sie genießt es so, sagt sie. Es hat sinnliche Qualitäten für sie, die ihr neu und zutiefst bedeutend sind. Sie hat drei andere Frauen kennengelernt, die gleicher Ansicht sind und glücklicherweise auch Säuglinge dazu haben. Jetzt treffen wir uns immer zu einer »Stillrunde«.

Ich schätze den Vorgang des Stillens natürlich auch. Sogar über die Nahrungsaufnahme hinaus, rein zum Spaß, lege ich noch gern ein Nuckel-Viertelstündchen zu. Bloß sollte meine Mutter nicht jede meiner Unmutsäußerungen dahingehend deuten, daß ich an ihre Brust will. Mutterbrust ist auch nicht alles im Babyleben!

Meinen roten Hintern – zum Beispiel – kann ich ja eventuell durch lustvolles Nuckeln eine Zeitlang vergessen. Aber heil wird mein roter Hintern davon nicht.

Die Frau mit der Religion und dem Wald ist dafür, daß meine Mutter mit dem Stillen aufhört. Wir sind ja nicht im Mittelalter, sagt sie. Sie sagt, das lange Stillen gehöre in die gleiche alte Schublade wie das Zinnkraut für den Nabel.

Ich überlege mir ernsthaft, ob ich nicht wirklich – etwa durch Verweigerung der Mutterbrust – auf Kuhmilch in Flaschen umsteigen soll. Dies überlege ich aber nicht aus meiner Urgroßmutter Sinneshaltung und auch nicht etwa deshalb, weil durch das Stillen – wie eine Freundin meiner Mutter argwöhnt – meine Mutter Hängebrüste bekommen könnte. Mir geht es um den Bleigehalt in der Muttermilch. Kuhmilch ist weniger giftig! Aber die Entscheidung, ob ich mehr hinter meinem psychischen Heil oder meinem körperlichen Befinden her sein soll, ist sehr schwierig.

224. Tag

Heute haben mich meine Eltern in der Schule angemeldet, was nur dem sonderbar vorkommen kann, der nicht weiß, welches Gedränge um Schulplätze an besseren und ein bißchen alternativen Schulen herrscht. Meine Eltern haben sich die Entscheidung, mich in sechs Jahren nicht in eine normale Staatsschule zu schicken, wirklich nicht leicht gemacht. Politisch gesehen, sind sie nämlich sehr dagegen und finden es richtig, daß Kinder aller Schichten und Klassen miteinander in eine Klasse gehen, um von vornherein füreinander Verständnis zu bekommen.

Aber meine Mutter hat dann gemeint, daß wir ohnehin in einer »Scheißbürgergegend« wohnen, wo ich in der Staatsschule gar keinen Querschnitt durch die Klassen und Schichten, sondern nur »bürgerliche Stücke« um mich hätte. Und da hat mein Vater dann gemeint, daß es im Interesse des Klassenkampfes sogar besser sei, mich alternativ einzuschulen. Da wird mir nämlich nicht schon im Kindesalter das Rückgrat gebrochen, da kann ich mich ordentlich fortschrittlich entwickeln. Und wenn ich dann die Schule hinter mir habe, bin ich schon so groß und stark und selbstbewußt, daß ich den Kampf gegen die Zustände aufnehmen kann.

448. Tag

Abgesehen davon, daß ich heute zum ersten Mal ohne hilfreiche Hand ganz allein einen Raum aufrecht durchquert habe – was ein sehr stolzes Gefühl ist –, habe ich seit voriger Woche eine Kinderfrau, weil meine Mutter wieder ihren Beruf aufgenommen hat. Mein Vater hat in der letzten Zeit damit geliebäugelt, seinen Beruf aufzugeben, um ausschließlich für mich und die Haushaltsführung zuständig zu werden. Diese nette Idee war aber leider aus finanziellen Gründen nicht in die Tat umzusetzen, weil man meiner Mutter für ihre Arbeitsleistung weit weniger bezahlt als meinem Vater für die seine. Es wäre ein Hungertuch geworden, an dem wir hätten nagen müssen! Aber was meine Mutter verdient, geht jetzt zu neunzig Prozent auf das Kinderfrauengehalt drauf (inklusive Sozialversicherung und andere Arbeitgeberabgaben). So gesehen, wäre es ökonomischer, meine Mutter würde mich weiter betreuen. Aber sie sagt, wenn sie ihren Beruf nicht gleich jetzt wieder aufnimmt, dann ist sie weg vom Fenster und hat den Anschluß verpaßt und kriegt in ein paar Jahren keinen Job mehr, der Aussichten auf Aufstiegschancen hat. Und dann wird sie eine unausgefüllte Person und fällt mir zur Last, weil sie ihre ganze Unausgefülltheit in die Kindererziehung stecken und mir damit sehr auf den Nerv fallen würde.

Ich rechne damit, daß ich bald eine andere Kinderfrau haben werde. Und daß die nächste auch nicht die letzte sein wird. Meinen Eltern paßt die Art, in der ich da fremdbetreut werde, überhaupt nicht. Es ist nämlich so, daß sie jetzt schon sehr schief schauen, weil die Kinderfrau immer sagt, daß ich »ein braves Mädi« sein soll. Und mir alles verbietet. Und nicht mag, daß ich mit den Händen in den Spinat patsche. Und auf den Topf setzt sie mich auch andauernd.

Wenn das so weitergeht mit dieser Rollenfixierung und dieser Analfixierung und dieser grauslichen Triebsublimierung, ist die ganze schöne freie Aufzucht, an der meine Eltern so schwer gearbeitet haben, im Arsch!

Mir wäre am liebsten, mein Vater würde mich großziehen. Eine amerikanische Studie hat nämlich ergeben, daß Kinder, von Vätern betreut, einen viel höheren IQ entwickeln als weiblich umhegte Kinder. Und ein gewisses Leistungsbewußtsein, das muß ich ehrlich zugeben, macht sich – weiß der Kuckuck wieso – schön langsam in mir breit.

PS: Eben habe ich laut und deutlich mein erstes Wort ausgesprochen. RIESENWASCHKRAFT habe ich gesagt! (Seit ich eine Kinderfrau besitze, schaue ich regelmäßig das TV-Nachmittagsprogramm an.)

Somit bin ich also sprechend geworden und geistig-verbal in eine Entwicklungsphase getreten, die mir die Aufzeichnung von weiteren Tagebuchnotizen nicht mehr gestattet.

Sigrid Undset

Frühlingswolken

1

Die Mutter beugt sich in dem offenen Fenster vor und sieht hinaus. An dem grauen, unruhigen Himmel ziehen Regenböen mit ihren langen Schleppen durchs Tal herein – zwischen den Wolken leuchtet es auf, und die hellen Streifen einer mattgoldenen Sonne wandern über Birkenhaine mit jungem Laub, dunkle Nadelwälder und grüne und braune Äcker bei den Höfen an den Bergseiten. In allen Bodenwellen liegt blaue Dunkelheit, die sich je nach dem Zug der Wolken aufhellt oder noch mehr verdichtet. Und durch die Luft strömt ein Hauch von Feuchtigkeit und Milde, der den Laut von rieselnden Wassern mit sich trägt.

Der See unten verblaßt grau unter einem Regenschauer – das Spiegelbild des gegenüberliegenden Ufers ist plötzlich erloschen. Kleine Tropfen prasseln knisternd gegen die Scheiben, und der offene Fensterflügel rüttelt in den Angeln.

Karen Margrete spielt unter dem Fenster mit einem Blecheimer im Sand. Die Mutter sieht von oben gerade ihre rote Mütze und den blauen Mantelrücken.

»Ich weiß nicht«, sagt sie zu dem Kinderfräulein, das am Zaun der Pferdeweide steht und von der großen Birke Zweige abpflückt, »vielleicht solltet ihr doch ins Haus gehen – es kommt ein Regenschauer.«

Das blonde Haar und die Kattunschürze des jungen Mädchens sind dunkelgefleckt von den Wassertropfen aus den Bäumen. Sie lacht vor lauter Jugend, als sie sich umdreht und hinaufruft: »Es ist gar nicht kalt und solch eine herrliche Luft!«

»Ja«, meint die Mutter. »Jaja.«

Es ist ein Brausen in der Luft – das volle Brausen von nassem Wind in den Baumkronen, man hört den Bach im Garten und das dumpfe Dröhnen des Wasserfalls oben am Berg hinter dem Haus, stoßweise fällt und steigt das Geräusch mit dem Windzug.

»Ich hätte fast selbst Lust, einen Spaziergang zu machen«, sagt die Mutter und atmet tief.

»Aber können Sie das denn nicht tun? Sie waren doch seit Gründonnerstag nicht mehr fort, außer um Besorgungen zu machen. Und das ist zweiundvierzig Tage her«, erklärt das junge Mädchen unter der Birke. Die Mutter wirft einen Blick in das Zimmer hinter sich – es liegt ein Berg von Näharbeit da.

»Und Hennings Hemden, Ina?«

»Ach was«, sagt Ina. »Kamma und ich kommen jetzt hinauf und setzen uns zu dem Kleinen. Henning darf ohnehin noch keine Sommerhemden tragen, solange sein Keuchhusten nicht ganz gut ist.«

Fräulein Ina dreht sich so rasch herum, daß der dünne blaue Rock ihr um die Beine fliegt. Im Vorbeilaufen nimmt sie Karen Margrete mit, die sich schreiend wehrt, weil sie ihre Blechbüchsen nicht verlassen will, aber Ina stimmt ein lustiges Lied an, das das Wutgeheul der Kleinen übertönt.

Die Mutter betrachtet ihre Nähsachen, den Jüngsten in der Wiege, und »Ach was« sagt sie, dreht sich auf den Absätzen herum und merkt gleichzeitig selbst, wie schwerfällig und ungewohnt ihr Körper die rasche Bewegung macht. Sie öffnet die Tür zum Zimmer nebenan.

Ein hoch aufgeschossener, magerer Junge von sieben Jahren sitzt über einem tintenfleckigen Heft – kritzelt auf dem Fließpapier herum. Als er seine Mutter hereinkommen sieht, schielt er unter hochgezogenen Brauen hervor. Er hat große, helle Augen in einem braunen, scharf geschnittenen Gesicht.

»Ich bringe diesen Buchstaben m einfach nicht fertig«, sagt er und schüttelt den Kopf, als die Mutter ihre Finger in sein dichtes, nußbraunes Haar gräbt und sein Gesicht zu sich aufhebt.

»Da wollen wir uns morgen weiter damit herumschlagen«, sagt sie und küßt ihn auf die Stirn und den halboffenen Mund, in dem man die Lücken von den ausgefallenen Milchzähnen sieht. »Heute soll Waffenstillstand sein. Magst du mit mir zum Wasserfall hinaufgehen?«

In weiten Bögen springt der Junge um die Mutter herum durch den Garten hinunter, mit Ausrufen und Fragen immer wieder zu ihr zurückkehrend.

»Mutter, schau doch her – ein Stein, kann man den nicht eine Insel nennen, wenn ringsum lauter Wasser ist, komm doch und schau dir das an – ich weiß einen See, wo es Libellenlarven gibt und ...«

»Kaulquappen?« meint die Mutter und denkt dabei, wie komisch groß seine Beine aussehen mit den plumpen Bergstiefeln und den dünnen Waden.

»Nein, nicht die, die andern haben Flügel, mit denen sie unter dem Wasser fliegen. Libellenlarven nennt Henrik sie. Kaulquappen, erinnerst du dich nicht, die hast du mir doch voriges Jahr gezeigt. Die kenne ich doch selbstverständlich. Es ist so nett, man kann sie mit den Händen fangen, aber dann sterben sie.«

»Das tust du aber doch hoffentlich nicht, Henning?«

»Drei, nur drei Stück hab' ich gefangen. Aber ich werde es nun nicht mehr tun. Weißt du, Mutter, ich will aufpassen, daß Jens es nie tut, wenn er einmal groß ist – er soll keine Libellenlarven fangen, so daß sie sterben ...«

Der Weg führt über einen mit Laubwald bestandenen Hang hinauf. Die Erde zwischen den hellen Stämmen ist leuchtend grün von kurzem, weichem Gras, das an vielen Stellen von kleinen Bächen überrieselt wird. Mit einem weichen, stetigen Geräusch fallen Regentropfen herab.

O weh, denkt die Mutter, es war wohl leichtsinnig von mir, ihn mitzunehmen. Nun wird er naß; wenn bloß sein Husten sich heute nacht nicht verschlimmert. Und meine Näherei, denkt sie. Und wie schwer mir das Gehen fällt, ganz heiß bin ich geworden, nur von dem kurzen Weg! Und wer weiß, ob Ina die Kleine wieder zum Schweigen gebracht hat, bevor sie hinaufgingen, damit sie Jens nicht aufweckt, der arme kleine Kerl hat heute nacht so wenig geschlafen ...

Aber wir sind ja schon mitten im Frühling – und ich hab' noch kaum etwas davon gesehen. Die Anemonen stehen dicht wie ein Teppich unter den grauen Erlen zu beiden Seiten des Weges, und die ersten goldenen Blüten der Dotterblumen nicken auf schleimigen Stengeln in einem Wassergraben am Wiesenrand. Auf der Wiese stehen Büschel von Schlüsselblumen, von hellen Blätterrosetten umgeben.

Nur ein paar warme Tage noch, und es ist Sommer. Ach Gott, dann ist der Frühling vorbei, und ich habe ihn kaum gemerkt!

Bei dem Zaun, der den Nadelwald einschließt, bleibt sie stehen und sieht ins Tal hinunter. In großen Strahlenbündeln sickert das Sonnenlicht auf die Erde hinunter, wie das Licht in einer Offenbarung reichen sie vom Himmel bis auf die Wasserfläche des Sees. Und in einem dieser glitzernden Sonnenflecken auf dem Wasser ist ein Boot nur wie ein winziger Punkt zu sehen. Die Berge jenseits sind dunkel; weiße Nebelballen füllen die Schlucht, in der das Tal hochsteigt, aber weiter hinten, über den Wolken, glitzert es von beschneiten Bergrücken in weiter Ferne.

Über ihr braust es in den Fichten, und von rechts her dringt das Dröhnen des Wasserfalls laut und zugleich dumpf herüber.

»Laß dich jetzt an der Hand führen, Henning«, sagt die Mutter schnell und ängstlich. »Du denkst doch immer daran, daß du nie allein hierhergehen darfst! Auch nicht mit den andern Jungen – nur mit mir!«

»Nein, nein. Weißt du, was am schlimmsten wäre? Wenn der Jens einmal, wenn er groß ist, allein hierherginge und hineinfiele ...«

»Um Gottes willen, es wäre wohl gleich schrecklich, welcher von euch beiden ...«

»Au, du drückst meine Hand so fest«, sagt Henning.

»Drück doch nicht so – welcher Vogel sagt das, Mutter?«

Statt einer Antwort auf alle seine Fragen streichelt sie ihm nur im Gehen die Wange.

Nichts ist so schmerzlich wie Erinnerungen – wo habe ich doch diese Worte gelesen, ich muß sie doch gelesen haben – erst kürzlich. Es war wie eine wunde Stelle irgendwo in ihr, tief drinnen; Erinnerungen, die in einem aufsteigen, tun weh. Flüchtige Bilder von frühjahrlichen Wegen, weit fort und vor langer Zeit, halb vergessene junge Gesichter von damals, als sie selbst jung war.

Je höher die beiden, Mutter und Kind, durch den Nadelwald aufsteigen, desto jünger und jünger wird der Frühling rings um sie. Hier tragen die Birken und die Erlenbüsche am Ufer der kleinen Bäche noch kein Laub; nur da und dort haben die Knospen erst kleine grüne Spitzen. Der Waldboden ist noch nicht erwacht, seitdem der Schnee verschwunden ist, es liegt noch wie Schleim auf dem aschengrauen welken Laub und dem roten Heidekraut, und an den schattigsten Stellen sind sogar noch kleine Schneeflecken. Nur wo der Grund feucht und wässerig ist, wachsen Moos und Flechten in weichen Kissen. Für die Mutter ist es, als ginge sie durch den ganzen Frühling zurück, der so unbemerkt an ihr vorbeigeglitten ist.

Es sind nicht die Erinnerungen an ihre großen Erlebnisse – es sind die kleinen Erinnerungen an die gleichen Dinge, die sie jetzt sieht, an einstmals, als sie sie mit jungen Augen sah. Es sind Erinnerungen an andere Wege durch Erlengebüsch, über Schneeflecken, über welkes Laub, an dem Teppich von Anemonen und Dotterblumen vorbei, Wege, die sie mit weit offenem Herzen ging.

Das Rauschen des Wasserfalls erfüllt jetzt die Luft so sehr, daß sie die ständigen Fragen des Jungen nicht mehr hört. Zwischen den Bäumen sieht sie da und dort die kochenden weißlichgelben Wassermassen. Der Weg führt bis zum Fall hin – sie blicken durch eine Schlucht hinauf, durch die der Fluß schäumend herunterstürzt und Gischt und feiner Wasserstaub ihnen in dichten Schwaden entgegenstäuben.

Die ins Gesicht spritzenden Tropfen erinnern die Mutter plötzlich an den Regen, der aufgehört hat, ohne daß es ihr bewußt geworden war. Über der Schlucht liegt ein blaues Licht, die letzten verwischten Wolken ziehen über die Wipfel der Bäume hin. Hoch oben, wo der Fluß über den steilsten Absturz braust, fallen die Strahlen der Sonne aufs Wasser, es glitzert und funkelt in dem Schaum und auf den nassen Bäumen ringsum.

Der Junge an der Hand seiner Mutter ruft und schreit in das Dröhnen der stürzenden Wassermassen hinein. Seine Augen schimmern, und die Mutter beugt sich zu ihm hinunter, um seine Worte aufzufangen: »... aber wenn du Geld dazu hättest, würdest du mir dann solche Gamaschen kaufen, wie Einar sie bei meiner Einladung anhatte?«

Die Mutter drückt ihn an sich und nickt.

– Damals hätte das Toben des Wasserfalls mich durch und durch erschüttert. Jetzt stehe ich hier fast wie irgendein Vergnügungsreisender. Damals war es die Sehnsucht, die Sehnsucht. Was ist es heute? Und doch stehe ich hier mit meinem Jungen und fühle, wie seine kleine Faust nach Erde und Gras riecht...

Plötzlich erinnert sie sich – an eine Stunde in einem Frühling vor ewig langer Zeit. Es war an einem stillen, sonnenwarmen Nachmittag draußen in der Nähe der Stadt. Zwei lehmbraune Wege treffen zusammen, wo eine mächtige Birke am Rande eines kleinen Waldes steht. Die helle Krone mit ihrem jungen Laub ragt hoch in die Bäume hinauf, mit Millionen von kleinen durchleuchteten gelblichgrünen Blättern, die gegen die Luft flammen. Unter der Birke war die Erde zertreten, übersät von Papierresten und Flaschenscherben. Aber zwischen den verblichenen Grashalmen strebten neue grüne Schößlinge empor, und über ein Feld mit Wintersaat auf der anderen Seite des Weges zog das erste weiche, glänzende Gekräusel von Gras, das sich im Winde neigt, irgendwo im Gebüsch zwitscherte ein Buchfink, und zartbeflügelte Insekten schwirrten vorbei.

Das war Frühling. Jung und einsam sein und in der wärmenden Sonne stehen und sich selbst wie eine lebende Pflanze fühlen, die vor ihrer Entfaltung steht.

Der Wasserschaum benetzt das Gesicht der Mutter. Ihre Züge sind schlaff von Nachtwachen und den unruhigen Arbeitsgedanken des Tages. Sie ist etwas dicklich und hat schwache Muskeln durch das Kind, das seit achtzehn Monaten seine Nahrung aus ihrem Körper nimmt, neun Monate lang von ihrem Blut und bald neun Monate von ihrer Milch.

Aber ich möchte es ja nicht anders haben. Wie seltsam, daß man sich so nach seiner eigenen Sehnsucht sehnen kann. Es gibt solch ein Gefühl des Friedens, wenn man ein kleines Kind an der Brust hat, tausend abgebrauchte, gleichgültige Dinge werden täglich wieder neu und merkwürdig dadurch, daß die großen Kinder sich darüber wundern. Und dennoch ist es, als habe man eine wunde Stelle tief drinnen in sich. Weil man nicht mehr jung ist ...

Ob wohl auch die andern Frauen in meinem Alter es so empfinden? Man kann sich so anziehen, als wäre man jung, kann abends die Kinder allein lassen und ausgehen und versuchen, sich zu unterhalten – aber kann man in den schmelzenden Schnee hinausgehen und fühlen, wie die Sonne das Herz auftaut, daß alles von ihm abfällt und es sich weit öffnet?

Sie gehen den gleichen Weg zurück, den sie gekommen sind. Der Junge tanzt und springt vor ihr her. Als sie zur Pferdeweide gelangen, platzt ein Regenschauer auf sie herab. Weit draußen liegt die Landschaft im Sonnenlicht, und über dem See vereinen sich Sonne und Regen. Einen Augenblick später gehen auch sie mitten unterm Regen im Sonnenschein.

»Nimm die Mütze ab, nimm doch die Mütze ab, Mutter«, ruft der Junge und galoppiert davon, »... Mairegen ist gut für die Haare!«

Die Mutter läuft auch. Sie wird es selbst kaum gewahr, daß die Muskeln ihres Körpers unwillkürlich wieder die geschmeidigen, kräftigen Bewegungen der früheren Zeit zurückgewonnen haben. Der milde feuchte Wind dringt ihr durch die Kleider und kühlt ihre Haut.

Sie denkt plötzlich an eine andere Pferdeweide, ähnlich wie diese hier – eine grüne Wiese mit verstreuten Birken da und dort –, irgendwo oben in Numedal. Auf einer Fußwanderung waren sie einmal daran vorbeigekommen. Auch dort hatte ein Wasserfall dumpf gerauscht, im Wald oben, aus dem sie gekommen waren. Auf der Wiese ging eine Fuchsstute mit glänzendem Fell, kam langsam weidend bis an den Zaun heran. Ein braunes langbeiniges Fohlen tanzte um sie herum. Die Tiere kamen so nahe an ihnen vorbei, daß der laue Geruch nach Pferden sie mit Sehnsucht erfüllte, so körperlich und stark wie Hunger.

Henning kommt mit einem Strauß Schlüsselblumen angesprungen, und die Mutter nimmt seine Hand und hält sie fest, so lange, bis er sich wieder losreißt, um neue Merkwürdigkeiten zu entdecken.

2

Die Mutter erwacht und fährt mit einem Satz aus dem Bett – jetzt hat Karen Margrete den Keuchhusten. Sie ist nicht richtig wach – unaufhörlich rutscht sie auf den Knien im Bett herum und will sich nicht von der Mutter halten lassen. Nachdem der Hustenanfall vorüber ist, rollt sie sich zusammen und schläft weiter.

Die Mutter öffnet das Fenster, bleibt eine Weile dort stehen und läßt die morgendliche Kühle auf sich einströmen.

Der See liegt morgenblank und still da, mit fein gekräuselten Bahnen, wo Strömungen gehen; seine Tiefe spiegelt die taubenblauen, silberumrandeten Wolken und das Bild des jenseitigen Ufers wider, das von der Morgensonne beleuchtet ist. Die Häuser liegen wie kleine bunte Würfel auf ihren Äckern, die Laubbäume schimmern wachsgelb zwischen den Fichtenwäldern.

Es ist gleich vier Uhr. Von überall in den Büschen rings um das Haus klingt Vogelgezwitscher auf. Die Meisen hüpfen flink und geschäftig von Ast zu Ast.

Schönes Wetter, denkt die Mutter. Meine armen Kinder, hoffentlich kommen warme und stille Tage, dann werden sie wohl bald wieder gesund ...

Die kühle Luft ist nach der Nacht mit den drei hustenden Kindern wie ein erfrischender Trunk.

Sie geht von einem Bett zum andern. Als sie sich über Henning beugt, erinnert sie sich plötzlich an ihren Traum kurz vor dem Erwachen.

Sie träumte von vielen kleinen Mädchen in hellgelben Kleidern, die im Kreis herumtanzten, so daß die leichten Röcke breit aufflogen – worauf sie tanzten, konnte sie nicht sehen. Manchmal duckten sie sich alle nieder, so daß die Kleider sich rund um sie ausbreiteten, und dann waren es große gefüllte hellgelbe Tulpen in einem Kranz – einem Grabkranz aus großen grünen Blättern.

Sie sah auch einen Kreis von kleinen Mädchen in Violett, die tanzten und sich neigten und zu einem Kranz mit lila Tulpen auf rotbraunen Blättern wurden. Ich habe mir Sorgen gemacht, vor allem um den Kleinsten, denkt die Mutter. Aber jetzt geht es ihm ja Gott sei Dank wieder gut – so einigermaßen. Und als ich kürzlich beim Gärtner war, legten sie gerade Kränze in einen Korb. Da waren sicher auch Tulpen dabei ...

Leise legt sie sich wieder ins Bett. Der Jüngste schläft bei ihr. Denn die Mutter hat Angst gehabt, sie könnte nachts zu fest schlafen und nicht aufwachen, wenn er hustete. Sie hat seit langer Zeit nie mehr richtig ausgeruht.

Er ist wach – verfolgt mit weit offenen Augen an der Wand

das Schattenspiel seiner eigenen kleinen Hand, die er bewegt. Bisweilen wandert sein Blick nachdenklich vom Schatten zur Hand hinüber, als ahne er hier einen Zusammenhang und versuche, ihn zu ergründen. Als er seine Mutter sieht, leuchtet in dem kleinen Gesicht ein weites, ernsthaftes Lächeln langsam auf. Kaum hat sie sich hingelegt, rückt er näher zu ihr hin und sucht mit offenem Mund nach Nahrung. Mit zärtlichem Flüstern legt sie ihn an die Brust und schläft dann sofort ein.

Selbst im Schlaf unterscheidet das Gehirn der Mutter zwischen Geräuschen, um derentwillen sie wach werden muß, und anderen, bei denen sie ruhig weiterschlafen kann. Endlich aber zerreißt Hennings fragende Stimme ihre Träume: »Mutter – und mit Schießpulver? Wenn sie mit Schießpulver schießen würden, ginge das durch die Schilde hindurch, glaubst du?«

Er steht im Hemd da, den Rücken ihr zugewandt – das Leibchen soll zugeknöpft werden. Kamma sitzt angezogen am Toilettentisch der Mutter und bringt dort alles durcheinander. Und Fräulein Ina stellt ein Teebrett auf den Nachttisch und nimmt den kleinen Jungen aus dem Bett – er hat an der Brust geschlafen. Es ist fast neun Uhr.

»Es hat wohl nicht viel Schlaf gegeben heute nacht«, meint Fräulein Ina, und Henning läßt nicht nach: »Schießpulver – so gib doch Antwort, Mutter!«

»Das weiß ich nicht – du weißt doch, die Mutter versteht nicht so viel von Schießpulver und solchen Dingen. Nur Schießpulver – nein, das glaube ich nicht. Um was für Schilde handelt es sich denn überhaupt?«

»Aus Nilpferdhaut. Das hab' ich doch schon gesagt. Solche, wie die Neger sie haben …«

Die Mutter beantwortet Hennings Fragen, schließt unterdessen die Augen und versucht sich ins Gedächtnis zurückzurufen, was sie gerade träumte, als Henning sie anredete. Es ist etwas Wunderschönes gewesen …

Sie träumte, sie stünde auf einem grünen Hang und sähe auf einen See hinunter – nicht auf den See hier, sondern auf einen Fjord. Blauschwarz zog es draußen herauf, über einer dunkel bewaldeten Halbinsel hing eine finstere, bleigraue Wolke. In der Bucht vor der Halbinsel lag eine kleine Stadt von bunten Holzhäusern, in Ballen von blühenden, regennassen Kirschbäumen begraben. Sie wartete auf jemand, der von der Stadt heraufkommen und sie treffen sollte …

Wie sie so mit geschlossenen Augen daliegt, lächelnd über die anmutige Stimmung des Traumes, sickert der Schlaf in ihre Sinne und zieht sie wieder mit sich.

Die Mutter ist nun seit so langer Zeit daran gewöhnt, nur in winzigen, kurzen Abschnitten schlafen zu können, daß Traum und wache Gedanken und Stimmungen unmerklich ineinandergleiten. Der Schlaf ist nur wie ein Schleier mit Bildern darauf, Gedanken und Sorgen des Tages schimmern durch die zarte Hülle hindurch. Sie hat den Eindruck, als seien die Stunden, in denen nächtliches Dunkel und Ruhe sie ganz umschließen, nur verschwindend kurze Augenblicke; sie träumt fast ununterbrochen, und hinterher kann sie sich nicht mehr genau erinnern, was sie geträumt hat und was nur eine Erinnerung an das ist, was sie mit wachen Augen gesehen oder gedacht hat.

Sie meint, nur einen Augenblick geschlummert zu haben, als sie sich wieder im Bett aufsetzt. Aber sie hört Kamma unterhalb des Fensters singen, und aus dem Zimmer unter ihr dringen Hennings und Fräulein Inas Stimmen zu ihr – sie plagen sich mit dem Lernen. Die Teekanne ist kalt – es ist elf Uhr vorbei.

Der Kleine in der Wiege ist naß und kalt und strahlend vergnügt, denn er hat sich von Decken und Windeln befreit und strampelt nun mit nackten Beinchen in der Luft herum.

Die Mutter übergießt sich mit kaltem Wasser und denkt gerührt an Ina, die sie hat schlafen lassen – aber mein Gott, all die Sommersachen, die auf sie warten. Henning kann einfach nicht noch länger in dem dicken Pullover gehen. Sie zieht sich rasch an, als wolle sie die verschlafenen Stunden wieder einholen. Während sie vor dem Spiegel steht und ihr Haar bürstet, erinnert sie sich an den Traum von der kleinen Stadt mit den blühenden Obstbäumen unter Regenwolken.

Ich habe doch mindestens schon viele Jahre nicht mehr daran gedacht. Wie alt war ich eigentlich, als ich dort war – siebzehn, achtzehn Jahre? Dann ist es also beinahe zwanzig Jahre her. Mein Gott, der Leutnant, in den ich mich beinahe verliebt hätte: aber er hieß Edvard, und das fand ich unmöglich. Ja, so war es früher einmal, da konnte ich über mein eigenes Herz bestimmen, wo es sich niederlassen dürfe, als wäre es ein Schmetterling ...

Er wohnte bei der Witwe eines Lotsen in einem langen, niedrigen weißen Haus, unten am Kai. Einmal ging ich mit ihm hinein, denn wir waren beim Spaziergang vom Regen überrascht worden, und ich hatte ein dünnes weißes Kleid an. Mit Gürtel und Trägern aus dickem violettem Samt – das fand man damals so schön. Wir standen in der Stube der Witwe und warteten den Regen ab, es war dunkel drinnen durch die großen Bäume vor dem Haus und den Regen. Ich fand es herrlich, so mit ihm am Fenster zu stehen und zuzuhören, wie es auf das Laub herunterprasselte, aber er hieß Edvard. Ich hatte immer gewußt, daß er Edvard hieß, und damit waren alle Möglichkeiten streng begrenzt ...

Violett könnte ich gut tragen, denkt sie und betrachtet forschend ihr Gesicht, das von dunkler Hautfarbe ist. Oder hellgrün – vielleicht am besten hellgrün. Es wird herrlich sein, wieder in hellen Sommerkleidern gehen zu dürfen. Drei Jahre ist es jetzt her ... Zuerst war die Operation, dann mußte ich wegen des Schwiegervaters in Trauer gehen, und im vorigen Jahr erwartete ich den Kleinen. Drei Jahre lang habe ich mich nur immer in dunklen Kleidern versteckt. Ein hellgraues Kostüm – aber damit warte ich besser bis zum Herbst, bis Jens entwöhnt ist und ich wieder eine etwas bessere Figur habe. Hab' wohl vorher auch nicht genug Geld dazu ...

Plötzlich sieht sie ihren letzten Morgentraum vor sich, und die ganze Traumstimmung von Angst und Scham und Schmerz jagt durch ihr Gemüt.

Übrigens stehen nun, da sie wach ist, der Inhalt des Traumes und die tiefe Bedrücktheit, die sie erfüllt hat, in gar keinem Verhältnis zueinander, so daß sie jetzt selbst darüber lächelt, während sie versucht, sich alles ins Gedächtnis zurückzurufen.

Ich hatte ein Auto genommen und wollte zum Wasserfall hinauffahren. Als ich sah, daß der Chauffeur meine alte Schulvorsteherin war, freute ich mich sehr. Aber dann sollte ich ihr zehn Kronen bezahlen, und mir war es, als hätte ich kein Geld. Ich muß zur Mutter hinauflaufen und sehen, daß sie mir etwas leiht, dachte ich, sie gibt es mir sicher, wenn sie nur selbst etwas hat ...

Ich lief eine breite, gelb gestrichene Treppe hinauf, in einem Haus, das wie eine Sommerpension aussah – Mutter lebte scheinbar dort, und mir war, als sei sie krank, und ich schämte mich, zu ihr zu gehen und um Geld zu betteln, aber ich bildete mir ein, ich müsse es unbedingt haben. Jetzt brauchte ich es übrigens für etwas anderes – für meine Kinder.

Auf der Treppe standen zwei schwarzgekleidete Frauen und redeten miteinander, ich merkte, daß es sich um meine älteste Schwester handelte und um ihren Jungen. Es war etwas Entsetzliches, das ihm drohte. »Er wird wie Petter Lorck«, sagten sie. »Er wird der dickste Knabe der Welt.« Wie komisch im Traum doch alles sein kann. An Petter war weiter nichts Merkwürdiges, als daß er furchtbar dick war. Aber im Traum hielt ich es für ein mystisches und entsetzliches Schicksal, das Henrik drohte, wenn er so werden müßte wie Petter. Und man müsse das meiner Mutter sagen, behaupteten die Damen.

Ich dachte, ich muß zuerst mit ihr reden können. Ich muß

ihnen zuvorkommen mit meinem Anliegen und mir von ihr helfen lassen, noch ehe sie von dem großen Kummer für Gertrud erfährt. Und ich empfand im Traum eine tiefe Scham darüber, daß ich so denken konnte, und eine heftige Empörung über das, was uns alle erwartete – nun sollten wir alle um Gertruds willen so betrübt sein –, und ich wollte doch nicht, ich fand, jetzt sollte Platz für meine Sorgen sein …

Mehr träumte ich wohl nicht …

Aber so waren wir ja tatsächlich gewesen. Gegen die Mutter. Ich und wohl auch die andern. Wenn wir fanden, daß Mutters Sorgen den unsern in den Weg kamen. Selbst als Vater starb. Und auch bei allen ihren andern Sorgen und Kümmernissen. Eine kurze Weile nahmen wir daran teil – manchmal. Aber dann verloren wir die Geduld; Kummer hielt uns auf, die wir mit dem Leben weiterkommen wollten. Die arme Mutter wurde nicht so schnell fertig mit ihrem Kummer, aber sie merkte, was wir fühlten, und so versuchte sie alles in ihrem Innern zu verbergen …

Mutter, liebe Mutter! Jetzt ist wohl für mich die Zeit gekommen, da ich alles in mir verbergen muß. Ich fühle, daß ich allmählich damit anfangen muß. Daß ich Egil und die Kinder nichts merken lassen darf.

Aber ich habe ja eigentlich keine Sorgen – nur kleine Kümmernisse und dergleichen. Und viel Angst habe ich gehabt. Darum bin ich in dieser Zeit wohl so merkwürdig. Ich habe Angst gehabt wegen der Kinder. Ich habe den Schatten der Sorgen verspürt, die kommen können. Das ist alles. Nein, ich weiß, es ist auch nicht nur das allein.

Das Kind in der Wiege wimmert immer lauter. Es hat Hunger. Die Mutter nimmt es auf den Schoß, wickelt es ein und sitzt dann eine Weile da, die Wange an den kleinen Kinderkopf mit dem weichen flachsblonden Haargekräusel gelehnt. Sie atmet den süßen, warmen Milchgeruch seiner Haut ein, und der Kleine sucht tastend mit offenem Mund an ihrem Hals.

»Ja du, du«, sagt sie, während er trinkt und leise knurrend

vor Wohlbehagen mit einer kleinen rosa Hand auf die Brust patscht. »Du wächst, und das Gras auch – bald wird auch dein kleiner Wille anfangen, sich in dir zu spalten. Dann lachen wir dich aus, wir Großen, anfangs, denn du wirkst so süß und drollig, wenn du nicht weißt, was du eigentlich willst. Aber, mein kleiner armer Kerl – so bleibt es und bleibt es dein ganzes Leben lang, bis dein Herz stehenbleibt ...«

Janusz Korczak

Wie man ein Kind lieben soll

(Auszüge)

1. […] Oft begegnet man der Meinung, daß die Mutterschaft eine Frau adelt, daß sie erst als Mutter geistig reift. Ja, die Mutterschaft läßt mit flammenden Buchstaben Fragen erscheinen, die alle Bereiche des äußeren und des geistigen Lebens umfassen; indessen kann man diese auch unbeachtet lassen, ihre Beantwortung feige in eine ferne Zukunft verschieben oder sich darüber entrüsten, daß man ihre Lösung nicht käuflich erwerben kann.

Einem Menschen befehlen, er solle diese Gedanken zu Ende denken und eine fertige Lösung geben – das hieße, von einer fremden Frau zu verlangen, sie soll dein eigenes Kind zur Welt bringen. Es gibt Gedanken, die man selbst unter Schmerzen gebären muß, und sie gerade sind die kostbarsten. Sie entscheiden darüber, ob du, Mutter, deinem Kinde die Brust gibst oder das Euter, ob du es als Mensch oder als Weibchen erziehst, ob du es leiten oder am Halfter des Zwanges hinter dir herschleppen wirst, ob du mit ihm nur so lange spielen wirst, wie es klein ist, und dabei im Austauschen von Zärtlichkeiten einen Ersatz findest für die spärlichen oder unwillkommenen Liebkosungen deines Ehegatten; später aber, wenn es herangewachsen ist, überläßt du es sich selbst oder stellst dich ihm feindlich gegenüber.

2. Du sagst: »Mein Kind.«

Wann hast du das größte Recht darauf, wenn nicht in der Zeit der Schwangerschaft? Der Schlag des wie ein Pfirsichkern so kleinen Herzens ist das Echo deines Pulsschlages. Dein Atem läßt auch ihm den Sauerstoff der Luft zukommen. *Ein* Blutstrom kreist in ihm und in dir, und kein roter Blutstropfen weiß es jetzt schon, ob er bei dir bleibt oder bei ihm oder ob er vergossen wird und stirbt als Tribut, den das Geheimnis der Empfängnis und der Geburt fordert. Der Bissen Brot, den du kaust, ist für dein Kind Stoff zum Aufbau seiner Beine, mit denen es laufen, der Haut, die es kleiden, der Augen, mit denen es sehen, des Gehirns, in dem das Denken aufflackert, der Hände, die es nach dir ausstrecken, des Lächelns, mit dem es »Mutter« rufen wird.

Miteinander sollt ihr den entscheidenden Augenblick erleben: Ihr werdet einen gemeinsamen Schmerz erleiden. Die Glocke schlägt – die Losung heißt: – Seid bereit.

Und zugleich wird es sagen: »Ich will mein eigenes Leben leben«, und du sagst: »lebe nun dein eigenes Leben.«

Unter krampfartigen Zuckungen deines Inneren wirst du es von dir geben, ohne dich um seinen Schmerz zu kümmern, kräftig und entschieden wird es sich hinausdrängen, ohne deiner Schmerzen zu achten.

Ein brutaler Akt.

Nein – sowohl du als auch dein Kind, ihr zittert Tausende von Malen auf nicht wahrnehmbare, subtile, wunderbar gewandte Weise, um euren Anteil am Leben zu beanspruchen und dabei nicht mehr zu nehmen, als euch von Rechts wegen gehört, nach allgemeinen, seit Urzeiten gültigen Gesetzen.

»Mein Kind.«

Nein, nicht einmal in den Monaten der Schwangerschaft und in den Stunden der Geburt gehört das Kind dir.

3. Das Kind, das du geboren hast, wiegt zehn Pfund. Davon sind acht Pfund Wasser und je eine Handvoll Kohlenstoff, Stickstoff, Schwefel, Phosphor, Kalium und Eisen. Du hast acht Pfund Wasser und zwei Pfund Asche zur Welt gebracht. Und jeder Tropfen dieses *deines* Kindes war einmal Dunst einer Wolke, ein Schneekristall, Nebel, Tau, ein Bach und das Abwasser eines städtischen Kanals. Jedes Atom Kohlenstoff oder Stickstoff war einmal Bestandteil von Millionen verschiedener Verbindungen. Du hast nur das alles zusammengefügt, was vorhanden war.

Die Erde, schwebend im unendlichen Raum.

Ihr naher Gefährte, die Sonne, fünfzig Millionen Meilen entfernt.

Der Durchmesser unserer kleinen Erde, das sind nur dreitausend Meilen feuriggühender Masse mit einer dünnen, in einer Mächtigkeit von zehn Meilen erstarrten Schale. Auf dieser dünnen, mit Feuer erfüllten Schale, inmitten von Ozeanen, eine Handvoll festes Land.

Auf dem Land, zwischen Bäumen und Sträuchern, Insekten, Vögeln, Tieren, wimmelt es von Menschen.

Und unter den Millionen von Menschen hast du noch ein – ja was denn? – Hälmchen, ein Stäubchen zur Welt gebracht, ein Nichts. Es ist so hinfällig, daß eine Bakterie, die erst in tausendfacher Vergrößerung einen Punkt im Blickfeld darstellt, es töten kann …

Aber dieses »Nichts« ist ein leibhaftiger Bruder der Woge im Meer, des Sturmwindes, des Blitzes, der Sonne und der Milchstraße. Dieses Stäubchen ist ein Bruder der Getreideähre, des Grases, der Eiche, der Palme – des Gelbschnabels im Vogelnest, des Löwenjungen, des Füllen und des kleinen Hundes.

In ihm ist etwas, das empfindet, untersucht – duldet, begehrt, sich freut, liebt, vertraut, haßt – glaubt, zweifelt, an sich zieht und abstößt.

Dieses Stäubchen umfaßt mit seinen Gedanken alles: Sterne und Ozeane, Berge und Abgründe. Und was ist der Inhalt der Seele anders als das All, nur ohne Dimensionen.

Das ist nun der Widerspruch im menschlichen, aus vergänglichem Staub entstandenen Wesen, in dem Gott Wohnung genommen hat.

4. Du sagst: »Mein Kind.«

Nein, es ist ein gemeinsames Kind, ein Kind von Vater und Mutter, von Ahnen und Urahnen.

Irgendein fernes »Ich«, das in einer Reihe von Vorfahren

schlief, die Stimme aus einem morschen, längst vergessenen Sarge, spricht plötzlich aus deinem Kinde.

Vor dreihundert Jahren, im Krieg oder im Frieden, hat irgendein Mensch Gewalt gewonnen über einen anderen, im Kaleidoskop sich kreuzender Rassen, Nationen, Klassen – im Einverständnis oder mit Gewalt, im Augenblick des Entsetzens oder der Liebestrunkenheit – hat er betrogen oder verführt, niemand weiß, wer und wann, aber Gott hat es im Buche der Vorherbestimmung verzeichnet, und die Anthropologen möchten es enträtseln aus Schädelform und Farbe der Haare.

Manchmal phantasiert ein sensibles Kind, es sei ein Findelkind im Hause seiner Eltern. Das trifft zu: sein Erzeuger ist vor langen Zeiten schon gestorben.

Ein Kind ist wie ein Pergament, dicht beschrieben mit winzigen Hieroglyphen, die du nur zum Teil zu entziffern vermagst; manche aber kannst du auslöschen oder nur durchstreichen und eigenem Inhalt erfüllen.

Ein grausames Gesetz? Nein, eine gute Erkenntnis. Sie stellt in jedem Kind das erste Glied in der unendlichen Kette der Generationen her. Suche nach dem in deinem dir fremden Kinde schlummernden Teilchen von dir selbst. Vielleicht entdeckst du es, vielleicht kannst du es sogar zur Entfaltung bringen.

Das Kind und die Unermeßlichkeit.

Das Kind und die Ewigkeit.

Das Kind – ein Stäubchen im unendlichen Raum.

Das Kind – ein Moment in der Zeit.

5. Du sagst: »Es soll … Ich will, daß es …«

Und du suchst nach einem Vorbild, dem es gleichen soll, nach einer Lebensform, die du für dein Kind begehrst. Es hat nichts zu bedeuten, daß ringsherum graue Mittelmäßigkeit herrscht. Die Menschen machen sich zu schaffen, wollen dies und das erreichen – kleinliche Sorgen, nichtiges Trachten, banale Ziele … Unerfüllte Hoffnungen, beißender Groll, ewige Sehnsucht ... Das Unrecht herrscht.

Frostige Gleichgültigkeit läßt zu Eis erstarren, Heuchelei erstickt den Atem.

Was Klauen und Zähne hat, greift an, was von stiller Gemütsart ist, zieht sich in sich selbst zurück.

Und sie leiden nicht nur, sondern sie nehmen auch Schaden. Was soll aus dem Kinde werden?

Ein Krieger oder nur ein Arbeiter, ein Feldherr oder ein gemeiner Soldat? Oder soll es nur glücklich werden?

Wo ist das Glück und was ist es? Kennst du den Weg? Gibt es überhaupt jemanden, der ihn kennt?

Wirst *du* damit fertig werden?

Wie kann man in die Zukunft schauen und wie es beschützen?

Ein Schmetterling über dem schäumenden Wildbach des Lebens. Wie soll man ihm Beständigkeit verleihen, ohne seinen Flug zu beschweren, wie ihn abhärten und doch seine Flügel nicht ermüden?

Durch das eigene Beispiel also, durch Hilfestellung, Ratschläge und gute Worte?

Und wenn es sie verwirft?

In fünfzehn Jahren wird es den Blick fest in die Zukunft richten und du in die Vergangenheit. In dir Erinnerungen und Gewohnheiten – in ihm Wankelmut und trotzige Hoffnung. Du bist von Zweifeln befallen, und dein Kind hegt Erwartungen und vertraut, du fürchtest dich, und dein Kind ist ohne Angst.

Die Jugend, wenn sie nicht spottet, verdammt und verachtet, will immer die mit Mängeln behaftete Vergangenheit verändern. So sollte es auch sein.

Und dennoch ...

Mag es suchen, wenn es nur nicht fehlgeht, mag es klettern, wenn es nur nicht stürzt, mag es roden, wenn es sich nur nicht die Hände blutig reißt, mag es seine Kräfte gebrauchen, aber vorsichtig – vorsichtig.

Es sagt: »Ich bin anderer Meinung. Genug mit der Fürsorge.«

Du hast also kein Vertrauen? Du brauchst mich nicht mehr? Meine Liebe ist dir lästig?

Uneinsichtiges Kind, das vom Leben nichts weiß, armes Kind, undankbares Kind!

6. Undankbares: Ist denn die Erde der Sonne dankbar, daß sie scheint? Dankt der Baum dem Samen, weil er aus ihm hervorgegangen ist? Singt die Nachtigall ihrer Mutter ein Lied, weil deren Brustgefieder sie gewärmt hat? Gibst du deinem Kinde weiter, was du von deinen Eltern empfangen hast, oder borgst du es ihm nur, um es wieder an dich zu nehmen, indem du geschäftig alles anschreibst und Zinsen berechnest?

Ist denn die Liebe ein Verdienst, für das du Bezahlung forderst? [...]

Die Mutterliebe ist elementar. Die Menschen haben sie nach ihrer Art verändert. Die ganze zivilisierte Welt – mit Ausnahme der von der Kultur unberührten Massen – praktiziert den Kindermord. Ein Ehepaar, das zwei Kinder hat, wo es doch zwölf hätte haben können, ist des Totschlags schuldig an zehn Kindern, die nicht geboren wurden und unter denen das eine gerade »ihr Kind« hätte sein können. Unter den Ungeborenen haben sie vielleicht das wertvollste umgebracht. Törichte Aufgeblasenheit.

Lange wollte ich nicht begreifen, daß man rechnen muß und besorgt sein um die Kinder, die geboren werden. In der Unfreiheit unter den Teilungsmächten, als Untertan, nicht als Staatsbürger, habe ich mich nicht darum bekümmert und nicht bedacht, daß gleichzeitig auch Schulen, Werkstätten, Krankenhäuser und kulturelle Daseinsbedingungen entstehen müssen. Eine unbedachte Vermehrung empfinde ich heute als Unrecht und leichtsinnigen Frevel. – Wir befinden uns vielleicht am Vorabend einer neuen Gesetzgebung, die von den Gesichtspunkten der Eugenik und der Bevölkerungspolitik bestimmt ist.

7. Ob es wohl gesund ist?

Noch ist es für die Mutter verwunderlich, daß ihr Kind nicht mehr mit ihr identisch ist. Bis vor kurzem noch war in ihrem zwiefachen Leben die Sorge um das Kind ein Teil des sorglichen Umgangs mit sich selbst.

So sehr hat sie die Zeit herbeigesehnt, da alles vorüber wäre und sie diesen Augenblick hinter sich hätte. Sie hatte gemeint, dann von Sorgen und Nöten frei zu sein. Und nun?

Sonderbar: früher war ihr das Kind näher, es gehörte enger zu ihr, sie war seiner Sicherheit gewisser, selbstverständlicher erschien sie ihr. Mit dem Augenblick, da fremde Hände – erfahrene, entlohnte, selbstsichere – es in Pflege genommen hatten, fühlte sie sich allein, beiseite geschoben, beunruhigt.

Die Welt nimmt es bereits in Beschlag.

Und in den langen Stunden einer erzwungenen Untätigkeit stellen sich manche Fragen ein: was habe ich ihm mitgegeben, habe ich es auch mit allem Notwendigen ausgestattet, wie habe ich für seine Sicherheit gesorgt?

Ist es auch wirklich gesund? Warum weint es denn?

Warum ist es mager, saugt schlecht, schläft nicht, schläft zuviel, warum hat es ein so großes Köpfchen, krumme Beinchen, geballte Fäustchen, warum eine so rote Haut, weiße Pustelchen auf der Nase, warum schielt es wohl, hat den Schluckauf, niest, muß würgen, ist heiser?

Das muß so sein? Vielleicht sagt man ihr die Unwahrheit?

Sie betrachtet das Kleine, Hilflose, gänzlich unähnlich allen ebenso Kleinen und Zahnlosen, denen sie auf der Straße und im Garten begegnet. Ob es wohl möglich ist, daß auch ihr Kind in drei oder vier Monaten ...?

Aber vielleicht täuschen sich alle?

Vielleicht nehmen sie es nicht ernst?

Die Mutter lauscht mißtrauisch auf die Stimme des Arztes, verfolgt ihn mit ihren Blicken: sie möchte aus seinen Augen, seinem Achselzucken, dem Hochziehen der Augenbrauen, den Stirnfalten ablesen, ob er die Wahrheit sagt, ob er unschlüssig ist, ob er sich ausreichend konzentriert.

8. »Ob es hübsch ist? Daran liegt mir nichts.« So reden unaufrichtige Mütter, welche die Ernsthaftigkeit ihrer Ansichten über Erziehungsfragen gern unterstreichen möchten. Schönheit, Anmut, Statur, eine angenehm klingende Stimme, das ist ein Kapital, das du deinem Kinde mitgegeben hast. Wie die Gesundheit, wie der Verstand ist es ihm eine Hilfe auf dem Lebensweg. Man sollte die Schönheit nicht überbewerten, und wenn sie nicht mit anderen Gaben verbunden ist, kann sie sogar schädlich sein. Um so notwendiger ist es, sie mit wacher Aufmerksamkeit im Blick zu behalten.

Ein hübsches Kind ist anders als ein häßliches zu erziehen. Aber da es keine Erziehung ohne Teilnahme des Kindes gibt, sollte man die Fragen von Schönheit und Anmut nicht schamhaft vor dem Kinde verschweigen; denn gerade das ist ihm schädlich. Diese vorgebliche Nichtachtung der Schönheit ist ein Relikt des Mittelalters. Sollte der Mensch, der so empfänglich ist für die Schönheit einer Blume, eines Schmetterlings, eines Landschaftsbildes, sich der Schönheit des Menschen gegenüber gleichgültig verhalten?

Du willst vor deinem Kinde verborgen halten, daß es hübsch ist? Wenn ihm das keiner von den vielen Menschen sagt, die es im Hause umgeben, so werden es ihm fremde Leute sagen, auf der Straße, im Laden, im Garten, überall – mit einem Ausruf, einem Lächeln, einem Blick, Erwachsene oder Gleichaltrige. Es erfährt etwas davon, wenn häßliche und garstige Kinder ihm nachstellen. Es begreift, daß Wohlgestalt Vorrechte verleiht, wie es auch versteht, daß diese Hand seine Hand ist, der es sich bedienen kann.

So wie ein schwächliches Kind gut gedeihen kann und ein gesundes einem Unglücksfall zum Opfer fallen, so kann ein hübsches unglücklich sein, aber ein mit dem Panzer der Häßlichkeit bewehrtes, das sich nicht hervortut und unbemerkt bleibt, glücklich dahinleben. Denn du mußt daran denken, daß das Leben jede Begünstigung, die es als wertvoll erkannt hat, abzukaufen, abzulisten oder zu entwenden begehrt. In dieser Gleichgewichtslage mit ihren Tausenden von Vibrationen kommt es zu Überraschungen, die die Erzieherin oftmals die schmerzliche Frage stellen lassen: »Warum?«

»Mir liegt nichts an der Schönheit!«

Du stehst in der Gefahr, mit einem Fehler und einer Unwahrheit zu beginnen.

9. Ist es gescheit?

Wenn die Mutter zunächst nur ängstlich diese Frage stellt, bald wird sie verlangen, daß es so sei.

Iß, auch wenn du satt bist, auch wenn dich der Ekel überkommt, geh schlafen, und wenn es unter Tränen geschieht und du eine Stunde lang aufs Einschlafen wirst warten müssen. Du mußt, ich will es so, damit du gesund bleibst.

Spiel nicht im Sand, trag eng anliegende Höschen, zerzause dir nicht die Haare, denn ich will, daß du hübsch aussiehst.

»Es spricht noch immer nicht ... Es ist älter als ... und trotzdem – Es lernt schlecht ...

Anstatt zu beobachten, um zu erkennen und zu wissen, nimmt man das erste beste Beispiel eines »wohlgeratenen Kindes« und fordert von seinem eigenen Kind: diesem Vorbild sollst du ähnlich sein.

Es darf nicht sein, daß vermögender Eltern Kind ein Handwerker wird. Es mag lieber ein unglücklicher und demoralisierter Mensch aus ihm werden. Keine Liebe zum Kind, sondern Egoismus der Eltern, nicht das Wohl des einzelnen, sondern die Ambitionen des großen Haufens, kein Suchen nach gangbaren Wegen, sondern die Fesseln der Schablone.

Es gibt aktive und passive Geister, lebendige und apathische, ausdauernde und launenhaft wechselnde, nachgiebige und widerspenstige, schöpferische und auf Nachahmung bedachte, blendende und solide, sachlich bestimmte und literarisch begabte Geister; es gibt ein hervorragendes und ein mäßig durchschnittliches Gedächtnis; Esprit in der Verwendung erworbenen Wissens und redliches Bedenken, angeborenen Despotismus und Reflexion, und Kritizismus; es gibt Früh- und Spätentwicklung, einseitige oder vielfältige Interessiertheit.

Aber wen geht das schon etwas an?

»Soll es doch wenigstens vier Klassen beenden«, so spricht die elterliche Resignation.

In Vorahnung einer glänzenden Renaissance physischer Arbeit sehe ich ihre Anwärter in allen Klassen der Gesellschaft. Derweil schlagen sich Eltern und Schule mit jeder ungewöhnlichen, untypischen, schwachen oder unausgeglichenen Intelligenz herum. Es geht nicht darum, ob es gescheit, sondern vielmehr wie klug das Kind ist.

Ein naiver Appell an die Familie, freiwillig ein schweres Opfer auf sich zu nehmen. Intelligenz-Untersuchungen und psychotechnische Versuche werden egoistische Ambitionen wirksam einschränken. Eine ferne Zukunftshoffnung, wie sich versteht.

10. Ein gutes Kind.

Man sollte sich davor hüten, gut mit bequem zu verwechseln. Es weint kaum, weckt uns in der Nacht nicht auf, ist zutraulich, heiter – also gutartig.

Es ist bösartig – launisch, schreit ohne sichtbaren Grund, löst bei der Mutter mehr verdrießliche als liebevolle Empfindungen aus.

Unabhängig von ihrem Befinden sind Neugeborene von ihren ererbten Eigenschaften her mehr oder weniger geduldig. Hier reicht eine Einheit Empfindlichkeit aus, um zehn Einheiten Geschrei als Reaktion auszulösen, dort reagiert ein anderes auf zehn Einheiten von Unpäßlichkeiten mit einer Einheit Weinen.

Das eine ist verschlafen, bewegt sich träge, saugt langsam, schreit ohne lebendige Spannung, ohne deutlich spürbaren Affekt.

Das andere ist reizbar, von lebhaften Bewegungen, leichtem Schlaf, es saugt heftig und schreit, bis es bläulich anläuft.

Es hat Keuchhusten, erstickt beinahe, man muß es wieder zu sich bringen, manchmal kehrt es nur mühsam zum Leben zurück. Ich weiß, das ist eine Krankheit, die man mit Lebertran, Phosphor und milchloser Diät heilen kann. Aber diese Krankheit hatte einen Säugling zu einem reifen Mann von mächtiger Willenskraft, einer elementaren Vitalität und genialen Geistesgaben heranwachsen lassen. Napoleon litt im Säuglingsalter an Keuchhusten.

Die ganze moderne Pädagogik trachtet danach, bequeme Kinder heranzubilden, sie strebt konsequent und Schritt für Schritt danach, alles einzuschläfern, zu unterdrücken und auszumerzen, was Willen und Freiheit des Kindes ausmacht, seine Seelenstärke, die Kraft seines Verlangens und seiner Absichten.

Artig, gehorsam, gut, bequem, aber ohne einen Gedanken daran, daß es innerlich unfrei und lebensuntüchtig sein wird.

11. Eine schmerzliche Überraschung für die junge Mutter ist das Schreien ihres Kindes.

Sie hat gewußt, daß Kinder weinen, aber bei dem Gedanken an das eigene Kind hatte sie das nicht bedacht; sie erwartete nur sein bezauberndes Lächeln.

Sie wird seine Bedürfnisse genau beachten, sie wird es vernünftig aufziehen, modern, unter Anleitung durch einen erfahrenen Arzt. Ihr Kind wird nicht weinen müssen.

Aber es kommt die Nacht, da sie wie betäubt daliegt, den lebendigen Widerhall der schweren Stunden, die Ewigkeiten dauerten, noch immer verspürend. Kaum hat sie die Süße einer sorglosen Ermattung, einer Trägheit ohne inneren Vorwurf, eines Ausruhens nach getaner Arbeit, nach verzweifelter Anstrengung, der ersten in einem verzärtelten Leben, verspürt. Kaum ist sie der Täuschung erlegen, daß alles vorüber sei, weil dieses andere nun schon selbständig atmet. In sich selbst versunken, vermag sie nur der Natur geheimnisvoll flüsternde Fragen zu stellen, ohne überhaupt eine Antwort zu verlangen.

Da plötzlich …

Das despotische Schreien des Kindes, das etwas verlangt, sich über etwas beklagt, Hilfe fordert – aber sie versteht es nicht. Gib acht!

»Wo ich doch nicht kann, nicht will, nicht weiß, was ich tun soll!«

Dieses erste Schreien beim Schein der Nachtlampe ist die Ankündigung eines Kampfes des nun zweigeteilten Lebens: das eine reife Leben, zum Nachgeben, zu Entsagungen, zu Opfern gezwungen, setzt sich zur Wehr; das andere, neue, junge erkämpft sich seine eigenen Rechte. Heute klagst du es nicht an; es begreift nicht, leidet. Aber auf dem Zifferblatt steht die Stunde, da du einmal sagen wirst: »Auch ich fühle, auch ich leide.«

12. Es gibt Neugeborene und Kleinkinder, die wenig weinen – um so besser. Aber es gibt auch solche, denen beim Schreien die Adern auf der Stirn anschwellen; die Fontanelle tritt hervor, Gesicht und Kopf laufen dunkelrot an, die Bäckchen färben sich blau, die zahnlosen Kiefer beben, der Bauch bläht sich auf, die Fäustchen krampfen sich zusammen, und die Beine schlagen in der Luft herum. Plötzlich läßt die Kraft nach, und es hört auf, sieht die Mutter mit dem Ausdruck vollkommener Ergebung »vorwurfsvoll« an, versucht die Augen zu schließen und will schlafen, aber nach ein paar hastigen Atemstößen kommt es wieder zu einem ähnlichen oder sogar noch stärkeren Schreianfall.

Ist es wohl möglich, daß die feinen Lungen, das kleine Herz, das junge Gehirn das aushalten?

Hilfe, einen Arzt!

Ewigkeiten vergehen, bis er kommt, mit nachsichtigem Lächeln ihre Befürchtungen anhört, so ein Fremder, Unzugänglicher, Berufsmäßiger, für den dieses Kind nur eines von tausend ist. Er ist gekommen, um sich gleich wieder anderen Leiden zuzuwenden, andere Klagen anzuhören, jetzt ist er gekommen, bei Tag, da alles heiterer erscheint: die Sonne am Himmel, Menschen gehen auf der Straße, er ist gekommen, als das Kind gerade schläft, gewiß erschöpft nach den schlaflosen Stunden, und als kaum noch geringe Spuren der gespenstischen Nacht wahrzunehmen sind.

Die Mutter hört ihm zu, manchmal etwas unaufmerksam. Ihr Traum von dem Arzt, dem Freund und Führer auf dem mühseligen Reiseweg, ist unwiederbringlich dahin.

Sie händigt ihm das Honorar aus und bleibt allein zurück mit der bitteren Erfahrung, daß der Arzt ein gleichgültiger, fremder Mensch ist, der nicht begreift, worum es geht. Auch er war unsicher, auch er hat nichts Bestimmtes ausgesagt.

13. Wenn die junge Mutter wüßte, wie entscheidend diese ersten Tage und Wochen sind, nicht so sehr für die Gesundheit des Kindes heute, als vielmehr für ihrer beider Zukunft.

Und wie leicht kann man diese Zeit vertun!

Anstatt sich mit dem Gedanken abzufinden, daß ihr Kind für den Arzt nur insoweit Gegenstand seines Interesses ist, als es ihm etwas einbringt oder seine Ambitionen befriedigt; daß es auch für die Welt wenig bedeutet, nur für sie selbst kostbar ist ...

Anstatt sich mit dem modernen Stand der Wissenschaft vertraut zu machen, die Mutmaßungen anstellt, um Erkenntnis bemüht ist, forscht und vorwärts schreitet – Wissen erwirbt, aber keine Gewißheit, Hilfe zuteil werden läßt, aber keine Garantie ...

Anstatt der Erkenntnis tapfer zu begegnen: das Aufziehen eines Kindes ist keine Spielerei, sondern eine Aufgabe, an die man die Bemühungen schlafloser Nächte, die Summe schwerer Erlebnisse und viele Gedanken wenden muß ...

Anstatt all dies im Feuer eines großen Gefühls zu einem gediegenen Bewußtsein zusammenzuschmelzen, ohne Selbsttäuschung, ohne kindisches Schmollen und selbstsüchtige Bitterkeit, ist sie in der Lage, das Kind zusammen mit seiner Pflegerin in ein abgelegenes Zimmer einzuquartieren, weil sie nicht mit ansehen kann, wie das Kleine leidet, weil sie seine schmerzlichen Hilferufe nicht mehr anzuhören vermag, kann sie den einen Arzt und auch andere wiederholt herbeirufen, ohne dabei auch nur eine: Erkenntnis zu gewinnen; sie wird nur gequält, betäubt und verdammt.

Wie naiv ist doch die Freude einer Mutter darüber, daß sie das erste undeutliche Gerede ihres Kindes versteht, die verdrehten und verstümmelten Ausdrücke errät.

Jetzt erst? ... Nur soviel? ... Nicht mehr? ...

Und die Sprache des Weinens und des Lachens, die Sprache der Augen und der Mundstellung, der Bewegungen und des Saugens? ...

Verzichte nicht auf diese Nächte. Sie können dir geben, was kein Buch, kein Ratschlag zu geben vermögen. Denn hier liegt der Wert nicht mehr im Wissen allein, sondern in dem tiefen seelischen Umschwung, der nicht mehr zu jenen unfruchtbaren Erwägungen zurückzukehren gestattet: »Was könnte sein, was sollte sein, was wäre gut, wenn ...«, sondern unter den gegebenen Bedingungen zu handeln lehrt.

In diesen Nächten kann dem Kind ein wunderbarer schutzengelgleicher Verbündeter erstehen – die Intuition des mütterlichen Herzens, jene Hellsichtigkeit, die besteht aus dem forschenden Willen, der wachsenden Vernunft und einem ungetrübten Gefühl.

[...]

28. Die Sehkraft. Licht und Finsternis, Nacht und Tag. Schlafen – etwas kaum Wahrnehmbares geschieht; Wachen – die Regungen werden kräftiger; etwas Gutes (die Mutterbrust), etwas Böses (der Schmerz). Das Neugeborene blickt die Lampe an. Nein, es sieht noch nicht, die Augäpfel gehen in verschiedene Richtungen auseinander und kommen wieder zusammen. Später, wenn es einen langsam bewegten Gegen-

stand mit seinem Blick verfolgt, fixiert es ihn und verliert ihn jeden Augenblick wieder aus den Augen.

Konturen von Schatten, der Aufriß erster Linien, und alles noch ohne Perspektive. Die Mutter, einen Meter entfernt, ist schon ein ganz anderer Schatten als nahe über das Bettchen gebeugt. Das Profil des Gesichtes wie eine Mondsichel, nur das Kinn und der Mund, wenn ihr Kind sie von unten betrachtet, dasselbe Gesicht, diesmal mit den Augen, wenn sie auf den Knien liegt, und wieder anders, auch das Haar ist zu sehen, wenn sie sich noch weiter herabbeugt. Aber Gehör und Geruch sagen, daß es dasselbe sei.

Die Brust, eine helle Wolke, wohlschmeckend, duftend, Wärme und Güte. Das Kindchen läßt die Brust fahren und schaut, prüft mit seinen Blicken dieses sonderbare Etwas, das ständig über der Brust zu sehen ist, woher die Laute kommen und der warme Strom da Atems weht. Das Kleine weiß nicht, daß Brust, Gesicht und Hände eine Einheit bilden – die Mutter.

Ein Fremder streckt die Hände aus. Getäuscht durch die vertraute Gebärde, das Bild, läßt es sich gern auf den Arm nehmen. Jetzt erst bemerkt es seinen Fehler. Diesmal entfernen es die Hände von dem vertrauten Schatten, führen es zu etwas Fremdem, Furchterweckendem hin. Spontan wendet es sich der Mutter zu, und, wieder in Sicherheit, schaut es verwundert oder versteckt sich hinter der Schulter der Mutter, um der Gefahr zu entrinnen.

Endlich ist das Gesicht der Mutter nicht mehr nur ein Schatten, den man mit den Händchen untersucht. Das Kleine hat oft schon nach ihrer Nase gegriffen, das sonderbare Auge berührt, das abwechselnd aufblitzt und dann wieder unter der Hülle des Lides matt schimmert; es hat das Haar betastet. Und wer hat noch nicht gesehen, wie es die Lippen zurückschiebt, die Zähne betrachtet, in den Mund blickt, gesammelt, ernst, mit einer tiefen Stirnfalte. Nur daß es dabei durch törichtes Geplapper, Küsse, allerlei Späße gestört wird – wir sprechen dann vom »Zeitvertreib« des Kindes.

Wir aber sind es, die spielen, das Kleine studiert. Es kennt bereits Axiome, Hypothesen und Probleme im Verlauf seiner Forschungen.

29. Das Gehör. Vom Straßenlärm hinter den Fensterscheiben, dem Widerhall weit entfernter Geräusche, dem Ticken der Uhr, Gesprächen und Gepolter bis zu den unmittelbar an das Kind gerichteten Flüsterworten bildet das alles ein Chaos von Reizen, das es unterscheiden und verstehen lernen muß.

Hier seien noch die Laute erwähnt, die das Kleine selbst hervorbringt, der Schrei also, das Plappern und Brummeln. Bis es begreift, daß es selbst und kein Unsichtbarer vor sich hin lallt und schreit, vergeht viel Zeit. Wenn es daliegt und sein »Aba, abb, ada« sagt, horcht es und prüft die Empfindungen beim Bewegen der Lippen, der Zunge, des Kehlkopfes. Ohne über sich selbst Bescheid zu wissen, stellt es nur die willkürliche Hervorbringung dieser Laute fest.

Wenn ich das Kindchen in seiner eigenen Sprache anrede »aba, abb, ada«, betrachtet es mich erstaunt – ein geheimnisvolles Wesen, das ihm wohlbekannte Laute hervorbringt.

Wenn wir uns tiefer in die Art des Bewußtseins eines Kleinkindes hineinversetzen, würden wir weit mehr darin finden, als wir meinen – nur nicht das, und nur nicht so, wie wir es annehmen. Armes Purzelchen, hungriges Kleines, armes, will es Pappchen machen, will es Mili. Das Kleine versteht das gut, es wartet darauf, daß seine Ernährerin die Bluse öffnet und ihm ein Tüchlein unters Kinn gelegt wird, es wird unruhig, wenn sich die Erfüllung seiner Erwartung verzögert. Und doch hat die Mutter diese ganze lange Tirade an sich selbst, nicht an das Kind gerichtet. Es würde sich eher die Laute einprägen, mit denen eine Hausfrau das Geflügel herbeilockt: »Tschip, tschip.«

Das Kleine denkt in den Kategorien der Erwartung angenehmer Empfindungen und der Furcht vor unliebsamen Eindrücken; daß es nicht nur in Bildern, sondern auch in

Lauten denkt, kann man ja doch aus dem alarmierenden Charakter des Schreiens ablesen: ein Schrei kündet Unheil an, oder er setzt automatisch den Apparat in Bewegung, der Unzufriedenheit ausdrückt. Betrachtet doch einmal aufmerksam ein Kleinkind, wenn es jemanden weinen hört.

30. Das Kleine gibt sich alle Mühe, die Außenwelt zu beherrschen: es will die schlechten feindlichen Mächte in seiner Umgebung niederkämpfen und die guten, fürsorglichen Geister dazu zwingen, seinem Wohlbefinden zu dienen. Das Kleinkind kennt zwei Zauberformeln, deren es sich bedient, bevor es das dritte wunderbare Werkzeug seines Willens erobert: die eigenen Hände. Diese beiden Zauberformeln heißen: schreien und saugen.

Wenn das Kleine anfangs schreit, *weil* ihm etwas weh tut. so lernt es auch bald zu schreien, *damit* ihm nichts weh tun soll. Allein gelassen, weint es, aber es beruhigt sich wieder, wenn es die Schritte der Mutter hört; es will trinken und weint, aber es hört zu weinen auf, wenn es bemerkt, daß die Mutter sich anschickt, es zu stillen.

Es disponiert im Bereich seiner Kenntnisse (es sind nur wenige) und der verfügbaren Mittel (sie sind erst schwach entwickelt). Es begeht Fehler, indem es einzelne Erscheinungen verallgemeinert und aufeinanderfolgende Vorgänge als Ursache und Wirkung miteinander verbindet. Ob die Aufmerksamkeit und Sympathie für seine Schuhe nicht darauf zurückzuführen sind, daß es den Schuhen seine Fähigkeit zu gehen zuschreibt? Ebenso ist das Mäntelchen jener Zauberteppich aus dem Märchen, der es in die Welt der Wunder hineinführt, zum Spazierengehen.

Auch ich habe das Recht, so etwas anzunehmen. Wenn ein Literaturhistoriker das Recht hat, Spekulationen darüber anzustellen, was Shakespeare beabsichtigte, als er seinen Hamlet schuf, so darf ein Pädagoge Vermutungen wagen, die sogar fehlerhaft sein können, ihm aber doch praktische Ergebnisse vermitteln.

Das sieht so aus:

Im Zimmer ist es schwül. Das Kind hat trockene Lippen, nur wenig dickschleimigen Speichel, es ist mißmutig. Milch ist ein Nahrungsmittel, aber es ist durstig, also muß man ihm Wasser geben. Doch »es will nicht trinken«: es wendet das Köpfchen weg und schlägt den Löffel aus der Hand. Es möchte wohl trinken, kann es aber noch nicht. Wenn es die erwünschte Flüssigkeit auf seinen Lippen spürt, wirft es seinen Kopf herum und sucht nach der Brustwarze. Ich halte sein Köpfchen mit der linken Hand fest und halte den Löffel an seine Oberlippe.

Es trinkt nicht, sondern es saugt das Wasser ein, gierig hat es fünf Löffelchen Wasser zu sich genommen und ist dann eingeschlafen. Wenn ich ihm aber ein- oder zweimal Flüssigkeit ungeschickt mit dem Löffel gebe, verschluckt es sich und wird verdrießlich, und dann will es wirklich nicht mehr aus dem Löffel trinken.

Ein anderes Beispiel:

Ein ständig mißmutiger, unzufriedener Säugling beruhigt sich an der Brust, beim Wickeln und Baden und bei einer öfteren Änderung seiner Lage. Dieser Säugling hat einen juckenden Ausschlag. Man sagt mir, davon sei nichts zu sehen. Aber er wird mit Sicherheit in Erscheinung treten. Und tatsächlich – nach zwei Monaten ist der Ausschlag da.

Ein drittes Beispiel:

Das Kindchen saugt an seinen Händen, wenn ihm etwas weh tut, alle unangenehmen Empfindungen, also auch die Unruhe ungeduldiger Erwartung, möchte es mit dem wohltätigen, vertrauten Saugen befriedigen. Es saugt an seinen Fäustchen, wenn es hungrig oder durstig ist, wenn es überfüttert ist, wenn es einen üblen Geschmack im Mund verspürt, wenn es Schmerzen hat, wenn ihm zu warm ist oder wenn ihm Haut oder Gaumen jucken. Woher mag es wohl kommen, daß der Arzt ankündigt, es werde nun zahnen, und das Kleine schon einen lästigen Druck im Kiefer oder im Gaumen verspürt, wenn die Zähne noch wochenlang auf sich warten lassen! Reizt nicht ein durchbrechender Zahn die kleinen Nervenverästelungen schon im Knochen selbst? Hier sei bemerkt, daß ein Kalb ähnliche Schmerzen leidet, bevor ihm die Hörner wachsen.

Und hier nun dieser Weg: der Sauginstinkt, die Saugbewegungen, um den Schmerz zu mindern, und das Saugen als Vergnügen und Gewohnheit.

31. Ich betone: Grundton und Inhalt des psychischen Lebens eines Kleinkindes ist das Bestreben, die unbekannten Elemente, die Geheimnisse seiner Umwelt zu beherrschen, aus denen Gutes und Böses hervorgeht.

Mit der Betätigung dieses Willens ist ein starker Wissensdrang verbunden.

Ich betone: ein ausgewogenes Wohlbefinden erleichtert ein objektives Erkennen; alle unangenehmen Empfindungen, die aus seiner inneren Verfassung kommen, also in erster Linie Schmerzen, beeinträchtigen sein noch ungefestigtes Bewußtsein. Um sich davon zu überzeugen, muß man es im gesunden Zustand, in Schmerzen und in Krankheitszeiten beobachten.

Wenn es Schmerzen empfindet, schreit das Kleine nicht nur, sondern es hört auch den Schrei, verspürt ihn in der Kehle, erblickt ihn durch die halbgeschlossenen Lider hindurch in verschwommenen Bildern. Das alles ist mächtig, feindselig, bedrohlich, unfaßbar. Es muß sich dieser Augenblicke wohl gut erinnern und sie fürchten; und weil es sich selbst noch nicht kennt, verbindet es sie mit jenen Zufallsbildern. Hier liegt gewiß die Ursache für manche unverständlichen Sympathien, Antipathien Befürchtungen und Wunderlichkeiten in den Reaktionen eines Kleinkindes.

Die intellektuelle Entwicklung eines Kleinkindes zu ergründen, ist unendlich schwierig, denn es lernt immer Neues und vergißt das Gelernte: es ist eine Entwicklung in vielen Phasen, die mit Stillständen und Rückschritten verbunden ist. Vielleicht spielt die mangelnde Fertigkeit des Selbstgefühls dabei eine wichtige Rolle – vielleicht sogar die wichtigste.

Das Kleine untersucht seine Hände. Es streckt sie aus, bewegt sie nach rechts und nach links, von sich fort und wieder zurück, spreizt die Finger, ballt sie zur Faust, spricht zu ihnen und wartet auf eine Antwort, ergreift mit der rechten die linke Hand und zieht, nimmt die Klapper und betrachtet das sonderbar veränderte Aussehen der Hand, legt das Spielzeug aus einer Hand in die andere, steckt es prüfend in den Mund, nimmt es sofort wieder heraus und besieht es sich, gemächlich und aufmerksam. Es wirft die Klapper weg, zieht an einem Knopf der Bettdecke und untersucht die Ursache des soeben erfahrenen Widerstandes. Es spielt nicht etwa, seht doch einmal richtig hin und gebt auf die Willensanstrengung acht, die etwas erkennen möchte! Das ist ein Gelehrter in seinem Laboratorium, in eine sehr wichtige Frage vertieft, deren Lösung sich seinem Verständnis entzieht. Das kleine Kind tut anfangs seinen Willen durch Schreien kund, später durch das Mienenspiel seines Gesichtes und durch Gesten seiner Hände und endlich durch die Sprache.

32. Früher Morgen, sagen wir fünf Uhr.

Das Kleine ist fröhlich aufgewacht, plappert, greift mit seinen Händchen hierhin und dorthin, richtet sich auf, stellt sich hin. Die Mutter will noch schlafen.

Ein Konflikt zweier Wünsche, zweier Bedürfnisse, zweier widerstreitender Egoismen; die dritte Phase desselben Prozesses: die Mutter leidet Schmerzen, und das Kind wird zur Welt gebracht; die Mutter möchte sich nach der Geburt ausruhen, das Kind fordert Nahrung; die Mutter will schlafen, das Kind möchte wach sein; so wird das weitergehen. Das ist keine Bagatelle, sondern ein Problem; steh doch zu deinen eigenen Gefühlen und sage, wenn du dein Kind einer bezahlten Pflegerin übergibst, eindeutig: »Ich will nicht« – auch wenn dir der Arzt bestätigt hat, daß du nicht kannst.

Das sagt er nämlich immer in der Beletage, niemals aber im Dachgeschoß.

Es kann auch so sein: die Mutter opfert dem Kinde ihren Schlaf, aber sie fordert dafür ihren Lohn; sie küßt und liebkost das warme, rosige, zarte kleine Wesen und drückt es an sich. Nimm dich in acht: das ist ein zweifelhafter Akt exaltierter Sinnlichkeit, verdeckt, aber auf der Lauer liegend in der Mutterliebe, nicht des Herzens, sondern des Leibes. Wisse, das Kind wird sich gern an dich schmiegen, errötet von hundert Küssen, mit freudig glänzenden Augen, und das bedeutet, daß deine Erotik einen Widerhall in ihm gefunden hat.

Also sollte man darauf verzichten? Das kann ich nicht verlangen, weil ich vernünftige Liebkosungen für einen wertvollen Erziehungsfaktor halte; ein Kuß lindert den Schmerz, er nimmt einem Wort der Ermahnung die Schärfe, er weckt Reue und belohnt für Bemühungen – er ist ebenso ein Symbol der Liebe, wie das Kreuz ein Symbol des Glaubens ist, und er wirkt auch als solches; ich meine, er ist es, und er ist es auch wieder nicht, er sollte es aber sein. Im übrigen jedoch, wenn dieser seltsame Wunsch, das Kind an sich zu drücken, zu streicheln, seinen Atem zu spüren und ganz in sich aufzunehmen, keinen Einwand in dir hervorruft, dann gib ihm nach. Ich verbiete nichts, noch schreibe ich etwas vor.

(Janusz Korczak ging im August 1942 – die gebotene Möglichkeit der eigenen Rettung ausschlagend – zusammen mit den ihm anvertrauten Waisenkindern und anderen Erziehern seinen Leidensweg aus dem Warschauer Ghetto in das Vernichtungslager Treblinka, wo sie alle ermordet und unsterblich wurden.)

Horst Drescher

So kommen wir auf die Welt

So hast du das Licht der Welt erblickt, so bin ich zur Welt gekommen, ein Mensch kommt auf diese Welt auf dem einzigen Wege, den es dafür gibt: aus dem Leib einer Frau. Wie wenig das im Bewußtsein ist, wie verdrängt; so wie auch das Sterben-Müssen so lange wie möglich verdrängt wird. Warum nur, es sind doch unsere wichtigsten Stunden, die wesentlichen: Geburt und Tod, unser Kommen und unser Gehen. Kränkt es uns? Kränkt es uns in unserer Selbstherrlichkeit? Kränkt es womöglich am herbsten die Mächtigen, die womöglich Selbstherrlichsten? Zeigt es uns allzu herb die Grenzen unserer Herrlichkeit? Die kleinen Leute aber, die kleinen Leute bleiben wohl dem Leben näher, sie entfernen sich nicht so weit von ihrem Kommen auf die Welt, und wenn sie gehen müssen, sind sie müde, bereit zum Gehen. Erklärlich aber ist es schon, dieses Verdrängen, denn die Welt wird beherrscht von Menschen auf der Höhe ihres Lebens oder von Menschen, besessen von dem Wahn, auf der Höhe ihres Lebens zu sein. Sie verfügen über Industrien, kommandieren Armeen, machen die Gesetze, bestimmen die öffentliche Ordnung, ehren Menschen oder demütigen sie. In riesigen Flugzeugen lassen sie sich über die Kontinente transportieren oder in Hubschraubern eilig von Ort zu Ort bringen, auf ihre Verhandlungen blickt die Menschheit in Angst oder in Hoffnung. Auf der Erde bewegen sie sich in Kolonnen schwerer Wagen, bewacht von vielen Bewachern, und der Jubel der Menschen bei ihrem Anblick! Ohne dieses Abgenabeltsein vom Leben vermöchte man wohl nicht so zu verfügen über Länder und Menschen, wie verfügt wird über Menschen und Länder. Und mag das Staatsbegräbnis noch so imposant sein, weltweit die Berichterstattung und weltweit die Trauer, da wir in Monarchien nicht leben, hat wohl einen jeden dieser Staatsmänner eine Mutter zur Welt gebracht, ganz unbeachtet von der Welt, und eine Hebamme hat geholfen beim Zur-Welt-Kommen. Und nicht einen Tag hätte der kleine Erdenbürger überlebt, der so hilflose, geliebte, kleine, neue Erdenbürger, wenn nicht Frauen ihn umsorgt hätten, ganz unbedarfte Frauen in den meisten Fällen, was die Geschicke der Welt betrifft, und ihn gewaschen und gewindelt und ihm die Brust gereicht, wie so ein halbblinder kleiner Erdenbürger eben die Mutterbrust sucht, hungrig, und die Körperwärme der Mutter. Das mag schon kränkend sein oder später als kränkend empfunden werden. Vermag er doch nichts als kläglich zu krähen, wenn ihm unbehaglich ist aus Hunger oder anderen Gründen. Und so hilflos bleibt der Mensch nun, viele Wochen, viele Wochen, bis er endlich zu lächeln vermag.

In Parlamente gehören ein paar Hebammen und ein paar Menschen, die todkranke Menschen pflegen, ihnen beistehen in ihren letzten Stunden, wenn sie wieder gehen von der Erde, hilflos und des Schutzes bedürftig und der Güte, wie sie gekommen sind. Hebammen und Totengräber, um shakespearisch zu reden. – Aber was wären das für Parlamente.

Als der Alte Rudolph am Ende war mit seinem Leben, der Maler Wilhelm Rudolph im dreiundneunzigsten Lebensjahre, der Chronist des untergehenden Elbflorenz, da habe ich an seinem Sterbebett gesessen; da lag er klein und zusammengekrümmt nach nahezu einem Jahrhundert tapferen Lebens und unermüdlicher Arbeit. In dieser Stunde dachte ich etwas, das man kaum zu sagen wagt: Da lag ein Mensch, merkwürdig, so klein wie ein neugeboren Kind, und auch so häßlich und ebenso hilflos. Alles an ihm war verbraucht und verschlissen, ein Körper, aufgebraucht bis zur letzten Faser in einem großen Leben über viele Jahrzehnte hin, nur der Wille pulsierte noch in ihm. Er ging von der Welt wie ein Kind zur Welt kommt, aber alles ist dann hart am Menschen und am Ende. »Wie einer nackt von seiner

Mutter Leib gekommen ist, so fährt er wieder dahin, wie er gekommen ist, und trotz seiner Mühe nimmt er nichts mit sich in seiner Hand, wenn er dahinfährt.« Man kann es nicht einfacher sagen und nicht angemessener, wie es vor zweitausend Jahren gesagt wurde. Ebenso alt aber und unausrottbar ist die Hybris des Menschen.

In ein jedes Parlament, wenn es diesen Namen verdient, gehören Hebammen und Totengräber, und mit dem Recht zu reden zu Zeiten und mit dem Recht zu lächeln zu Zeiten oder zu lachen. Aber was wäre das für eine Volksvertretung.

Nehmen wir uns noch einmal die Zeit, daran zu denken: So hast du das Licht der Welt erblickt, so bin ich zur Welt gekommen, ein Mensch kommt auf diese Erde auf dem einzigen Wege, den es dafür gibt, aus dem Leibe einer Frau und ganz hilflos.

Quellennachweise

Elda Bossi, Die Tata
Aus: Erkundungen. 27 italienische Erzähler
© Verlag Volk und Welt, Berlin 1970 (deutschsprachige Ausgabe)
Aus dem Italienischen von Thea Mayer.

Roman Brandstaetter, Jesus von Nazareth
© 1982 Buchverlag Union München/Berlin
Aus dem Polnischen von Charlotte Eckert.

Michail Bulgakow, Feuertaufe durch Wendung
Aus: Michail Bulgakow, Die rote Krone
© Verlag Volk und Welt, Berlin 1993
Aus dem Russischen von Thomas Reschke.

Marie Cardinal, Die Irlandreise
Aus: Marie Cardinal, Die Irlandreise
© Rogner & Bernhard Verlags KG, Hamburg 1979
Aus dem Französischen von Angela Sussdorf.

Friedrich Wolf, Kiki
Aus: Friedrich Wolf, Tiergeschichten für große und kleine Kinder
© Aufbau-Verlag Berlin und Weimar 1966.

Horst Drescher, So kommen wir auf die Welt
Aus: Schau ins Land. Ein Foto-Lese-Buch
© Aufbau-Verlag Berlin und Weimar 1989
Mit freundlicher Genehmigung des Autors.

Marilyn French, Mira
Aus: Marilyn French, Frauen

Aus dem Amerikanischen von Barbara Duden.

Maxim Gorki, Ein Mensch wird geboren
Aus: Maxim Gorki, Wanderungen durch Rußland (1912–1916)

Aus dem Russischen von Georg Schwarz.

Wassilij Grossman, Die Kommissarin

Aus dem Russischen von Thies Ziemke.

Ernest Hemingway, Indianerlager
Aus: Ernest Hemingway, 49 Stories

Aus dem Amerikanische von Annemarie Horschitz-Horst.

Gamil Atija Ibrahim, Hinab zum Meer
Aus: Betonblumen. Aus fernen Großstätten

Aus dem Englischen von Hartmut Fähndrich.

Janusz Korczak, Wie man ein Kind lieben soll
Aus: Janusz Korczak, Wie man ein Kind lieben soll, 12. Auflage 1998

Aus dem Polnischen von Armin Droß.

Erich Loest, Ein Mann hat Angst
Aus: Liebesgeschichten.

Georg Maurer, Mein Kind
Mit freundlicher Genehmigung des Mitteldeutschen Verlages, Halle.

Alberto Moravia, Sieben Kinder
Aus: Das Paradies. Volk und Welt Spektrum 58.
Aus dem Italienischen von E.-A. Nicklas.

Irmtraud Morgner, Weißes Ostern
Aus: Irmtraud Morgner, Hochzeit in Konstantinopel
© 1991 Luchterhand Literaturverlag, München.

Dea Trier Mørch, Winterkinder
© Hinstorff Verlag, Rostock, 1979
Aus dem Dänischen von Udo Birckholz.

Christine Nöstlinger, Aus den Aufzeichnungen eines Neugeborenen.
Aus: Kursbuch/Rotbuch Verlag 72 (1983)
Mit freundlicher Genehmigung der Autorin.

Andrej Platonow, Semjon
Aus: Andrej Platonow, Müllwind. Erzählungen
© Verlag Volk und Welt, Berlin 1987 (deutschsprachige Ausgabe)
Aus dem Russischen von Werner Kaempfe.

Jussuf esch-Scharuni, Das letzte Beerlein der Traube
Aus: Von Abend zu Abend. Erzählungen aus dem tausendjährigen Kairo
© Verlag Rütten & Loening, Berlin 1970
Aus dem Arabischen von Horst Lothar Teweleit.

Sigrid Undset, Frühlingswolken.
Aus: Skandinavische Erzähler von Lagerlöf bis Laxness.
© Dieterich'sche Verlagsbuchhandlung Leipzig, 1970
Aus dem Norwegischen von Julius Sandmeier.

John Updike, Als alle schwanger waren
Aus: John Updike, Der verwaiste Swimmingpool

Aus dem Amerikanischen von Uwe Friesel und Monica Michieli.

Arvo Valton, Liebe in Mustamäe
Aus: Zugluft. Volk und Welt Spektrum 182

Aus dem Estnischen von Alexander Baer.

Donna W. Cross

Die Päpstin

Roman

Aus dem Amerikanischen
von Wolfgang Neuhaus

566 Seiten
Band 1400
ISBN 3-7466-1400-7

Johanna, ein junges Mädchen mit überragenden Geistesgaben, wächst im Frankenreich des 9. Jahrhunderts, heran. Als Tochter eines strenggläubigen Vaters und einer heidnischen Mutter gelingt ihr, was allen Mädchen im Mittelalter verwehrt blieb: Sie erhält eine fundierte heilkundliche und philosophische Ausbildung. Doch Johanna weiß, daß ihr als Frau die letzten Tore der Weisheit verschlossen bleiben, ja daß sie kaum überleben wird. Als Mönch verkleidet, tritt sie zunächst ins Kloster Fulda ein und macht sich Jahre später auf den Weg nach Rom. Dort gelangt sie als Leibarzt des Papstes innerhalb kurzer Zeit zu großer Berühmtheit. Und schließlich ist sie es selbst, die die Geschicke der katholischen Kirche leitet: Als Papst Johannes Anglicus besteigt sie den päpstlichen Thron.

Donna Woolfolk Cross entwirft mit großer erzählerischer Kraft die faszinierende Geschichte einer der außergewöhnlichsten Frauengestalten der abendländischen Geschichte: das Leben der Johanna von Ingelheim, deren Existenz bis ins 17. Jahrhundert allgemein bekannt war und erst dann aus den Manuskripten des Vatikans entfernt wurde.

Hanjo Lehmann

Die Truhen des Arcimboldo

Nach den Tagebüchern des Heinrich Wilhelm Lehmann
Roman

699 Seiten
Band 1542
ISBN 3-7466-1542-9

In den untersten, allergeheimsten Kellergewöben des Vatikans wird im Jahre 1848 der junge Schlosser Luigi Calandrelli verschüttet. Als er die Mauern seines Verlieses abklopft, stößt er auf eine mysteriöse Truhe mit siebenhundert Jahre alten Pergamenten – sorgsam verborgene Dokumente gegen Intoleranz und Fundamentalismus, die den Machtanspruch der römischen Kirche untergraben.
Zwanzig Jahre später vertraut er einem befreundeten preußischen Eisenbahningenieur seine Auszeichnungen über die damaligen Ereignisse an. Von nun an gerät dieser in ein Netz von Intrigen, Machtkämpfen und lebensbedrohlichen Situationen, denn der Vatikan fürchtet im Jahr des Konzils, auf dem die Unfehlbarkeit des Papstes verkündet werden soll, nichts so sehr wie die Veröffentlichung dieser aufrührerischen Dokumente.

AtV

Aufbau Taschenbuch Verlag

Philippa Gregory

Die Schwiegertochter

Roman

Aus dem Englischen
von Ulrike Seeberger

400 Seiten
Band 1649
ISBN 3-7466-1649-2

Elizabeth ist die perfekte Schwiegermutter. Nur leider hat ihr Sohn Patrick mit Ruth nicht die perfekte Schwiegertochter geheiratet. Was bleibt Elizabeth da weiter, als sich selbst um Patricks Wohlergehen zu kümmern, vor allem aber um das ihres kleinen Enkels Thomas. Für Ruth wird ihre tatkräftige, mehr als gut gemeinte Fürsorge bald zum Alptraum und schließlich zur offenen Bedrohung. Sie muß alle Kräfte aufbieten, um wieder zu sich selbst und zu ihrem Mann und Sohn zu finden.

»Ein Gänsehaut machendes Psychodrama.«
Journal für die Frau

»Ein brillant geschriebener Roman über den ganz alltäglichen Familien-Horror.«
Stuttgarter Nachrichten

»Eine psychologische Studie, nahe bei Patricia Highsmith und Fay Weldon angesiedelt.«
Ostthüringer Zeitung

AtV

Aufbau Taschenbuch Verlag

Colette Davenat

Die Favoritin

Roman

Aus dem Französischen
von Christel Gersch

379 Seiten
Band 1558
ISBN 3-7466-1558-5

Asarpay, junge Geliebte der letzten Inkakönige, wird Zeugin des dramatischen Untergangs ihres Volkes im Kampf gegen die spanische Krone. Als sie, lange danach, aus tiefem Haß wie aus uneingestandener Leidenschaft die Gemahlin eines der Konquistadoren wird, naht der Augenblick ihrer Vergeltung. Basierend auf zeitgenössischen Quellen, erzählt Davenat die Geschichte einer schönen, rebellischen Frau, die sich, nachdem sie Furchtbares erlitten hat, die Begierden der Männer für ihre tödliche Rache zunutze macht.

AtV

Aufbau Taschenbuch Verlag